누가 누구를 대표할 것인가

누가 누구를 대표할 것인가

국민주권 실현을 위한 정치제도 설계

1판1쇄 | 2021년 10월 25일

지은이 | 문우진

펴낸이 | 정민용
편집장 | 안중철
편집 | 강소영, 윤상훈, 이진실, 최미정

펴낸곳 | 후마니타스(주)
등록 | 2002년 2월 19일 제2002-000481호
주소 | 서울 마포구 신촌로14안길 17, 2층 (04057)
전화 | 편집_02.739.9929/9930 영업_02.722.9960 팩스_0505.333.9960

블로그 | blog.naver.com/humabook
트위터, 페이스북, 인스타그램 | @humanitasbook
이메일 | humanitasbooks@gmail.com

인쇄 | 천일문화사_031.955.8083 제본 | 일진제책사_031.908.1407

값 17,000원

ISBN 978-89-6437-385-9 94300
     978-89-90106-64-3 (세트)

이 저서는 2020년 아주대학교의 교내 저술활동 지원 사업의 지원을 받아 수행된 연구임
(S-2020-G0001-00143)

누가 누구를 대표할 것인가

국민주권 실현을 위한 정치제도 설계

문우진 지음

후마니타스

차례

◆ 표 차례

아내 천정희에게

서문

저자는 학생들에게 정치학은 의학과 비슷하다고 말한다. 의학은 사람이 앓는 병의 원인을 진단하고 이를 고치기 위한 처방을 한다. 마찬가지로 정치학은 사회문제의 원인을 진단하고 이를 해소할 처방을 한다. 의학에서는 약이나 수술을 통해 사람의 병을 고치는 반면, 정치학에서는 정치제도를 설계함으로써 사회문제를 해결하려 한다. 이 책의 목적은 한국 민주주의, 더 나아가 대의 민주주의의 문제를 진단하고 국민주권을 실현하기 위한 제도적 처방책을 제시하는 것이다.

의학에서는 과학적으로 병을 진단하고 실험을 거쳐 안전한 약을 개발하고 수술법을 적용한다. 사회과학에서는 엄밀한 연역적 사고를 통해 이론을 도출하고 체계적인 자료 분석 방법을 사용해 과학적 지식을 습득하려 한다. 그러나 연역적 사고와 자료 분석을 아무리 엄밀하게 한다고 해도, 논리와 관찰에만 의존하는 사회과학적 지식은 실험에 의존하는 자연과학적 지식에 비해 타당성이 떨어진다. 저자는 사회과학적 지식의 한계를 잘 알기에, 사회문제를 진단하고 해법을 처방하려는 이 책의 시도가 얼마나 불완전하고 위험한지도 알고 있다.

그럼에도 불구하고 이 책을 집필한 이유는 한국 민주주의의 문제에 대한 정치권에서의 논의는 권력 집중이나 지역주의와 같은 현상적이고 지엽적인 문제에 천착하고 있고, 정치권의 개혁 방안은 당리당략에 따라 선진 민주주의국가의 제도를 변경하는 수준에 머물러 있기 때문이다. 이 책에서 저자는 한국 민주주의의 문제를 단지 한국에 국한된 문제로 이해하기보다 민주주의라는 정치제도의 구조적 문제로 이해하며, 따라서 민주주의와 관련된 여러 근본적인 질문들로부터 논의를 전개한다. 이 책에서 내용을 본격적으로 다루는 2~8장은 모두 40절로 구성되어 있으며, 40절의 제목은 모두 질문으로 이루어져 있다. 40개의 질문들은 ① 정치와 민주주의 그리고 정치제도와 관련된 근본적인 질문, ② 한국 민주주의 문제들을 진단하는 질문, ③ 한국 민주주의 문제들에 대한 제도적 처방과 관련된 질문으로 구성되어 있다. 이 책을 읽기 전에 목차의 40개 질문들에 대해 미리 고민해 보면 이 책을 비판적으로 읽는 데 도움이 될 것이다.

이 책은 직관이나 피상적 관찰에 의존하는 통념이나 기존 주장들과 다른 여러 사실들을 보여 준다. 한국에서는 보수 정권이 경제와 안보에 강한 반면, 진보 정권은 소득 불평등을 완화한다는 생각이 일반적이다. 그러나 3장에서 필자는 이런 통념이 허구라고 주장한다. 또한 지역민들은 보통 자신이 지지하는 지역 정당이 집권하면 이로부터 혜택을 입는다고 믿지만, 4장에서는 민주화 이후 영호남 정권이 40년을 넘게 집권하는 동안 수도권이나 충청 지역에 비해 영호남의 지역 경제가 오히려 침체되었음을 보여 준다. 사람들은 또한 명문대 출신에 관직 경력이 화려한 사람이나 언론 매체에 자주 등장하는 명사들이 국민의 대표로서 역량이 더 뛰어나리라고 믿지만, 6장은 이런 믿음이 편견임을 이야기한다.

또한 필자는 한국 민주주의 문제들에 대해 기존의 통념과 다른 진단과 처방을 제시하고자 한다. 한국의 정치 발전을 가로막는 지역주의를 타파하면 정책 대결이 촉진될 것이라는 일반적인 관점과 달리, 이 책은 4장에서 지역주의가 사라진다 해도 정책 대결이 촉진되기보다 혈연, 학연, 또는 후보의 개인적 이미지에 의존하는 인물 중심의 정치 경쟁은 변함없이 유지될 것이라고 주장한다. 지역주의를 타파해야 정책 대결이 촉진되는 것이 아니라, 정당들이 선명한 정책 경쟁을 해야 지역주의가 억제된다는 것이다.

고등학교 교과서는 내각책임제가 권력을 분산하는 제도라고 가르치며, 정치권과 법학자들의 주장도 크게 다르지 않다. 6장에서 필자는 내각책임제가 오히려 행정부 수반의 권한을 강화하며, 미국의 순수한 대통령제가 대통령 권한을 약화한다고 이야기한다. 많은 사람들은 권력 분산 또는 직접민주주의가 민주주의를 발전시킨다고 믿지만, 8장에서 필자는 민주주의국가에서 권력 분산 및 직접민주주의는 민주주의의 질과 무관하다고 주장한다. 정치권에서는 비례대표제가 다당제를 산출하고 그 결과 협치를 증진한다고 말하지만, 이 책은 8장에서 대통령제의 경우 정당의 수가 증가한다고 해서 협치가 항상 증진되는 것은 아님을 보여 준다. 이처럼 기존의 통념과 이 책의 주장이 다른 이유는, 통념이 정치제도의 메커니즘에 대한 이해 없이 피상적인 관찰이나 직관에 의존하기 때문이다.

이 책이 제안한 정치제도 개혁 방안이 한국 민주주의 발전을 위한 하나의 대안이 될 수 있다는 저자의 주장이 학자들뿐만 아니라 정치인들과 일반인들을 설득할 수 있기를 희망한다. 저자의 주장이 전달되기 위해서는 정치학적 배경이 없는 일반 독자들도 이 책의 내용을 이해할 수 있어야 할 것이다. 한국 민주주의의 문제를 진단하기 위해 2018년에 집필한 『한국 민주주의의 작동 원리』는 일반 독자들이 이해하기에 너무 난해하다는 한계가 있었다. 이 책은 일반 독자들도 이해할 수 있도록 쉽게 풀어 쓰려 노력했다.

책의 앞부분은 큰 어려움 없이 읽을 수 있는 반면, 뒷부분으로 갈수록 조금씩 어려워지는데 6장까지는 정치학을 배우지 않은 일반인도 어렵지 않게 읽을 수 있으리라 생각한다. 7장과 8장은 복잡한 정치제도의 작동 원리를 설명하는 내용을 담고 있다. 모든 복잡한 게임의 규칙이 처음에는 이해하기 어렵듯이, 정치 역시 복잡한 제도 속에서 작동하기에 이 부분도 한 번에 이해하기 어려울 수 있다. 그러나 인내심을 가지고 논리를 천천히 따라가면, 이해할 수 있으리라 생각한다. 그럼에도 불구하고, 7장과 8장의 난해함이 독해를 방해한다면, 독자들에게 송구스러운 마음을 미리 표하고 싶다.

이 책은 저자가 논문과 저서로 발표한 내용을 포함한다. 1~4장의 내용은 『한국 민주주의의 작동 원리』에서 통계 부분을 생략하고 내용을 좀 더 보완해 쉽게 풀어 썼다. 5장은 「한국 정치제도와 설계방향」이라는 제목으로 『현대정치연구』 9권 1호(2016)에 게재된 내용을 포함한다. 7장은 『한국정당학회보』 17권 1호(2018)에 게재된 「다당 대통령제에서 입법제도와 입법효율성」의 수리모형 분석 결과를 쉽게 풀어 쓴 것이다. 8장은 『한국정당학회보』 18권 1호(2019)에 게재된 「선거제도의 구성요소와 소득불평등 : 선거공식, 비례대표성, 명부유형의 기계적·행태적 효과」 및 『한국정당학회보』 19권 1호(2020)에 게재된 「권력분산 제도는 한국 민주주의의 무엇을 바꿀 수 있는가?」와 『선거연구』 14호(2021)에 게재된 「당간 차원 및 당내 차원 대표성 제고를 위한 선거제도 개혁방안」의 일부 내용을 포함한다.

이 책을 후마니타스에서 출간한 이유는 "인간이 있는 사회과학을 책으로 구현"하고자 하는 출판사의 철학이 이 책의 취지와 부합하고, 『거부권 행사자』 출판 과정에서 경험한 편집진의 뛰어난 편집 능력 때문이었다. 이 책의 출간을 흔쾌히 응해 준 정민용 대표님께 감사드린다. 정민용 대표님과 안중철 편집장, 강소영, 윤상훈, 이진실, 최미정 님을 포함하는 편집진은 수차례 편집과 조언을 통해 이 책의 가독성을 높이는 데 큰 기여를 했을 뿐만 아니라 다수의 오류들을 지적해 주었다. 완벽한 편집을 추구한다고 느껴질 정도로 세심하고 차별적인 편집에 힘써 준 대표님과 편집진에게 깊이 감사드린다.

정치학을 공부해 온 지난 30여 년 동안 저자는 제자들과 친구들과 나눈 대화에서 많은 영감을 얻었다. 이 책에서는 그들에게 고마움을 표시하고 싶다. 지금은 어엿한 사회인이 된 김지환, 김찬중, 손웅기, 이민우, 이진웅, 차성민과 수업 안팎에서 토론했던 시간들은 큰 즐거움을 주었고 신선한 영감을 불러일으켰다. 친구 구본진, 김선재, 김정산, 송용창, 송철호, 윤진득, 이상돈, 이형일, 정병현, 최석광, 황인수는 정치학도 출신이 아님에도 한국 민주주의와 정의로운 사회에 대한 열정을 보여 주었다.

가족에 대한 고마움은 몇 번을 반복해도 부족하다. 당신들 건강보다 자식 건강을 더 걱정하시는 부모님을 뵐 때마다 마음이 아프고 무한한 사랑을 느낀다. 평생을 희생하신 부모님께 감사와 존경의 마음을 표하고 싶다. 항상 의연하고 균형 잡힌 생각을 보여 주는 형님에게 감사한다. 건강한 정신으로 삶을 헤쳐 가는 기연과 윤주를 보면 항상 대견하고 자랑스럽다. 이런 아이들에게 반듯한 정신을 심어 주고, 저자와 자식에게 희생해 온 아내 천정희에게 이 책을 바치고 싶다.

위대한 보통 사람이 주인이 되는 날을 기대하며

2021년 10월

문우진

1장

들어가는 말

1. 문제의식과 목적

이 책은 민주주의 체제에서 누가 누구를 대변해야 하는가라는 근본적인 질문으로부터 출발한다. 민주주의는 다수 지배와 소수 보호라는 서로 상충하는 원리에 기반해 작동한다. 다수가 소수를 지배하면 소수의 권리가 침해될 수 있는 반면, 소수가 다수를 전적으로 견제할 수 있으면 다수의 입장을 효율적으로 반영하기 어려워진다. 학자들은 두 원리 중 어떤 원리가 지배하는 정치체제가 더 바람직한지를 연구해 왔다.

다수의 횡포를 우려하는 학자들은 소수 보호 원리에 충실한 합의제 정치체제가 더 바람직하다고 주장했다(Lijphart 1999; Powell 2000). 다른 한편에서는, 소수가 거부권을 과다하게 행사하면 입법적 교착이 발생하고, 정치권에서 사회 갈등을 제도적으로 해소하기 어려워 정치 불안정이 초래될 수 있다고 주장했다(Tsebelis 2002). 만약 소수가 다수를 무력화할 정도의 권한을 행사한다면 입법을 통해, 국민 다수가 원하는 개혁을 성취할 수 없게 된다.

5장에서 자세히 설명하겠지만, 이민자로 구성된 미국은 어느 나라보다 다수로부터 소수를 보호할 수 있는 강력한 제도적 장치를 마련했다. 그러나 다수 의견을 지나치게 무력화하는 제도는 만성적인 입법적 교착을 초래하고 한 국가를 정체시킨다. 미국에서 총기 사고가 끊이지 않고 서민들이 감당하기 어려운 의료비를 지불해야 함에도, 총기 개혁과 의료 개혁이 어려운 이유 중 하나가 지나친 다수 견제 제도 때문이다.

의회가 사회 갈등을 효율적으로 해결하지 못하면, 기성정당에 대한 실망과 불신이 누적되고 불만 세력은 비정치인 출신의 유명 인사나 신생 정당에서 탈출구를 찾게 된다. 만약 유권자들이 정당 대신 인물에게서 탈출구를 찾는다면 정치는 개인화되고, 특정 인물을 중심으로 형성된 지지 세력과 반대 세력 간에 정서적 정치 양극화affective polarization가 심화될 수 있다.[1] 예컨대 미국에서 도널드 트럼프를 중심으로 촉진된 정당정치의 개인화personalization of party politics는 2020년 미국 대통령 선거 결과에 불복한 트럼프 지지자들이 의회에 난입하는 초유의 사태를 촉발했다.

유럽에서는 기성정당에 실망한 유권자들이 국수주의를 표방하는 신생 극우 정당에서 탈출구를 찾았다. 오스트리아의 자유당FPÖ, 벨기에의 플랑드르 이익당VB 및 국민전선FN, 덴마크의 국민당DF, 프랑스의 국민전선FN, 이탈리아의 북부연맹NL, 네덜란드의 자유당 PVV, 노르웨이 진보당, 영국의 독립당UKIP 등이 유럽에서 검치 세력을 확대하고 있다.

한국에서도 정당정치의 개인화 및 정서적 정치 양극화 현상이 심화되고 있다. 정당 기반이 없는 안철수, 반기문, 윤석열 등이 대선 후보로 급부상했던 현상은 인물 대결 중심의 한국 정치가 더욱더 개인화되고 있음을 의미한다. 이처럼 정당정치의 개인화 현상이 발생하는 이유는 기성정당이 사회 갈등을 효과적으로 해소하

---

[1] 미국에서의 정서적 정치 양극화 현상에 대한 연구로 Abramowitz(2010), Abramowitz and Webster(2016, 2018), Fiorina, Abrams and Pope(2010), Huber and Malhotra(2017), Iyengar and Westwood(2015), Iyengar, Sood and Lelkes(2012), Iyengar et al.(2019), Lelkes(2018) 참고.

지 못하기 때문이다. 국회선진화법(2012년 개정 〈국회법〉)에 따라 한 국에서 쟁점 법안을 통과시키려면 재적 의원의 5분의 3을 필요로 한다. 이런 초다수 의결 방식은 20대 국회에서 잦은 입법적 교착 과 최악의 '식물 국회'를 초래했다.

한국행정연구원의 2018년 사회 통합 실태 조사에서, 국민들은 청렴성을 묻는 질문에 대해 국회에 4점 만점에 1.8점으로 가장 낮은 점수를 주었고, 신뢰도를 묻는 질문에서도 가장 낮은 1.9점 을 주었다(한국행정연구원 2018). 다른 공적 기관인 중앙정부, 검찰, 법 원도 두 질문에서 2점 정도의 낮은 점수를 받았다. 이처럼 국민들 이 제도권 정치를 신뢰하지 않을 경우, 기성정당에 대한 실망은 비정치인에 대한 막연한 기대로 전환된다.

한국에서 정서적 정치 양극화는 주로 정치권에서 촉발되었다. 한국 정당들은 사회 갈등을 조율할 정책 경쟁을 전개하기보다, 유 권자의 감정을 자극하기 위해 정치를 선악 대결로 몰아간다. 이들 은 유권자의 정책적 투표 결정을 흔들 프레임을 개발하고 상대에 대한 정치 공세에 집중한다. 한국행정연구원의 2020년 사회 통합 실태 조사에서 응답자들은 사회 갈등의 여러 유형 중 보수와 진보 간 이념 갈등이 가장 심하다고 인식했으며, 어떤 집단보다 국회가 사회 갈등을 해소하려는 노력에 가장 소극적이라고 인식했다(한국 행정연구원 2020).

이 책에서 필자는 한국 민주주의의 문제 대부분이, 정당들이 정책 대결을 통해 시민사회의 다양한 입장들을 반영하지 않기 때 문에 발생한다고 주장한다. 한국의 정당들은 '유인 가치'valence라 불리는, 정당(후보)의 경제 능력과 안보 능력 또는 도덕성과 같은 긍정적인 이미지를 가공 생산하고, 상대를 악하고 무능력한 집단으로 몰아간다.[2] 유권자들은 실체 없는 유인 가치에 현혹되어 자신에게 정책적인 혜택을 제공하는 정당 대신에 해를 끼치는 정당을 지지한다. 정당들의 정책적인 입장 차이가 불분명할수록 유권자들은 어떤 정당이 자신에게 정책적인 혜택을 제공하는지 알기 어려워 유인 가치에 현혹되기 쉽다. 따라서 한국 민주주의가 정상적으로 작동하려면 정당들이 선명한 정책 경쟁을 해야 한다.[3]

그러나 정치 양극화 현상이 심화되는 한국의 현실에서 선명한 정책 경쟁은 정서적 정치 양극화를 더욱더 부추기지 않을까? 한국에서 정서적 정치 양극화가 심화되는 이유는 정당들이 되도록 많은 유권자를 확보하기 위해 자극적인 정치 공세에 치중하기 때문이다. 만약 정당들이 분명한 정책 입장을 제시한다면 유권자들은 어떤 정당이 자신에게 더 유리한 정책적 혜택을 제공하는지를 가늠한 뒤 그렇다고 판단하는 정당을 믿고 지지할 수 있다. 생산자가 신뢰할 만한 '브랜드 네임'brand name을 제공하면, 소비자가 불량품을 생산하는 회사의 광고에 현혹되지 않고 브랜드 상품을 믿고 사는 것과 같은 이치다. 정당의 정책 입장이 모호하면, 어떤 정

---

2 도널드 스토크스(Stokes 1963)라는 학자가 제안한 'valence'라는 개념은 원래 화학에서 원사가 다른 원자를 '끌어당기는 힘'을 의미한다. 정치학에서는 유권자를 유인하기 위해 사용하는 후보의 특성 또는 이미지를 의미한다. 가장 흔하게 사용되는 유인 가치는 국정 운영 능력, 의정 활동 능력, 경제 능력, 외교 및 안보 능력, 도덕성과 같이 모든 유권자가 선호하는 특성들이다.

3 정책 경쟁을 촉진할 방안으로 제시된 메니페스토 운동에 대한 연구로 김영래(2020) 참조.

당이 자신에게 정책적인 혜택을 제공하는지 분명하지 않아 유권자들은 정치 공세에 흔들리기 쉽다. 따라서 정당들은 유권자들을 쉽게 현혹할 수 있는 자극적이고 감정적인 정치 공세에 더 집중하게 되고, 유권자들은 감정적으로 양극화된다.

선명한 정책 경쟁은 유권자가 안정척이고 합리적으로 정당을 선택할 수 있도록 도와준다. 유권자들이 정책을 기준으로 지지 정당을 결정하면, 다수의 지지를 받은 정당이 다수가 선호하는 정책을 법으로 만든다. 그러나 다수의 입장만 반영하는 정책은 소수를 소외한다. 민주주의국가에서 다수가 바뀔 때마다 다수 입장만 반영하는 정책이 만들어지면, 다수와 소수의 갈등이 심화될 수 있다. 따라서 선거 경쟁에서는 정당들이 선명하게 정책 대결을 하되, 입법 경쟁에서는 다수와 소수의 갈등을 완화할 만한 입법 결과를 산출해야 한다. 달리 말하면, 선거 경쟁에서는 정당들이 선명한 정책을 제시해 유권자의 합리적인 선택을 도와주고, 입법 경쟁에서는 선거에서 패배한 집단을 소외하지 않을 정도의 정책 결과를 산출해야 한다.

그렇다면 민주주의 정치제도는 다수와 소수 중 누구를 얼마나 더 대변해야 하는가? 이런 질문은 정치제도 설계와 관련된 다음과 같은 질문으로 이어진다. 다수 지배와 소수 보호라는 상충하는 두 원리 가운데 어떤 원리를 얼마나 더 반영하는 제도가 바람직한가? 이 책은 이 질문에 답하기 위해 다음과 같은 규범적 기준을 제시한다. 첫째, 다수와 소수의 입장 중 다수의 입장이 더 반영되는 것이 규범적으로 타당하다. 달리 말하면, 소수에 비해 다수의 입장이 더 반영되는 결과가 소수가 다수와 동등한 영향력을 행사하거나 다수보다 더 대변되는 결과보다 바람직하다. 둘째, 다수의 규모가 커질수록 다수의 입장을 더 반영할 (달리 말해, 소수의 규모가 커질수록 소수를 더 보호할) 필요가 있다. 이 책은 이런 두 기준을 충족하는 정치제도 설계를 목표로 한다.

이 책은 또한 대의 민주주의에서는 누가 대표해야 하는가라는 질문을 던진다. 이상적인 민주주의는 시민들이 자신의 입장을 스스로 대표하는 직접민주주의일 것이다. 그러나 모든 시민이 직접 자신을 대변하고 수많은 시민들의 의견을 조율하는 것은 현실적으로 불가능하다. 직접민주주의적 의사 결정 과정에서 발생하는 막대한 시간과 비용을 줄이기 위해, 대의 민주주의에서는 적은 수의 대리인을 선발하고 이들이 시민을 대표한다.

그러나 대의 민주주의는 '대리인 문제'agency problem를 초래한다. 대리인 문제는 대리인이 주인의 이익을 대변하기 위해 위임받은 권한을 자신의 이익을 추구하기 위해 사용할 때 발생한다. 정치인들이 국민의 이익을 대변하기보다 자신들의 이익(의원직이 가져다주는 권력, 정보, 경제적 이익, 사회적 지위 등)을 추구할 때 대리인 문제가 발생한다. 따라서 대의 민주주의는 대리인 문제의 해결을 필요로 한다.

피파 노리스는 대의 민주주의를 책임 정당 정부 모형, 지역구 대표 모형과 사회 대표 모형으로 분류했다(Norris 1996). 그녀에 따르면, 이 세 모형 가운데 사회 대표 모형이 대의 민주주의의 원리를 가장 충실하게 반영한다. 사회 대표 모형은 주인과 이해를 같이하는 대리인을 선발함으로써 대리인 문제를 해결하려 한다. 의원들의 사회적 배경과 경험은 이들의 정책적 우선순위, 태도 및 행태를 결정하므로 시민사회 집단들의 이해는 이들 집단 출신이 가장 잘 반영한다(Norris 1996). 의원들의 사회 배경 구성이 시민사회 집단의 구성과 조응할수록, 대의 민주주의는 성공적으로 작동한다. 대의 민주주의의 원리와 규범적으로 부합하는 의회는 시민사회의 축소판처럼 구성되어 있다. 이럴 경우 의원들이 자신을 배출한 시민사회 집단들의 입장을 왜곡 없이 반영할 가능성이 높다. 이 책은 사회 대표 모형과 부합하는 의회를 산출하는 정치제도를 설계하고자 한다.

이 책의 목표는 한국 정치의 고질적인 문제들을 해소할 정치제도를 설계하는 것이다. 권력 집중, 부정부패, 지역주의는 한국 민주주의 발전을 저해하는 문제들로 제시되었다. 제왕적 대통령제는 대통령 측근 비리와 지역주의를 야기하는 제도적 요인으로 지적되었다. 한국의 혈연·지연·학연 중심의 정치 문화는 정책 대결을 억제하는 문화적 요인으로 제시되었다. 정당들은 점점 적대적인 정치 공세에 집중하고 있다. 자신에게 유리한 정치 환경을 만들려는 정당들의 편 가르기는 세대 간 갈등과 성별 간 갈등을 촉진하고 있다.

이런 현실에 봉착해, 한국 정치제도 설계는 지역주의 해소 및 권력 분산 방안뿐만 아니라 정치 양극화를 해소하고 정당 간 협치를 촉진할 방안까지 고려해야 한다. 이 책에서 제시한 정치제도는 정당들이 정책 대결을 통해 시민사회의 갈등을 제도적으로 해소하고, 정권에 따라 입법 결과가 극단적으로 바뀌는 것을 억제해 정치적 소수가 소외되지 않게 하는 것을 목표로 한다.

2. 개요

2장에서는 정치와 민주주의가 어떻게 작동하는지를 설명한다. 경제에서는 상품과 노동에 대한 수요와 공급이 이들의 가격을 결정하고, 상품 가격과 노동 가격은 차례로 부의 재분배를 초래한다. 공급에 비해 수요가 많은 상품과 노동의 가치는 올라가고, 희소한 상품을 생산하거나 희소한 노동을 공급하는 사람은 더 많은 부를 얻게 된다. 정치는 권력을 통해 부를 재분배하는 행위다. 자신에게 유리한 정책을 만들기 위해 영향력을 행사할 수 있는 사람이나 집단은 더 많은 부를 얻는다. 민주주의가 정상적으로 작동한다면 다수가 이런 영향력을 행사한다.

그렇다면 민주주의에서 다수는 어떻게 형성되는가? 많은 사람들은 민주주의를 국민이 주인이 되는 이상적인 제도로 이해한다. 이런 시각은 사람들이 정당이나 정책에 대해 분명한 입장을 가지고 있고, 이런 입장에 따라 다수와 소수가 갈라진다고 믿는다. 그러나 많은 정치학자들은 사람들이 정치에 무관심하며 안정적인 정치적 태도를 가지고 있지 않다고 주장한다(Converse 1966). 이 시각에 따르면, 유권자들은 안정적이고 합리적인 정책적 판단을 하기 어렵다. 이들은 단지 정부가 국정 운영을 잘했는지 못했는지 정도만 판단할 수 있을 뿐이다(Schumpeter 1976). 그러나 민주주의에 더 비판적인 학자들은 유권자들이 국정 운영을 합리석으로 평가하는 것조차 어렵다고 주장한다(Achen and Bartels 2016).

필자는 민주주의에 대해 지나치게 긍정적이지도 부정적이지도 않은 입장을 취하는데, 정치제도에 따라 민주주의가 정상적으로 작동할 수도 있고, 그렇지 않을 수도 있다고 본다. 민주주의가 정상적으로 작동하면, 모든 유권자들은 동등한 정치적 영향력을 행사하고 다수의 정책적인 선호가 반영될 것이다. 민주주의가 정상적으로 작동하지 않으면, 소수의 유력 세력이 과다한 영향력을 행사해 자신이 원하는 정책을 얻는다. 경제적 유력 세력들이 재력을 통해 자신이 원하는 정책을 얻는다면, 시장에서 상품을 사듯이 이들이 정책을 사는 것과 마찬가지다. 이 책은 이런 현상을 정치의 '시장 거래화'marketization라 부른다. 2장은 정치제도를 통해 정치의 시장 거래화를 어떻게 억제할 수 있는지를 설명한다.

3장에서는 한국에서 다수가 어떻게 형성되는지를 설명한다. 이 장에서는 먼저 한국에서 어떤 정치적 균열이 형성되었는지를 살펴본다. 계급 균열이 깊게 형성된 서구 국가에서 유권자의 정치적 태도를 결정하는 주요 균열은 계급이었다. 이는 노동자나 서민이 좌파나 진보 정당을 지지하고, 자본가나 부유층은 우파 또는 보수 정당을 지지하는 것을 의미한다. 그러나 남북이 분단된 한국에서는 정치 균열로서 계급 균열이 형성되지 못했다. 해방 이후 미 군정은 좌파 세력을 척결했고 권위주의 정권에서 우파 정당과 좌파 정당이 동등하게 경쟁할 조건이 마련되지 못했다. 민주화 이후에도 진보와 보수의 대립은 대북 문제를 중심으로 전개되었으며, 유권자들의 정치적 태도는 재분배 정책보다 대북 정책을 중심으로 갈라졌다.

3장에서는 한국에서의 선거 경쟁의 특성과 다수 형성의 원리를 설명한다. 한국전쟁의 비극을 경험하고 권위주의 정권의 반공이데올로기에 의해 의식화된 한국 유권자 다수는 강경한 대북 정책을 선호하게 되었다. 한국 유권자는 주요 진보 정당과 주요 보수 정당 간 재분배 정책의 입장 차이를 크게 느끼지 못했고,[4] 재분배 정책보다 대북 정책이 더 중요한 선거 이슈로 작동했다. 보수 정당은 선거 때마다 색깔론을 이용해 대북 이슈를 부각하려 했다. 정당들은 또한 자신들의 긍정적인 이미지를 가공 생산하고 이를 통해 유권자들의 표심을 끌어들였다. 권위주의 정권에서 경제 발전을 경험한 유권자들을 상대로 보수 정당은 자신이 진보 정당보다 경제 능력이 우월하다는 프레임을 형성시켰다. 진보 정당은 보수보다 진보가 더 도덕적이라는 프레임을 통해 보수와 경쟁했으나, 보수의 색깔론과 경제 능력 프레임을 상대로 도덕성 프레임은 힘을 발휘하지 못했다. 보수 정권이 IMF 사태나 최순실 사태와 같은 파국적인 사태를 촉발하기 전에는 대부분 선거에서 보수에 유리한 다수가 형성되었다.

3장에서 제시한 경험 자료는 우리의 통념과 다른 결과를 보여준다. 보수 정당이 진보 정당보다 안보에 더 집중한다거나 진보 정당이 보수 정당보다 경제적 약자를 더 배려할 것이라는 믿음을 뒷받침할 만한 차별적인 재정지출은 이루어지지 않았다. 오히려 보수 정권보다 진보 정권에서 경제성장률이 더 높았고 무기 수입

----

4 한국에서는 특수한 상황 때문에 정낭을 좌-우로 구분하기 어려운 측면이 있어서, 일반적으로 보수-진보로 구분한다. 이 책에서는 주요 양당을 다루고 있으므로 '보수 정당'은 주로 '민주자유당(민자당)-신한국당-한나라당-새누리당-미래통합당-국민의힘'으로 이어지는 정당을, '진보 정당'은 '민주당-새정치국민회의-새천년민주당-열린우리당-민주당-더불어민주당'으로 이어지는 정당을 가리킨다.

액 역시 진보 정권에서 더 증가했다. 이와 더불어 진보 정권에서 실업률이 증가하고 소득 불평등도 심화되었다. 그러나 차이는 거의 무시할 수준이었다. 정권이 교체되어도 정치 엘리트 사이에서 이권이 재분배되는 것 이상의 근본적인 사회경제적 변화는 일어나지 않았다. 보수는 경제와 안보에 강하고 진보는 경제적 약자에 유리하다는 통념은 실체가 없는 것으로 나타났다.

4장에서는 영호남에서의 지역주의 투표의 특성을 설명한다. 지역주의 투표는 지역주의 요소와 이념적 요소로 구성되어 있다. 지역주의 요소는 지역 정당이 가져다줄 정치적·경제적 혜택에 대한 기대와 지역 정체성과 같은 심리적 정서를 포함한다. 달리 말하면, 영호남민은 지역 정당이 가져다줄 혜택과 자신의 지역 정당에 느끼는 정체성 때문에 지역 정당을 지지한다. 그러나 영호남에서의 지역주의 투표는 이념적 이유로도 발생한다. 영남에서는 진보적인 유권자보다 보수적인 유권자가 더 많기 때문에, 영남민은 보수적인 영남 정당을 더 지지한다. 반면에 호남에서는 진보적인 유권자가 보수적인 유권자보다 더 많기 때문에, 진보적인 호남 정당을 지지한다. 이 장에서는 영호남에서의 지역주의적 요소와 이념적 요소가 어느 정도인지 그리고 두 요소의 상대적인 중요성이 어떻게 변해 왔는지를 분석한다.

4장에서는 또한 지역주의 투표의 원인을 분석하고 지역주의를 억제할 이론적 해법을 제시한다. 민주화 이후 지역주의 투표가 13대 대선에서 갑자기 분출된 이유는 반공 성장주의 대 민주주의의 대립 구도가 민주화 이후 갑자기 사라지면서 정당 간 이념이나 정책 차이를 느끼지 못한 유권자의 투표 결정에서 지역주의가 중요하게 작동했기 때문이다. 달리 말하면, 지역주의 투표는 지역 정당 간 정책 차이가 선명하지 않아 발생한다. 따라서 정당 간 정책 차이가 줄어들수록, 유권자가 지역주의 투표를 할 가능성은 증가한다. 이런 설명에 따르면, 지역주의는 독립변수가 아니라 종속변수다. 즉, 지역주의가 사라지면 자동으로 정책 경쟁이 초래되는 것이 아니라, 선명한 정책 대결이 지역주의를 억제한다.

5장에서는 정치제도의 작동 원리를 설명한다. 정치제도란 국민들의 뜻을 모으기 위한 의사 결정 규칙들의 집합체다. 민주주의 국가들은 국민들의 뜻을 모으기 위한 다양한 방식의 의사 결정 규칙들을 사용한다. 민주주의국가들이 주로 사용하는 방식은 다수결 제도다. 정치적 의사 결정은 필연적으로 다수와 소수를 나눈다. 소수는 다수의 결정이 마음에 들지 않아도 따라야 한다. 이처럼 원치 않는 결정에 순응해야 하기 때문에 치르는 비용을 '순응 비용'conformity cost이라 부른다. 다수는 소수에게 막대한 순응 비용을 초래할 위험한 결정을 할 수 있다. 민주주의국가에서는 다수의 횡포로부터 소수를 보호하기 위한 제도적 장치들을 마련한다. 초다수결제나 합의제는 소수를 보호할 수 있는 의사 결정 방식이다. 그러나 이런 제도는 의사 결정을 도출하는 데 많은 시간과 노력, 즉 '거래 비용'transaction cost을 발생시킨다. 그뿐만 아니라 소수가 다수를 무력화해 소수의 횡포가 초래될 수 있다.

5장에서는 한 국가의 정치체제를 다수 지배 원리를 중시하는 다수제 모형과 소수 보호의 원리를 중시하는 합의제 모형으로 구분하고, 다양한 정치제도들이 한 국가의 정치체제에 어떤 영향을 미치는지를 설명한다. 이 장에서는 또한 한국의 권력 구조, 선거

제도, 의회 제도, 중앙정부와 지방정부의 관계, 사법부와 중앙은
행 독립성과 관련된 정치제도들을 살펴보고, 한국이 다수제와 합
의제 중 어떤 모형과 더 가까운지를 분석한다. 이런 분석을 통해
한국 정치제도는 다수제와 더 가깝다는 분석 결과를 도출하고, 한
국 정치제도의 개혁 방향을 제시한다. 이 장에서는 구성원의 선호
가 이질적일수록 합의제적 성격을 강화하는 제도 개혁이 필요하
다는 사실을 설명하고, 경제적 양극화와 문화적 다변화가 심화되
는 한국에서는 합의제적 요소를 강화할 필요가 있다고 주장한다.

6장에서는 민주주의국가에서 누가 국민을 대표하는지를 다룬
다. 이를 위해, 시대의 흐름에 따라 정당들의 대표 기능이 어떻게
변해 왔는지를 리처드 캐츠와 피터 메이어(Katz and Mair 1995)의 정당
모형 이론을 통해 설명한다. 이들에 따르면, 정당은 점점 시민사
회 영역에서 국가 영역으로 이동하면서, 시민사회 집단의 대변인
역할을 수행하지 않게 되었다. 19세기 말에는 기득권 집단을 대
표하는 엘리트 정당이 만들어졌다. 19세기 말부터 20세기 중반을
지배한 대중정당은 시민사회의 대리인 역할을 수행했다. 1950년
대부터 포괄 정당catch-all party이 확산되면서 정당은 국가와 시민사
회 사이에서 중립적인 중개인 역할을 담당하게 되었다. 1970년대
부터 카르텔 정당이 들어서면서 정당은 자신의 기득권을 유지하
기 위해 국가 내부로 침투해 국가 대리인 기능을 수행했다.

6장에서는 한국 정당이 어떤 정당 모형에 속하는지를 평가한
다. 대중정당을 경험하지 않은 한국 정당은 시민사회의 대리인 역
할을 담당해 본 적이 없으며, 엘리트 정당, 포괄 정당, 카르텔 정
당의 특성이 혼재되어 있다. 6장에서는 또한 영국·프랑스·독일·

네덜란드·노르웨이·이탈리아를 포함하는 서구 6개 민주주의국가 의원들의 사회 배경을 분석해 서구 정당들이 시민사회와 얼마나 연계되었는지를 평가했다. 1990년대 후반 서구 6개국 의원의 전직을 분석한 결과, 일차산업 종사자, 공공 부문 종사자, 노동자, 경영인·사업가 및 소상공인을 포함하는 직능 집단 출신이 대부분의 국가에서 50% 이상을 차지했다. 이 국가들에서는 고위 공직자, 변호사·판사, 교수 및 언론인 같은 정치 엘리트가 차지하는 비율이 40% 정도였고, 여성 의원이 차지하는 비율은 20% 정도였다. 민주주의 수준이 가장 높다는 노르웨이의 의원들 중 학사 취득자의 비율은 20%밖에 안 되었고, 프랑스의 경우 학사 출신 비율이 84%로 가장 높았다.

6장에서는 또한 한국 국회의원의 특징을 파악하기 위해 이들의 사회 배경과 신상을 분석한다. 민주화 이후 지역구 의원 중 정치 엘리트 집단의 비율이 80%대에 달하는 반면, 직능 집단 출신의 비율은 5%를 넘지 못했다. 직능 대표성을 확보하기 위한 취지로 만들어진 비례대표 의석마저도 정당과 상관없이 정치 엘리트가 지배했다. 여성 의원은 16대 총선부터 조금씩 증가하고 있으나 20대 국회 이후 10%를 가까스로 넘기고 있으며, 여성 후보는 남성 후보보다 당선율이 더 낮은 것으로 나타났다. 민주화 이후 국회의원의 학력을 분석한 결과, 90% 이상이 학사 취득자이며 점점 석사 취득자가 증가하는 것으로 나타났다. 석사 취득자의 당선율은 학사 취득자보다 더 높은 것으로 나타났다. 6장의 분석은 국회의원들이 시민사회 집단들의 이익을 대변하는 집단이라기보다 자신들의 권력과 이권을 추구하는 직업 정치인 집단이라는 사실을 보여 준다.

7장은 민주주의의 서로 다른 정치제도가 어떤 입법 결과를 도출하는지를 분석한다. 이 장에서는 선거제도, 정부 형태, 입법 규칙의 서로 다른 조합이 산출하는 Ⓐ 단순 다수제 + 의회제 + 다수결 입법 규칙 체제, Ⓑ 단순 다수제 + 대통령제 + 다수결 입법 규칙 체제, Ⓒ 단순 다수제 + 대통령제 + 초다수결 입법 규칙 체제, Ⓓ 비례대표제 + 의회제 + 다수결 입법 규칙 체제, Ⓔ 비례대표제 + 대통령제 + 다수결 입법 규칙 체제, Ⓕ 비례대표제 + 대통령제 +초다수결 입법 규칙 체제에서 초래되는 입법 결과가 다수와 소수 중 누구의 입장을 더 대변하는지를 분석한다.

이에 따르면 의회제에서는 다음과 같은 결과가 초래된다. 양당 의회제에서는 다수 입장이 채택되나 소수를 보호하기 어렵다. 다당 의회제에서는 어떤 연합 정부가 형성되는지에 따라 입법 결과가 달라진다. 그러나 어떤 연합 정부가 형성될지를 예측하기 어렵고, 소수 정부가 형성되면 다수 야당보다 소수 정부의 입장이 더 반영될 수 있다. 대통령제에서는 다음과 같은 결과가 초래된다. 첫째, 양당 체제에서 다수결 입법 규칙을 사용하면 다수 입장을 가장 효율적으로 반영하는 반면, 소수를 보호하기 어렵다. 둘째, 양당 체제에서 초다수결 입법 규칙을 사용하면 소수를 가장 잘 보호할 수 있으나, 입법적 교착이 심화된다. 셋째, 이런 두 극단적인 정치제도 사이에 있는 다당 다수결제와 다당 초다수결제 중 다당 다수결제가 입법적 교착을 크게 심화하지 않으면서도 소수를 보호할 가능성이 높다.

8장에서는 권력 분산형 정치제도와 직접민주주의가 민주주의의 질과 무관하다고 주장하고, 이에 대한 이론적·경험적 근거를 제시한다. 다음은 한국 민주주의가 정상적으로 작동하지 않는 이유로 대리인 문제와 정치의 시장 거래화 문제를 제시한다. 권력 집중, 부정부패, 지역주의, 인물 투표 및 책임정치의 부재와 같은 현상들은 정치인이 정책 경쟁을 회피하고 위임받은 권력을 자신의 권력 유지를 위해 사용하기 때문에 발생하는 대리인 문제로 진단한다. 권력형 비리는 유력 정치인들과 결탁 세력 간의 후견적 관계에서 발생하는 전형적인 정치의 시장 거래화 현상으로 진단한다. 다음은 정치제도가 대리인 문제와 정치의 시장 거래화 문제와 어떻게 연관되어 있는지를 설명하고, 대통령제와 의회제(내각책임제) 중 한국에서의 권력 집중 문제를 해소하는 데 어떤 제도가 더 적합한지를 설명한다.

8장에서는 또한 정치제도 개혁 방안을 제시한다. 8장의 개혁 방안 설계는 대의 민주주의에서 누가 누구를 대변해야 하는가라는 질문으로부터 출발한다. 두 질문에 답하기 위해, 당 간 차원 대표성과 당내 차원 대표성이라는 개념을 제시한다. 당 간 차원 대표성이 높은 체제는 다수의 크기에 따라 다수와 소수의 이익 균형을 효율적으로 조정하는 체제다. 당내 차원 대표성이 높은 체제는 의원들이 자신이 대변하는 시민사회 집단의 이해를 반영하기 위해 정책적으로 경쟁하는 체제다.

8장의 분석은 명부 비례대표제와 다수결 입법 규칙이 조합된 대통령제가 당 간 차원 대표성을 극대화한다는 결과를 산출한다. 이 체제는 지배적인 다수가 형성되었을 때 다수의 입장을 반영한다. 그렇지 않을 경우 이 체제의 입법 결과는 소수의 입장 쪽으로 이동하지만 다수의 입장을 상대적으로 더 반영한다. 8장은 또한 당내 차원 대표성을 승진할 방안으로 상향식 당내 후보 선발 및 명부 순위 결정 방식을 제안한다. 마지막으로 이 책의 개혁 방안이 어떻게 정치 양극화를 해소하고 협치를 증진하며, 동시에 대통령 권한을 약화하고 지역주의를 억제할 수 있는지를 설명한다.

2장

정치와 민주주의는 어떻게 작동하는가

1. 정치란 무엇인가

사람들은 정치에 대해 다양한 생각을 가지고 있다. 많은 사람들은 정치가 자신의 일상생활과 무관하며 정치는 정치인들이 하는 것이라고 생각한다. 지도자가 국민을 다스리는 일을 정치라 믿는 사람도 있다. 정치에 부정적인 사람도 많다. 겉과 속이 다른 사람을 '정치적'이라고 말하기도 한다. 그러나 정치는 우리와 무관한 것도 아니며 나쁜 것도 아니다. 정치는 정치인만 하는 것이 아니며 정치와 무관한 삶이란 한순간도 존재하지 않는다.

정치는 집합적인 의사 결정이다. 두 사람 이상이 모여서 하는 모든 결정은 집합적인 의사 결정이다. 회사원들이 회식할 때 식당을 결정하는 것은 집합적 의사 결정이다. 연인이 데이트를 위해 야구를 볼지 아니면 연극을 볼지를 결정하는 것도 집합적 의사 결정이다. 자녀와 부모가 공부 시간과 게임 시간을 서로 조정하는 것도 집합적 의사 결정이다. 집합적 의사 결정은 우리 주변에서 동료·연인·친구·가족 간에 매 순간 이루어지고 있다.

집합적 의사 결정이 왜 정치적인 행위인가? 집합적 의사 결정에는 권력이 개입되기 때문이다. 권력이란 다른 사람이 원하지 않아도 따르도록 할 수 있는 힘을 의미한다. 회사원들이 회식 장소를 결정할 때, 부하 직원들은 상사의 뜻이 마음에 안 들어도 따라야 한다. 내가 원하지 않는 회식에 참여해야 한다면, 직장 상사는 내가 원치 않는 것을 하도록 만들 수 있는 것이다. 이처럼 누군가가 다른 사람에게 권력을 행사할 수 있다면, 이들의 관계는 정치적인 관계다. 개별적 의사 결정에는 권력이 개입되지 않는다. 어떤 방송을 볼지, 어떤 과일을 살지, 어떤 음악을 들을지와 같은 결정에는 권력이 개입되지 않는다. 나 혼자 하는 결정에는 다른 사람이 내가 원치 않는 것을 하도록 만들 수 없기 때문이다.

권력은 종적인 위계 관계에서만 발생하는 것은 아니다. 회사원들이 다수결 같은 민주적인 방식으로 회식 장소를 결정했을 경우, 소수는 다수의 결정을 원치 않아도 따라야 한다. 집단 구성원들의 뜻이 완전히 일치하지 않는 한, 두 사람 이상이 모여서 하는 모든 집합적인 결정에는 권력이 개입된다. 이처럼 권력이 개입되는 모든 행위는 정치적인 행위다. 우리의 일상생활은 정치의 연속이다. 직장 동료들과, 친구들과, 가족들과 다양한 의사 결정 방식으로 최종적인 결정을 끌어내며, 이 결정이 마음에 들지 않아도 따라야 한다.

집합적인 결정이 다수결이나 가위바위보, 사다리와 같은 민주적인 방식에 따라 이루어진다면, 우리는 그 결정에 '권위'를 부여한다. 결정에 권위를 부여한다는 의미는 내가 원하지 않는 결정이 만들어져도 이를 존중한다는 뜻이다. 이처럼 내가 원치 않는 결정에 승복하는 이유는 의사 결정 방식이 공정하다고 믿거나, 지금 내가 원하지 않는 결정이 내려져도 다음에는 내가 원하는 결정을 얻을 수 있다는 믿음이 있기 때문이다.

집합적 의사 결정은 필연적으로 다수와 소수를 나눈다. 소수는 다수의 결정이 마음에 들지 않아도 따라야 한다. 이처럼 원치 않는 결정을 따라야 하기 때문에 치러야 하는 비용을 순응 비용이라고 한다. 다수의 결정이 항상 소수의 결정보다 나은 것은 아니다. 다수의 학생들이 한 학생을 따돌리는 경우, 소수의 인권은 부당하게 침해된다. 직장 회식에서 삼겹살을 먹기로 한 경우, 돼지고기에 부작용이 있는 사람은 순응 비용을 치러야 한다. 이처럼 다수결에 따른 의사 결정은 소수에게 커다란 순응 비용을 부과할 수 있다.

사람들은 순응 비용을 피하기 위해 다수에 속하려고 노력한다. 다른 사람을 설득하거나 호의를 베풀어 자신의 입장을 지지하게 한다. 또는 자신과 비슷한 가치나 이해관계를 가진 사람들을 모아 조직을 결성한다. 사람들은 이처럼 자신의 세력을 넓히기 위해 사회단체, 노동조합, 정당과 같은 조직들을 결성한다. 왜냐하면 자신이 다수에 속하면 권력을 얻기 때문이다. 사람들이 권력을 얻으려는 이유는 권력을 통해 사회의 '희소한 가치'를 얻기 위해서다. 사회의 회소한 가치란 부와 명예처럼 많은 사람들이 얻기를 원하지만 무한하게 존재하지 않는 것들이다.

부를 얻는 과정은 경제와 정치에서 다르게 이루어진다. 경제에서는 우리의 경제활동에 따라 부가 변하게 된다. 우리가 일을 더 하거나 소비를 덜 하면 부는 축적된다. 경제에서는 개인의 결정을 다른 사람에게 따르도록 강제할 수 없다. 예컨대 생산자는 자신의 상품을 다른 사람이 비싸게 사도록 강요할 수 없다. 그러나 정치에서는 다수가 내린 결정을 소수에게 강요할 수 있다. 예컨대 정부가 담배 가격을 인상하면 소수의 흡연자는 더 비싼 값을 내고 담배를 피워야 한다. 또는 정부가 값싼 농산물을 수출하는 국가와 자유무역협정을 맺으면 농산물 가격은 하락하고 농민들은 손해를 보지만 정책을 따라야 한다.

우리는 매일같이 생산 활동과 소비 활동을 하기 때문에 경제는 우리 일상의 삶과 밀접한 반면, 정치는 그렇지 않다고 생각하기 쉽다. 그러나 사실은 정반대다. 경제는 우리가 경제활동을 할 때에만 우리의 부에 영향을 미치지만, 정치는 우리가 아무런 정치 활동을 하지 않는 순간에도 우리의 부에 영향을 미친다. 우리가 텔레비전을 보는 순간에도 우리에게 이익이 되거나 손해를 가져다주는 정책이 만들어지고 있다. 우리가 정책 결정에 직접 개입하지 않기 때문에 매 순간 어떤 정책이 만들어지는지 모를 뿐이다. 인간의 행동에 정치가 개입되지 않은 것은 하나도 없다.

정치는 보이지 않더라도 우리 삶에 매 순간 영향을 미친다. 임금은 임금정책과 노동정책에 따라 달라진다. 세금은 조세정책에 따라 달라진다. 이자는 금융정책에 따라 달라진다. 의료 혜택의 질과 가격은 의료 정책과 복지 정책에 따라 달라진다. 학생들이 받는 교육의 질과 가격은 교육정책에 따라 달라진다. 부동산 정책에 따라 주택 가격과 임대료도 달라진다. 심지어 우리가 순수한 경제활동이라고 믿는 소비 활동에도 정치가 개입되어 있다. 사과의 가격은 사과 수확에 필요한 노동력 가격에 영향을 미치는 임금정책이나 이주 노동자 정책에 따라 달라진다. 핸드폰이나 자동차 가격은 무역정책에 따라 달라진다. 우리의 삶에서 정치의 영향을 받지 않는 영역은 찾아보기 어렵다.

사람들은 주차비를 아끼기 위해 먼 곳에 주차하고 기름값을 아끼기 위해 값싼 주유소를 찾는다. 더 저렴한 상품을 구입하려고 많은 시간과 노력을 들이기도 한다. 그러나 나의 가치관과 이해관계에 부합한 입장을 취하는 정당이 제공하는 정책들로 인해 얻는 정신적·물질적 이익은 주차비나 기름값을 절감해 얻는 이익의 수

십 배에서 수백 배에 달할 수 있다. 그럼에도 불구하고 사람들은 어떤 정당의 정책이 다른 정당 정책에 비해 자신에게 얼마만큼의 이익을 더 발생시키는지를 파악하려 하지 않는다. 그러기 위해 들어가는 시간과 노력이 너무 크기 때문이다.

하나의 정책을 이해하려면 매우 전문적인 경제적·법적 지식이 필요하며 이런 지식을 습득하는 데는 막대한 비용이 든다. 특히 정당 간 정책 차이가 모호할수록 정책의 차이가 내게 어떤 손익을 발생시키는지 파악하기 어렵다. 그 결과 사람들은 정치가 자신의 삶과 어떤 관계가 있는지를 충분히 이해하기 어렵고, 정당과 후보를 선택할 때, 언론 등이 제공하는 일방적인 정보의 영향을 받기 쉽다.

2. 정치와 경제는 무엇이 다른가

정치와 경제는 모두 부와 명예 그리고 사회적 지위와 같은 희소한 가치를 배분하는 일종의 거래 행위다. 정치에서 정당과 후보는 시장에서의 생산자와 판매자에 해당한다. 시장에서 돈을 지불하고 상품을 사듯이 정치에서는 유권자가 표를 지불하고 원하는 정책을 얻으려 한다. 시장에서 상품을 광고하듯이 정치에서는 후보들이 선거운동을 한다. 그뿐만 아니라 구매 제도와 광고 제도가 시장 거래를 규제하듯이 선거법과 정치자금법이 정치 거래를 규제한다. 즉, 정치는 일종의 거래 행위라는 점에서 경제와 본질적으로 다르지 않다.

정치와 경제의 차이는 거래 제도의 차이 때문에 발생한다. 시장 거래에서 소비자들은 자신이 원하는 상품을 개별적으로 구입한다. 사려는 상품이 아무리 비싸도 이를 지불할 능력과 의향이 있는 소비자는 자신이 원하는 상품을 살 수 있다. 그러나 정치 시장에서 유권자들은 자신이 원하는 정책(정치 상품)을 개별적으로 구입할 수 없다. 원하는 정책을 구입하기 위한 표는 모든 유권자에게 동등하게 제공된다. 따라서 아무리 재산이 많은 유권자도 더 많은 표를 내고 자신이 원하는 정책을 살 수 없다. 예컨대 삼성이 한국에서 애플 핸드폰의 판매를 금지하는 정책을 구입할 수는 없다. 다수의 국민이 이런 정책을 표방하는 정당을 지지할 때만 삼성은 이를 얻을 수 있다. 즉, 경제에서는 개별적 구매가 허용되는 반면, 정치에서는 집단 구매만 허용된다. 이런 구매 제도의 차이 때문에 경제와 정치의 차이가 발생한다.

경제와 정치는 또한 서로 다른 소비 제도에 의해 운영된다. 경제에서 소비자는 자신이 원하는 상품을 개별적으로 소비하면 되지만, 정치에서는 모든 유권자가 정책을 의무적으로 소비해야 한다. 시장 거래에서는 원치 않는 상품을 구입했을 때 반품하거나 소비를 중단하면 되지만, 정치에서는 원치 않는 정책도 소비해야 한다. 만장일치를 제외한 모든 집합적 의사 결정은 원치 않는 결정을 따라야 하는 집단에 순응 비용을 부과한다. 예컨대 담뱃세를 인상하면 흡연자는 더 비싼 담배를 사야 한다. 일반적으로 권위주의 국가에서는 독재자와 결탁한 소수 집단이 다수에게 순응 비용을 부과한다. 민주주의국가에서는 다수의 결정을 따라야 하는 소수가 순응 비용을 치른다.

시장 거래에서는 평등의 원리보다 효율성의 원리가 지배한다. 만약 국가가 모두에게 똑같은 소득을 지급한다면, 사람들은 부자가 되겠다고 더 열심히 일할 필요도 없다. 또는 자신의 재능과 능력을 가장 잘 발휘할 곳을 찾을 필요가 없다. 시장에서는 희소한 상품과 노동에 더 높은 가격이 책정되고, 더 많은 돈을 낼 수 있는 사람이 원하는 것을 얻는다. 반면에 정치에서는 평등의 원리가 더 중요하다. 왜냐하면 정치적 결정에는 항상 순응 비용이 수반되기 때문이다. 시장에서 기업은 수익을 극대화하기 위해 공장에서 배출되는 오염 물질을 정화할 동기가 없다. 시장에서처럼 소수 회사들이 돈을 주고 규제 정책을 피할 수 있다면, 대다수 국민들은 오염된 공기와 물을 마셔야 한다. 따라서 민주주의국가에서는 돈이 아무리 많은 기업도 자신이 원하는 정책을 구입할 수 없도록 평등한 구매 능력, 즉 평등 투표권을 제도적으로 보장한다.

민주주의 제도가 도입되기 전에는 정치도 경제와 비슷하게 작동했다. 평등 투표권이라는 제도가 도입되기 전에는 정치에서도 시장에서처럼 정책에 대한 차별적 구매력을 허용했다. 일부 국가에서는 납부하는 세금에 따라 투표권에 차등을 두었다. 예컨대 프로이센 왕 빌헬름 4세가 1849년 5월 30일에 도입한 3계급 투표 제도는 세금 납부액에 따라 구분된 세 계급에게 차별적인 투표권을 행사하도록 했다. 세금 납부자의 4.7%에 해당하는 상위 계급은 82.6%에 해당하는 하위 계급의 17.5배에 해당하는 투표권을 행사할 수 있었다.[1] 벨기에의 경우 1918년에 모든 남성들에게 보통선거권이 주어지기 전까지 납부 세액에 따라 남성들은 1표에서 3표까지 행사할 수 있었다.

이런 사례는 정치와 경제는 본질적으로 서로 다른 행위가 아님을 보여 준다. 정치와 경제는 거래 규칙을 어떻게 정하는지에 따라 더 정치적일 수도 있고 더 경제적일 수도 있다. 즉, 정치와 경제는 이분법적이 아닌 연속적인 개념으로 이해해야 한다. 현실 세계의 정치는 이론적으로 순수한 정치 거래와 이론적으로 순수한 시장 거래 사이에 놓여 있다. 정치가 얼마나 시장 거래화되었는지는 정치 시장을 규제하는 구매 제도와 소비 제도에 따라 달라진다. 이 제도들이 효율성의 원리를 반영할수록 정치는 시장 거래와 비슷해지는 반면, 평등의 원리를 반영할수록 정치는 경제로부터 구분된다(문우진 2013b).

정치에서는 시장 거래에서처럼 상품을 광고한다. 정치에서 광고하는 상품은 후보의 능력이나 정책 같은 것들이다. 시장 거래에서 광고는 규제받을 수 있다. 예를 들어 미성년자에게 유해한 술이나 담배는 텔레비전·라디오 광고가 제한된다. 그러나 시장 광고를 지배하는 원리는 효율성이다. 광고가 공익을 침해하지 않는 한 광고의 내용, 광고비의 조달 방법, 지출 규모는 이윤 추구를 목표로 하는 판매자의 재량권에 맡긴다. 반면에 정치광고는 경제적 능력이 정치적 권한으로 전이되어서는 안 된다는 정경분리 원칙의 지배를 받는다. 이런 규범적 원리 때문에 정치에서는 광고의 내용뿐만 아니라, 광고비(정치자금) 조달 방법 및 규모, 광고비 지출 규모 및 내역과 광고 기간(선거운동 기간) 등 다양한 내용을 엄격

---

1 https://en.wikipedia.org/wiki/Prussian_three-class_franchise(검색일 2016/07/30).

하게 규제한다.

　정치적 평등의 원리를 실현하기 위해 정치광고를 지나치게 규제할 경우, 시민들의 알 권리와 표현의 자유를 포함하는 정치적 자유가 침해될 수 있다. 따라서 정치광고 제도의 두 축을 이루는 원리, 즉 정치적 평등과 정치적 자유의 원리는 때때로 충돌해 왔다. 두 원리 가운데 어느 쪽에 더 비중을 두는지에 따라 나라마다 서로 다른 제도를 채택했다. 1976년 미국 대법원은 후보의 선거 자금 지출 액수와 후보 자신을 위한 기부 액수를 제한한 것은 표현의 자유를 침해한다는 결정을 내렸다. 이후 미국 정치자금법의 무게중심은 정치적 자유 쪽으로 이동했다. 이런 추세는 다른 선진국에서도 발견된다. 영국은 정당이 받는 기부금의 액수에 제한을 두지 않고, 오스트레일리아와 독일은 기부금 수입 및 지출 규모에 제한을 두지 않는다. 이처럼 정치적 자유가 강조될수록 정치광고는 시장 거래에서의 상품 광고와 유사해진다.

3. 민주주의 선거에서 유권자는 합리적인 선택을 하는가

　민주주의의 사전적 의미는 "국민이 권력을 가지고 그 권력을 스스로 행사하는 제도"다. 에이브러햄 링컨이 주창했듯이 민주주의는 국민의, 국민에 의한, 국민을 위한 통치를 의미한다. 링컨의 이런 시각은 이해관계가 서로 다른 개개인의 입장들이 선거를 통해 하나의 일관된 국민의 뜻으로 취합될 수 있다는 믿음에 근거한다. 이 시각에 따르면, 정책적 선호가 분명한 유권자들 중 다수가 지지하는 후보가 선출되어, 자신을 지지한 다수의 입장을 정책에 반영한다.

그러나 노벨 경제학상 수상자인 케네스 애로는 다수의 뜻을 변함없이 반영할 수 있는 민주적인 의사 결정 방식은 존재하지 않는다는 사실을 증명했다(Arrow 1950). 달리 말하면, 민주주의에서는 국민들의 선호가 변하지 않아도 의사 결정 방식에 따라 다수의 입장이 달라질 수 있다는 것이다. 조지프 슘페터 역시 민주주의가 국민의 입장을 반영한다는 시각을 비판했다(Schumpeter 1976). 슘페터는 민주주의에서 국민들은 자신의 입장을 정책에 반영할 수 없으며 정치인들의 국정 운영 성과를 심판하는 최소한의 역할만 할 수 있다고 주장한다. 슘페터의 '최소주의'minimalist 시각에 따르면, 민주주의국가는 국민이 통치하는 것이 아니며, 대중은 자신을 통치할 정치인을 선거를 통해 지지하거나 거부할 기회만 갖는다.

크리스토퍼 에이큰과 래리 바르텔즈는 두 시각을 모두 비판하면서 자신들의 입장을 '현실주의'realist 시각이라 명명했다(Achen and Bartels 2016). 이들에 따르면, 유권자들은 정당 정책에 대해 잘 알지 못하며, 정책적 선호도 불안정하고 변덕스럽다. 따라서 민주주의 선거에서 국민들의 선호는 객관적이고 안정적인 다수의 입장으로 취합될 수 없다. 국민들은 자신의 선호를 정책 투표를 통해 일관되게 전달할 의지나 능력도 없다. 대부분의 유권자는 중요한 정치적 쟁점에 대한 입장이 분명하지 않다. 유권자들은 지지 후보의 입장에 맞춰 자신의 입장을 조정하거나, 충분한 정보가 없을 경우 지지 후보의 입장이 자신의 입장과 같을 것이라고 짐작한다.

에이큰과 바르텔즈에 따르면, 유권자들은 지도자의 국정 운영

성과를 정확하게 판단할 능력도 없다. 대통령 임기 동안의 장기적인 경제적 성과야말로 유권자가 대통령의 국정 운영 성과를 평가할 객관적 근거다. 그러나 미국 유권자들은 자신의 소득 향상에 대해 근시안적 태도를 갖거나, 선거기간에 발생하는 단기적 사건에 의존해 투표한다. 에이큰과 바르텔즈는 이런 근시안적인 투표 행태가, 유권자의 투표 결정에서 이념과 정책이 별로 중요하지 않다는 사실을 뒷받침하는 증거라고 주장한다. 유권자들은 자신도 곧 잊게 될 가변적인 생각들을 바탕으로 투표 결정을 내린다는 것이다.

에이큰과 바르텔즈는 유권자들이 합리적이지 않다고 본다. 유권자들은 자신에게 유리한 정책이 무엇인지를 판단할 만큼 정확한 정치 정보를 가지고 있지 않다. 이런 정보를 수집하려면 막대한 비용이 든다. 따라서 유권자들은 복잡한 이성적 판단보다는 간편한 감성적 판단에 더 의존하는 경향이 있다. 사람들은 또한 자신의 생각에 비해 다른 사람의 생각이 합리적일지라도 이를 받아들이기보다는 거부하려 한다. 인지 부조화 이론에 따르면, 사람들은 자신이 선택하거나 얻은 것은 좋다고 생각하는 반면, 자신이 선택하지 않거나 얻을 수 없는 것은 나쁘다고 합리화한다.

일상생활에서 사람들은 인지 부조화 이론을 따르는 행동을 자주 한다. 자신이 구입한 자동차가 동급의 다른 자동차보다 성능이 우수하다고 생각한다. 또는 자신이 다른 사람보다 핸드폰을 더 싸게 샀다고 생각하려 한다. 반면에 자신이 구입할 수 없는 자동차는 성능이 좋지 않다고 생각하거나 다른 흠을 잡으려 한다. 선거에서 정당을 선택하는 문제도 이와 비슷하다. 사람들은 자신이 지지한 후보나 정당을 잘 선택했다고 믿으려 한다. 자신이 선택한 정당을 누군가 비판하면 이를 경청하고 자신의 판단에 의문을 던지기보다 받아들이지 않는 경우가 더 많다. 사람들은 최선의 합리적 선택을 하기보다는 자신의 선택을 최선이라고 합리화하는 경향이 있다.

사람들은 복잡한 정당 정책을 완전히 이해하기 어렵기 때문에 분명한 정책적 선호를 갖기도 어렵다. 따라서 유권자의 정책적 선호만이 정당 충성도나 정당 정체성을 형성하는 것이 아니다. 사람들은 지역 연고나 개인에 대한 호감으로 집단 정체성을 형성하기도 한다. 예컨대 자신의 지역 연고 야구팀을 응원하거나, 자신이 좋아하는 선수가 소속된 팀을 응원하는 것이다. 마찬가지로 사람들은 자신과 같은 지역 출신의 정치인이나 개인사가 감동적인 정치인, 혹은 그가 속해 있는 정당을 지지하기도 한다.

불우한 환경을 극복한 정치인에게 감동하고 이들의 정당과 정책을 지지하는 경우도 많다. 민주화 운동에 헌신한, 상고 출신 김대중에게 존경심을 느끼고 그의 민주당과 햇볕 정책을 지지하며, 약자를 대변하는 인권 변호사 출신 노무현의 스토리에 감동하고 그의 열린우리당을 지지한다. 가난을 극복하고 최연소 현대건설 사장의 자리에 오른 성공 신화의 주인공 이명박과 한나라당을 지지하며, 어려서 어머니를 잃은 박근혜에게 동정심과 강인함을 느끼고 그의 새누리당을 지지한다. 가난한 섬마을에서 태어나 인권 변호사로 살아온 문재인의 민주당을 지지한다. 이렇게 정치적 선택은 합리적인 것이라기보다 호감에 근거한 정서적인 것이기도 하다.

이런 맥락에서 에이큰과 바르텔즈는 상품을 좀 더 싸게 사려는 경제적 선택과 후보를 선출하는 정치적 선택은 완전히 다르며 정치적 선택에서 집단 정체성이 중요하다는 점을 역설한다. 사람들은 경제활동을 할 때와는 달리 정치 활동을 할 때 합리적인 판단을 하지 않는다. 많은 사람들이 성장기에 부모·스승·친구·선배·친척·이웃, 그 외 소속 집단의 입장에 따라 영향을 받는다. 예컨대 영남에 거주하면서 교회에 다니는 자영업자는 자신이 소속된 거주 지역, 종교 집단, 직능 집단과 비슷한 정치적 충성심을 갖게 될 가능성이 크다. 이런 정치적 충성심은 차례로 유권자의 정치적 태도와 정책 입장을 형성한다. 즉, 정치적 태도와 정책 입장이 정치적 충성심을 형성하는 것이 아니라 그 반대라는 것이다.

　에이큰과 바르텔즈의 현실주의적 시각에 따르면, 유권자들은 정치 정보가 부족하고 정책적 선호가 불분명하다. 정책적 선호가 비교적 분명한 경우에도 그들은 다양한 대안들 가운데 자신이 가장 원하는 것을 선택하는 것이 아니라 정치인들이 제시하는 제한된 대안들 가운데 찬성-반대의 선택만 할 수 있다. 그뿐만 아니라 유권자들은 정치인들이 제공하는 정보의 틀 안에서 선택한다. 정치인들은 자신에게 유리한 쟁점을 부각하거나 쟁점을 자신들에게 유리하게 구성framing한다. 정치인들이 어떤 쟁점을 부각하는지에 따라 유권자의 투표 결정은 달라진다. 따라서 민주주의 선거 결과는 유권자의 선호를 객관적으로 반영한 것이 아니라 정당들의 선거 전략에 따라 달라진다는 것이 현실주의의 주장이다.

4. 유권자의 정치적 태도는 어떻게 형성되는가

　　우리는 여론조사의 홍수 속에 살고 있다고 해도 과언이 아니다. 거의 매일같이 대통령 국정 운영 평가, 정당 지지도, 정치 쟁점에 대한 태도 등을 다룬 설문 조사 결과를 언론 매체를 통해 접한다. 그러나 조사 방법에 따라 조사 결과는 달라진다. 한국통계학회가 동일한 문항을 이용해 문재인 대통령 국정 수행에 대한 설문 조사를 실시한 결과, 유선전화와 무선전화 방식에 따라 그리고 전화 면접과 자동 응답 시스템ARS 방식에 따라 대통령 지지도의 차이가 18%p에 달한다는 사실을 발견했다(『중앙일보』 2019/11/ 06). 그뿐만 아니라 개헌이나 선거제도 개혁처럼 유권자의 일상과 상관없는 쟁점에 대한 태도는 수시로 변한다.

　　수많은 연구들이, 유권자들이 설문 조사에서 나타낸 정치적 태도가 매우 불안정하다는 사실을 발견했다. 설문 조사 응답자들은 설문지 문항의 어휘, 보기의 순서뿐만 아니라, 심지어 설문 조사자의 성별이나 사투리 또는 억양에 따라 다른 응답을 한다. 예컨대 젠더 문제를 질문하는 조사자가 여성이거나, 특정 지역에 대해 질문하는 조사자가 그 지역의 말투를 사용한다면 설문 결과가 달라질 수 있다. 이런 사실을 관찰한 필립 컨버스는 유권자들은 안정적인 정치적 태도를 가지고 있지 않다는 '무태도 이론'non-attitude theory을 제시했다(Converse 1966). 『미국 유권자』 *The American Voter*의 저자들도 일반인들이 복잡한 정치적 쟁점에 대한 선호가 안정적이지 않다는 사실을 발견했다(Campbell et al. 1960). 유권자의 정치적 태도가 이처럼 가변적이고 불안정하다면, 민주주의 체제에서 선거 결과는 운에 따라 결정되는 것인가?

존 잴러(Zaller 1992)는 설문 조사에 나타나는 유권자들의 태도가 불안정하다고 해서 유권자들이 정치적 태도를 갖고 있지 않다고 볼 수는 없다고 주장한다. 설문 조사 당시 발생하는 사건이나 설문 조사자의 성별 및 말투 같은 요인들은 비체계적이고 우연적인 것이다. 때로는 우연히 반정부적인 방송을 접할 수 있고 친정부적인 방송을 접할 수도 있다. 또는 여성 조사자를 만날 수도 있고 특정 지역 말투를 사용하는 조사자를 만날 수도 있다. 설문 조사 당시의 이런 우연한 요인들이 응답자의 응답에 무작위적인 영향을 미칠 수는 있다. 부정적 태도를 유발하는 원인과 긍정적 태도를 유발하는 원인이 무작위적으로 일어난다면 이런 효과는 서로 상쇄된다. 따라서 응답자의 태도는 설문 조사마다 달라질 수 있지만, 응답자의 평균적인 태도는 유권자의 원래 태도로 수렴한다.

잴러(Zaller 1992)에 따르면, 유권자의 정치적 태도는 이들의 정치 지식과 밀접한 관련이 있다. 정치 지식이 많은 유권자일수록 설문 조사 당시의 우연적 요인들의 영향을 덜 받는다. 정치 지식이 많은 유권자는 우연히 접한 정치 정보의 정파적 함의를 파악할 능력이 있다. 이들은 자신의 정치적 성향과 일치하지 않는 정보는 거부하고 일치하는 정보는 받아들이는 경향이 강하다. 반면에 정치 정보가 없는 유권자들은 정치인들의 담론에 내포된 정파적 함의를 알아차리기 어렵다. 잴러에 따르면, 이런 유권자들은 자신의 정치적인 성향에 반하는 정보도 부지불식간에 받아들인다. 예컨대 평소에 여당을 지지하는 유권자가 정부에 비판적인 방송을 접했을 경우, 정치 지식이 많은 유권자는 방송 내용을 거부하는 반면, 정치 지식이 적은 유권자는 이 내용을 받아들일 가능성이 상대적으로 높다. 따라서 정치 지식이 적은 유권자의 정치적 태도는 불안정하다는 것이다.

개별 유권자의 태도는 상황에 따라 변할 수 있지만 전체 유권자들의 평균적인 태도는 비교적 정확하다. 일반 유권자들을 상대로 정당의 이념이나 정책 입장을 묻는 설문 조사를 수행하면, 이들의 평균적인 인식은 전문가들과 크게 다르지 않다. 유권자들은 복지 정책이나 대북 정책의 구체적인 내용은 알 수 없어도 어떤 정당이 복지 확대를 더 원하는지 또는 북한에 더 온건한 입장을 취하는지를 파악할 정도의 인지능력이 있다. 물론 정당에 대한 유권자의 생각은 선거 당시 정치적 사건이나 네거티브 캠페인에 따라 변하기도 한다. 그럼에도 불구하고 유권자의 감정적 측면을 과대평가할 필요는 없다.

사람들은 자신의 이해관계와 직접적인 관련이 없다고 생각되는 사안에 대해서는 사안의 내용 자체보다 정보의 출처를 중요시한다(Petty and Cacioppo 1986). 예컨대 개헌처럼 추상적인 문제에 대해 유권자들은 개헌이 자신의 삶에 어떤 영향을 미치는지 정확히 알기 어렵다. 따라서 사람들은 개헌의 유불리를 합리적으로 평가하기보다는 어떤 정당이 개헌을 주장했는지를 보고 찬반 입장을 결정한다. 정확한 정치적 선택에 필요한 정보를 수집하려면 막대한 시간과 돈이 필요하므로, 사람들은 자신이 가상 신뢰할 수 있다고 여기는 소속 집단을 따라 정치적 입장을 결정함으로써 정치 정보를 수집하는 데 들어가는 비용을 줄이려고 한다. 그뿐만 아니라 소속 집단을 따라 결정하는 것이 자신의 판단에 따른 결정보다 안전하다고 생각할 수 있다. 이런 측면에서, 소속 집단을 따르는 것은 비이성적 행위라기보다는 합리적인 행위로 해석할 수 있다.

유권자들의 정치적 판단이 비합리적이고 감성적이라는 에이큰과 바르텔즈의 시각은 정치적인 판단을 지나치게 단순화한 것이다. 사람들은 어떤 사안이 자신의 이해관계와 밀접한 관련이 있다고 생각하면 소속 집단의 뜻에 반하는 선택을 하기도 한다. 평소에 정치에 무관심했더라도 전쟁이나 공황, 정치적 격변 등 파국적 사건처럼 자신의 이해에 큰 영향을 미치는 일을 경험하면, 관련 정보를 수집하기 위해 시간을 투자하기 시작한다. 예컨대 IMF 구제금융 사태나 최순실 사태와 같은 파국적 사건이 발생하면, 정치에 관심이 없던 사람들도 관련 방송에 귀를 기울이기 시작하고 다양한 매체를 통해 정보를 수집한다. 사람들은 자신이 수집한 정보를 바탕으로, 소속 집단의 입장을 따르는 정치적 선택이 자신에게 해가 된다고 판단하면 집단 정체성에 따른 선택을 바꾼다. 예컨대 IMF 구제금융 사태 또는 최순실 사태를 계기로, 야당을 지지하던 영남 거주자나 영남 출신 유권자들 일부가 정치적 입장을 바꾸었다. 이처럼 유권자들은 사소한 사안에 대해서는 정치 정보를 수집하는 데 드는 비용을 줄이기 위해 집단 정체성을 따르지만, 중요한 사안에 대해서는 집단 정체성에 반하는 결정을 내리기도 한다.

에이큰과 바르텔즈는 정치적 태도에서 집단 정체성의 중요성을 강조한다. 그러나 연고지나 유명 야구 선수 때문에 특정 야구 팀에 정체성을 갖는 것과 특정 정당을 지지하는 것은 다른 문제다. 예컨대 줄곧 민주당을 지지해 왔던 호남 출신 임대 사업자가 있다고 해보자. 민주당의 부동산 정책으로 큰 손해를 본다고 느낄 경우 그는 민주당에 대한 지지를 철회할 수 있다. 마찬가지로 오랫동안 보수 정당을 지지해 온 영남 출신의 노동자가 보수 정권이 자신의 이익을 침해한다고 생각하면 보수 정당에 대한 지지를 바꿀 수 있는 것이다. 정치적 결정은 야구팀을 결정하는 것과는 달리 경제적 이익과 가치의 문제가 결부되어 있다. 사람들은 정치가 자신의 이해관계와 밀접하게 연관되어 있다는 사실을 알게 되면, 정치적 선택을 할 때 집단 정체성에 의한 심리적 판단보다 경제적 판단에 더 의존하게 된다. 따라서 유권자들이 비합리적이어서 민주주의가 정상적으로 작동하기 어렵다는 시각은 유권자의 합리성을 과소평가한 것이다.

5. 민주주의는 왜 정상적으로 작동하지 않는가

민주주의가 정상적으로 작동하려면 다음과 같은 조건들이 충족되어야 한다. 첫째, 소비자들이 자신에게 혜택을 주는 상품을 구입하듯이, 유권자들은 자신에게 정책적 혜택을 주는 정당에 투표할 수 있어야 한다. 정당들이 선명한 정책 대결을 할 때, 유권자들은 어떤 정당이 자신에게 혜택을 가져다주는지를 정확하게 판단할 수 있다. 둘째, 유권자들은 여당이 성공적으로 국정을 운영하면 보상하고 그렇지 않을 경우 심판할 수 있어야 한다. 유권자들이 정확하게 심판할 수 있으려면 정책 결과에 대한 책임 소재가 분명해야 한다. 에이큰과 바르텔즈의 현실주의적 시각에 따르면, 미국 민주주의는 그렇게 작동하지 않는다. 미국 유권자들의 정치적 태도가 가변적이고 비합리적이기 때문에 선거에서 일관된 정치적 태도를 표출하기 어렵다는 것이다.

필자는 민주주의 체제가 제대로 작동하지 않는 이유가, 정치가 경제처럼 운영되기 때문이라고 생각한다. 정치와 경제의 차이는, 시장 상품과 정치 상품에 대한 구매 제도와 광고 제도의 차이를 들어 앞에서 설명한 바 있다. 정치와 경제가 이처럼 서로 다르게 작동하는 이유는 정치와 경제에 서로 다른 규범적 원리가 적용되어야 한다는 시민들의 믿음 때문이다. 대다수 시민들은, 경제는 효율성의 원리가 지배하더라도 정치는 평등의 원리가 지배해야 한다고 믿는다. 그러나 현실 정치에서 언제나 평등의 원리가 지배하는 것은 아니다. 동등한 투표권을 행사하도록 하는 정치 구매 제도에서는 평등의 원리가 지배하지만 정치광고 제도에서는 그보다 정치의 자유 원리가 더 중시될 수 있다. 이럴 경우 경제적으로 유력한 집단이 자신이 지지하는 정당에 더 많은 정치자금을 지원하고 자신이 원하는 정책을 얻는다. 정치의 평등보다 자유가 중시될수록 정치가 시장 거래화될 가능성이 높다.

시장 거래와 정치 거래에서 거래되는 상품은 서로 다르다. 시장 거래에서 소비자들은 다양한 방법으로 상품을 평가해 보고 경험할 수 있다. 반면에 정치인들이 공약으로 제시한 정치 상품(정책)은 경험해 볼 수 없다. 정치 상품은 현물로 제공되지 않기 때문에 약속한 정치 상품이 실제로 제공될 가능성은 불확실하다. 유권자들은 정당 정책이 무엇인지 그리고 자신에게 그것이 어떤 영향을 미치는지 알기 어렵다. 모든 사람이 정책을 온전히 이해하기란 어렵기 때문에, 선거 경쟁에서 정치광고는 유권자의 투표 결정에 큰 영향을 미친다.

시장 거래에서 소비자들이 상품에 대해 잘 알고 있다면 허위 광고나 과대광고에 잘 휘둘리지 않을 것이다. 이와 마찬가지로 유권자들이 정책에 대해 충분히 잘 알고 있다면 정치광고의 영향을 덜 받을 것이다. 그러나 정당들이 제시하는 정책은 매우 복잡하고, 정책이 자신에게 어떤 효용을 유발하는지 정확히 알려면 앞에서도 이야기했듯이 많은 시간과 노력을 들여야 한다. 따라서 정당은 실체 없는 후보의 능력을 홍보하고 유권자의 감정을 자극하는 이슈를 부각해 유권자의 마음을 바꾸려 한다.

정치학자 도널드 스토크스는 이처럼 유권자를 유인하거나 현혹하기 위한 비정책적 쟁점을 '유인 쟁점'이라고 불렀다(Stokes 1963). 후보들은 자신의 긍정적인 유인 가치를 가공 생산하고 홍보한다. 대통령 후보들은 자신이 경험이 많고 유능하므로 국가 경제를 활성화하고 대외적으로 국가를 지킬 수 있다고 주장한다. 국회의원 후보는 지역구민을 위해 노인정이나 도서관 같은 공공시설을 유치하거나 지하철역을 건설하겠다고 광고한다. 또한 정치인들은 상대방에 대한 부정적 유인 가치를 생산하고 퍼뜨린다. 경쟁 상대의 비리를 폭로하거나, '아니면 말고' 식의 자극적인 정치 공세에 집중한다. 이런 정치 공세는 진위 여부와 상관없이 사람들의 판단에 상당한 영향을 미친다.

정치인들은 왜 정책 대결을 하지 않고 유인 가치 광고에 집중하는가? 공공 정책은 어떤 유권자에게는 혜택을 주고 다른 유권자들에게는 손해를 끼친다. 예를 들어, 부자 증세를 통한 복지 정책은 저소득층에 혜택을 주는 반면 부유층에는 손해를 끼친다. 이와 달리 유인 가치를 내세우면 모든 유권자가 이로부터 혜택을 얻는 것처럼 포장할 수 있다. 대통령 선거 후보가 경제 활성화 능력을 효과적으로 광고할 수 있다면 유권자들은 이 후보 덕분에 나라가 부강해지고 자신도 혜택을 입으리라 기대한다. 예컨대 경제성장 7%, 국민소득 4만 달러, 세계 7위권의 경제 선진 대국 달성이라는 목표를 제시한 이명박 후보의 747 공약은 유권자들에게 경제성장 혜택에 대한 기대를 불러일으킨다. 모든 경제정책은 정책의 수혜자와 피해자를 초래함에도, 국민들로 하여금 자신들을 경제성장의 수혜자로 믿게 만든다. 따라서 정치인들은 선명한 정책 대결을 피하고 유인 가치를 가공 생산하고 광고한다.

유권자들은 소극적인 정치 소비자 역할뿐만 아니라 적극적인 정치 투자자의 역할을 한다. 유권자들은 동등한 정책 구매권(평등 투표권)을 제도적으로 보장받는다. 그러나 이들의 실질적인 정책 구매 능력은 정치 활동의 정도에 따라 달라진다. 어떤 시민은 주위 사람들에게 자신의 입장을 설득하려고 노력하며 시위에 참가하기도 한다. 지지 정당을 위해 자원봉사를 하거나 정치자금을 제공하거나, 나아가 당원에 가입하고 전당대회에 참여해 자신이 원하는 후보를 선발하려는 시민들도 있다. 따라서 수동적인 정치 소비자에 비해 적극적인 정치 투자자는 정책 결과에 더 큰 정치적 영향력을 발휘할 수 있다.

자본주의 체제의 선거 경쟁에서 정치자금은 가장 중요한 역할을 한다. 정당들이나 후보들은 선거 전략을 수립하기 위해 다양한 정보를 수집하고 전문 인력을 고용한다. 전략이 수립되면 이를 실행하기 위해 상당한 인적·재정적 자원이 필요하다. 또한 정당들은 유리한 정치 정보를 가공 생산하고 확산시키기 위해 우호적인 언론을 이용한다. 충분한 정치 정보와 안정적인 정책 선호를 갖고 있지 않은 유권자들에게 정치광고는 상당한 영향을 미친다.

정당들은 소수 재력 집단에 다양한 정책적 특혜를 제공하기도 한다. 정당들은 의회에서 입법을 통해 결과적으로 특정 기업에 건설 사업 인허가 혜택이 돌아가게 하거나, 금융 규제, 환경 규제 또는 산업 안전 규제를 풀어 주기도 한다. 예컨대 2021년 1월 7일에 여야가 합의한 중대재해처벌법(〈중대재해 처벌 등에 관한 법률〉)은 '재해기업 보호법'이라고 불릴 정도로 재계의 입장을 반영했다(『한겨레』 2021/01/07). 정부는 국회에 제출돼 있던 강은미 정의당 의원안과 박주민 민주당 의원안에 비해 훨씬 후퇴한 수정안을 제출했다. 이런 과정에는 재계 관계자들의 집요한 로비가 작용했다. 한국경영자총협회(경총)는 산재 사망 때 기업 책임자와 법인에 부과되는 처벌 수위를 대폭 완화할 것을 요구했고, 정부안에서 수용되었다.

공공 정책의 혜택은 모든 유권자에게 돌아가는 반면, 정책 특혜의 제공은 소수집단과 정치인 간의 사적 거래로 이루어진다는 점에서 시장 거래와 유사하다. 시장 거래에서 돈을 지불하고 원하는 상품을 사듯이 정치에서도 사회경제적 유력 집단이 정치자금을 내고 원하는 정책을 구입하는 것이다. 소수 재력 집단이 자신에게 유리한 정당의 집권을 도와 자신이 원하는 정책이 채택될 수 있게 한다면 이는 정책을 돈을 주고 구입하는 것과 마찬가지라는 말이다. 정경 유착과 대통령 측근의 권력형 비리는 정치의 시장 거래화 현상의 전형적인 사례다.

정치의 시장 거래화는 합법적인 영역에서도 이루어진다. 미국이 전형적인데, 거대 자본은 자신에게 유리한 정책을 표방하는 정당의 집권을 합법적인 방법으로 도울 수 있다. 이 정당에 정치자금을 제공하고 자신들이 설립한 언론을 통해 이 정당에 유리한 정보를 유포하는 방식이 대표적이다.

많은 연구들은 소득수준과 교육 수준이 높은 유권자들이 더 적극적으로 정치 활동을 한다는 것을 보여 준다(문우진 2009, 2011c). 경험 연구들은 또한 사회경제적 지위가 높은 사람들이 보통 사람들에 비해 자신에게 유리한 정책을 제공하는 정당에 대해 더 잘 알고 있고 이를 지지한다는 사실을 발견했다(문우진 2011a). 이런 결과는 현실 세계에서 모든 시민이 평등한 정치적 영향력을 행사하는 것은 아니라는 사실을 보여 준다. 현실 정치에서는 부자나 더 배운 사람들이 원하는 정책을 구매할 가능성이 더 크다. 정당들은 더 많은 정치자금을 확보하기 위해 정치자금을 제공하는 집단의 입장을 대변하게 된다. 이럴 경우 다수의 일반 유권자는 소수의 재력가들이 선호하는 정책을 따라야 한다. 즉, '돈의 힘'이 '수의 힘'을 압도하게 되고, 민주주의는 정상적으로 작동하기 어려워지는 것이다(문우진 2014a).

경험 연구들은 저소득층이나 교육 수준이 낮은 유권자들이 고소득층이나 교육 수준이 높은 유권자들에 비해 정확한 정치 정보를 습득하기가 어렵다는 사실을 발견했다(문우진 2009, 2011a). 따라서 저소득층과 교육 수준이 낮은 유권자들은 실체 없는 유인 가치에 현혹될 가능성이 더 높다. 대의 민주주의의 기본 원리는 유권자가 자신의 가치와 이익을 대변하는 정당을 지지하는 것이다. 그러나 정치 정보가 부족한 유권자들이 실체 없는 유인 가치에 흔들려 자신에게 정신적·물질적 해를 끼칠 수 있는 정당을 지지한다면, 이는 대의 민주주의가 정상적으로 작동하지 않음을 의미한다.

6. 정치제도는 민주주의의 작동에 어떤 영향을 미치는가

이 책은 제도주의적 시각을 제시한다. 제도주의적 시각은 이상주의자처럼 민주주의를 긍정적으로만 바라보지도 않지만 현실주의자처럼 부정적으로 바라보지도 않는다. 또한 사람들의 정치적 태도는 이상주의자들이 믿듯이 안정적이고 분명한 것도 아니며, 에이큰과 바르텔즈가 주장하듯이 집단 정체성에 의존하는 것만도 아니라고 본다. 사람들은 소속 집단의 뜻을 수동적으로 받아들이는 존재가 아니다. 자신의 가치나 이익과 밀접한 관련이 없다고 믿는 사소한 사안에 대해서는 소속 집단의 뜻을 따르는 것이 효율적일 수 있다. 그러나 자신의 가치와 이익을 크게 침해할 정도로 중대한 사건이 발생하는 경우, 사람들은 정치에 관심을 갖기 시작하고, 정확한 정치 정보를 습득하려고 노력하며, 안정된 정치적 태도를 형성한다.

제도주의적 시각은 정치제도를 어떻게 설계하는지에 따라 유권자의 태도가 가변적일 수도 있고 안정적일 수도 있다고 믿는다. 이에 따르면 두 요인이 정치적 태도의 안정성에 영향을 미친다. 정당들이 서로 차별적인 정책을 선명하게 제시할수록, 정책에 대한 정확한 정치 정보를 쉽게 얻을수록 사람들은 어떤 정당의 정책이 자신에게 더 큰 이익을 가져다주는지를 분명하게 알 수 있으며, 그 결과 지지 정당에 대해 비교적 안정된 태도를 유지하게 된다. 정확한 정치 정보의 획득, 정당 간 정책 차이에 대한 인식은 정치제도에 따라 달라진다.

경제에서는 상품의 브랜드가, 상품 구입에 필요한 정보를 수집하는 데 들어가는 비용을 줄여 주는 기능을 한다. 브랜드가 없다면 자신이 원하는 최적의 상품을 사기 위해 소비자는 많은 시간과 비용을 들여 정보를 습득해야 한다. 예컨대 컴퓨터를 구입하려는 소비자는 컴퓨터의 부품이 어떤 기능을 하는지, 어떤 제조사가 우수한 부품을 생산하는지, 고객 지원 정책과 환불 정책은 어떤지 등에 대한 정보를 얻기 위해 오랫동안 수고해야 한다. 그러나 제조 업체명과 같은 브랜드 네임은 이런 정보를 수집하는 데 들어가는 비용을 절감해 소비자가 효율적이고 안전하게 제품을 구입할 수 있도록 도와준다.

경제에서와 마찬가지로 정당의 이름은 하나의 브랜드로 작용해, 정당이 제시하는 정책에 대한 정보를 수집하는 비용을 줄여 주는 역할을 한다. 서구 민주주의국가의 경우 정당들의 브랜드 네임은 재분배 정책을 중심으로 형성되었다. 영국의 보수당과 노동당 또는 독일의 사회민주당과 기독교민주당은 각각 다른 계급을 대변하는 정당으로 인식된다. 이런 국가에서는 유권자들이 어떤 정당이 자신의 계급적 이익을 대변하는지에 대한 정보를 매번 수집할 필요 없이, 상대 정당이 제시하는 유인 가치에 현혹되지 않고, 재분배 정책을 중심으로 형성된 이 브랜드 네임에 따라 투표하면 된다. 정당들의 브랜드가 재분배 정책을 중심으로 형성될수록 유권자들의 정책적 선호는 자신의 계급이나 소득에 따라 형성되고, 유권자들은 계급 투표를 한다(문우진 2020c, 2021a).

한국의 경우 재분배 정책에 대한 두 주요 정당의 입장 차이는 서구 정당들에 비해 선명하지 않다. 한국 유권자들의 정책적 선호는 계급이나 소득과 무관하게 형성되었고, 이들은 자신의 계급이나 소득에 반하는 투표를 한다(강원택 2013: 문우진 2020c, 2021a). 한국 정당들의 브랜드 네임은 재분배 정책 대신 대북 입장과 지역주의를 중심으로 형성되었다. 일반적으로, 한국에서 진보 정당은 호남에 우호적이며 북한에 온건한 입장을 견지하는 것으로 인식된다. 반면에 보수 정당은 영남에 우호적이며 북한에 강경한 입장을 취하는 것으로 인식된다. 이처럼 정당들의 재분배 정책보다 대북 입장과 지역주의가 유권자 인식에 더 중요하게 작동하면, 대북 관계에서 안보를 더 중시하는 영남 저소득층이 보수 정당을 지지할 수 있고, 햇볕 정책을 지지하는 호남 고소득층은 진보 정당을 지지할 수 있다.

필자는 정치제도를 어떻게 설계하는지에 따라 민주주의의 성공적인 작동 여부가 달라질 수 있다고 믿는다. 정치의 시장 거래화에 가장 중요한 영향을 미치는 정치제도는 선거제도다. 소선거구제라고 불리는 단순 다수 선거제도에서는 최다 득표 후보만 당선된다. 단순 다수제에서는 군소 정당 지지자들도 자신의 표가 사표가 되는 것을 막기 위해, 당선 가능한 큰 정당 후보에게 표를 던진다. 따라서 단순 다수제에서는 지역구에서 두 거대 정당 후보가 승리하고 양당제가 창출될 가능성이 높다(Duverger 1959). 단순 다수제에서는 후보들이 특정 집단의 이익을 정책적으로 대변하기 어렵다. 특정 집단을 위한 정책 입장을 제시하면 이에 반대하는 유권자의 지지를 잃어 선거에서 승리하기 어렵기 때문이다. 따라서 후보들은 정책 대결을 피하고 되도록 많은 지역구민의 지지를 얻을 만한 유인 가치의 가공 생산 및 광고에 주력한다. 정당은 선거 승리를 위해 인지도가 높은 관료 출신, 법조인, 방송인과 같은 정치 엘리트를 공천하고, 이들은 자신의 능력을 광고하거나 네거티브 캠페인을 전개한다.

단순 다수제는 '포괄 정당'을 산출할 가능성이 높다. 포괄 정당의 지상 목표는 지지 집단들의 이익을 대변하는 것이 아니라 선거에서 승리하는 것이다. 포괄 정당은 선거에서 승리하기 위해, 정책 대결을 피하고 모든 유권자가 좋아하는 유인 가치를 가공 생산하고 이를 광고한다. 또한 되도록 많은 유권자를 확보하기 위해 온건한 입장을 취하고, 이에 따라 정당 간의 정책 입장 차이는 불분명해지며, 그 결과 유권자들은 어떤 정당이 자신에게 더 큰 정책적 혜택을 제공하는지 파악하기 어려워진다. 유권자들의 투표 결정에 유인 가치가 더욱더 중요해지고 정당 정체성은 약화된다.

단순 다수 선거제도는 인물 중심의 선거 경쟁을 촉진한다(Carey and Shugart 1995). 유권자는 일반적으로 후보의 정책 입장이 본인에게 어떤 효용을 가져다줄지를 정확하게 이해하기 어렵다. 유권자가 후보들의 정책을 꼼꼼히 따져 보고 그로부터 얻을 손익을 계산하려면 많은 시간과 비용을 부담해야 한다. 이에 반해 후보들의 개인적 신상이나 이미지·혈연·학연과 같은 특성에 대한 정보 수집은 유권자에게 큰 비용을 부담시키지 않는다. 선거 경쟁이 인물 대결로 치러지는 선거제도에서는 유권자가 후보들이 내세우는 유인 가치들을 근거로 투표할 가능성이 크다. 앞서도 말했듯이, 후보들이 가장 흔하게 내세우는 유인 가치는 자신의 능력이다. 예컨 대 대통령 선거 후보들은 자신이 대통령이 되면 국가 경제를 살릴 것이라고 주장한다. 국회의원 후보는 자신이 지역 경제를 발전시키고 지역구에 유리한 사업을 유치할 것이라고 주장한다.

후보들이 광고하는 유인 가치는 실체가 없는 것들이 많다. 그러나 유권자들은 이런 유인 가치의 실체를 파악하는 데 필요한 정치 정보가 부족하므로 후보들의 광고에 쉽게 흔들린다. 선거 결과는 어떤 후보가 선거에 유리한 유인 가치를 효과적으로 가공 생산하고 광고하는지에 따라 결정된다. 정치자금은 유인 가치를 광고하는 데 가장 중요한 요소다. 후보들은 정치자금을 제공하는 경제적 유력 세력에 의존하게 되고, 이들의 영향력은 증가한다. 따라서 인물 대결과 유인 가치 중심의 선거 경쟁을 촉진하는 단순 다수제는 정치인과 정치자금 제공 세력 간의 공생 관계를 강화한다. 달리 말하면, 단순 다수제는 정치를 시장 거래화하고, 민주주의의 정상적인 작동에 부정적인 영향을 미치는 경향이 있다.

비례대표제에서는 군소 정당 후보에게 던지는 표가 사표가 되지 않는다. 군소 정당도 의석을 확보할 수 있으므로 다양한 시민 사회 집단들이 정당을 구성할 동기가 강해진다. 따라서 비례대표제에서는 다당 체제가 산출된다. 다당 체제에서는 정당들이 비교적 작은 시민사회 집단들을 대변한다. 정당이 대변하는 집단의 규모가 작아질수록 집단 구성원은 동질적이고 선명한 가치와 이해를 공유하게 된다. 예컨대 녹색당이 대변하는 환경 단체가 추구하는 가치는 분명하다. 따라서 비례대표제는 정당이 이해가 동질적인 집단들을 정책적으로 대변할 가능성을 증가시킨다. 정당이 기능 대표들로 구성되면 시민사회 집단의 구성원들은 자신들을 정책적으로 대변하는 정당이 어떤 정당인지를 쉽게 파악할 수 있다. 따라서 비례대표제는 단순 다수제에 비해 정당의 브랜드 네임이 정책을 중심으로 형성될 가능성을 증가시킨다.

정당의 브랜드 네임이 정책을 중심으로 형성되면, 유권자들은 자신이 속한 시민사회 집단을 정책적으로 대표하는 정당을 지지할 가능성이 높아진다. 이럴 경우 유권자들은 자신에게 정책적인 이익을 가져다주는 정당이 어느 정당인지를 파악하기 위해 많은 시간과 노력을 들일 필요가 없다. 유권자들이 정당들의 허위 광고나 네거티브 캠페인에 현혹되어 자신에게 정책적인 해를 끼치는 정당에 투표할 가능성도 낮아진다. 예컨대 서민들이 부자들을 위한 정책을 표방하는 정당을 지지할 가능성이 낮아진다. 정당이 정치 엘리트 집단이 아닌 시민사회를 구성하는 집단 출신의 의원들로 채워진다면, 유권자들은 정당의 대표 활동에 대한 심판 기능을 더 원활하게 수행할 것이다. 시민사회 집단은 자신들의 이익을 대변하는 의원이 대리인의 기능을 충실히 수행하지 않을 경우 이를 파악하기 쉽고 다음 선거에서 다른 대리인으로 교체할 수 있다.

한국에서 정치적 다수는 어떻게 형성되는가

1. 한국에서는 어떤 정치적 균열이 형성되었는가

한 국가의 정치적 다수는 국민들을 양분하는 민감한 쟁점에 따라 달라진다. 이런 쟁점은 한 국가에서 구조적으로 형성된 '사회 균열'social cleavages에 의해 형성된다. 서구 사회의 정당 체제는 사회 균열에 의해 구조화되었고 안정적으로 유지되었다. 사회 균열이 형성시킨 정치적 갈등이 이념화되면서 자집단에 대한 정체성과 타집단에 대한 배타적 거부감이 강해진다(Lipset and Rokkan 1967). 계급 균열이 깊게 형성된 서구에서는 경제적 약자에 속하는 집단들은 국가의 시장 개입을 선호하는 반면, 경제적 강자에 속하는 집단들은 자유 시장 경제체제를 선호한다.

한국에서는 어떤 사회 균열이 형성되었는가? 한국에서도 계급 균열이 형성되기는 했으나 서구 민주주의국가에서처럼 깊고 견고하지 않았다. 한국 유권자들의 계급적·경제적 지위는 이념 형성과 투표 결정에 큰 영향을 미치지 않는다(문우진 2016b, 2017b). 심지어 저소득층이 보수 정당을 지지하기도 한다(문우진 2017b). 민주화 이후 한국에서의 정치 갈등을 분석한 학자들은 한국에서 정치 균열은 지역 및 세대 간 갈등을 중심으로 형성되었다고 본다(강원택 2003a: 문우진 2018a). 그렇다면 한국에서는 왜 계급 균열이 깊게 형성되지 못했는가? 이는 일본 식민 통치 이후 냉전으로 이어지는 역사적 상황과 한국의 지정학적 위치가 결합된 결과로 볼 수 있다.

한국에서는 계급 균열이 일본 식민 통치 기간부터 형성되었다. 1919년 3·1운동 이후 노동단체들이 전국 각지에서 광범위하게 조직되었다. 30여 개에 불과했던 전국 노동조합 수가 1928년에는 500개에 육박할 정도로 증가했고, 이 시기 노동운동은 사회주의자들이 주도했다(박찬승 2013). 1931년의 파업 건수는 200여 건에 달해 1920년대 초 파업 건수의 네 배에 이르렀다. 농민운동 역시 1924년 조선노농총동맹이 결성되고 사회주의사상의 영향을 받으면서 투쟁적으로 변모해 갔다. 1930년대 초 노동운동 및 농민운동에 대한 일제의 탄압이 심해지자 운동은 혁명적으로 전개되었고, 사회주의자들은 이를 토대로 1925년에 결성된 조선공산당(조공)을 재건하고자 했다.

일본 식민 통치 직후의 한국 사회는 계급 균열이 형성되었다는 점에서 유럽 사회와 유사한 점이 있었다. 일본 식민 통치가 끝나 갈 무렵, 이미 자발적으로 조직된 수많은 노동자·농민 단체들이 건국준비위원회(건준)의 기초를 형성한 인민위원회들을 조직했다. 이를 토대로 1945년 8월 15일에 여운형은 좌우 정치 세력을 포괄한 건준을 결성했다. 건준이 지나치게 좌익 진보 세력으로 구성되자 민족주의계 인사들은 이에 반발해 탈퇴했으며, 부위원장 안재홍이 9월 1일 조선국민당을 창당했다. 9월 6일 조선공산당은 좌파를 중심으로 건준을 개편해 조선인민공화국(인공)을 선포했고, 9월 8일에 조선 사람도 스스로 통치할 수 있다는 것을 미 군정에게 보여 주기 위해 내각 명단을 발표했다(Cumings 1981).

1945년 9월 8일, 38선 이남을 점령한 미군은 군정을 실시해 노동자들의 다양한 사회적 활동을 억압하고 인민위원회와 인공을 해체하면서 좌익계 정치 세력을 무력화했다. 노동자들은 9월 하순부터 사회주의자들과 연대해 1945년 11월 5일 전국적 단일노동조합인 조선노동조합전국평의회(전평)를 조직했다. 전평에 1194개

노동조합과 20만여 명의 노동자들이 소속되었다(최장집 1991). 이에 대응해 미 군정은 9월 16일에 결성된 한민당에 우호적인 입장을 취하면서 우익 세력 육성을 적극적으로 꾀했다. 한민당은 분명한 강령을 갖춘 정당이라기보다 일부 우익 세력이 인공에 맞서기 위해 조직한 정당이었다(Cumings 1981).

후일 이승만이 10월 16일에 귀국해 미 군정의 적극적인 지원을 얻어 독립촉성중앙협의회(독촉)를 조직했다. 처음에는 좌우 세력을 망라했던 독촉은 점차 한민당과 친일파 세력을 중심으로 한, 이승만을 위한 정치조직으로 축소되었다(박찬승 2013). 조선공산당이 지나치게 비타협적 태도를 취해 정국을 주도하지 못하자 여운형은 11월 12일에 중도좌파 성향의 조선인민당(인민당)을 결성했다. 11월 23일에 귀국한 김구 등 임시정부 요인들은 한국독립당을 조직했다. 1946년 2월에는 중국 옌안에서 활동하던 조선독립연맹이 중도좌파적인 남조선신민당(신민당)을 결성했다. 1946년 11월에 조공·인민당·신민당은 남조선노동당(남로당)이라는 대중정당으로 합당했다(박찬승 2013). 해방 직후 한국의 사회와 정당 체제는 안정되지는 않았지만, 정치 세력들은 이처럼 좌우 스펙트럼에서 양극화되어 있었다.

그러나 미 군정의 좌익 탄압 정책으로 이런 균열 구조가 와해되기 시작했다. 미 군정의 원래 목표는 일제 잔존 세력을 청산하고, 자본주의 경제 질서를 따르는 정치체제를 확립하는 것이었다. 그러나 소련이 북한을 장악하면서 미 군정은 남쪽에 반공산주의 정권을 설립하는 것에 더 역점을 두었다(Cumings 1981). 존 하지 중장은 인공의 활동이 불법적이며 인공 조직원들은 공공의 적이라고 선언했다. 미 군정은 한민당과 그 밖의 우파 조직들을 한국에서 유일하게 정당한 정치 세력으로 승인했으며 미 군정 통치를 위해 일제에 봉사한 경찰·군인·관료 세력을 충원했다(Cumings 1981).

전평은 미 군정의 표적이 되었다. 12월 8일에 하지 중장은 훈령 34호를 발동해 파업을 금지하고 국가 노동조정위원회를 설립했다. 이 훈령에 따라 산업 노동자나 그 대표는 노동조정위원회원이 될 수 없었고, 기업가·전문가·고용인이 대부분 위원회의 회원을 구성했다(Cumings 1981). 전평의 회원 수는 점점 줄어들었고 1946년 3월에 조직된 우익 노동조합인 대한노동총연맹(노총)의 조합원 수는 4만여 명에 이르렀다(Choi 1993). 이런 미국의 좌익 탄압 정책은 좌파 세력이 미약한 한국 정당 체제의 시발점이 되었고, 이후 한국전쟁과 권위주의 정권의 통치는 좌우 정당이 균등하게 경쟁하는 분극적인 정당 체제를 형성할 수 없게 했다.

한국전쟁은 좌파 정당이 존재하지 않는 협애한 정당 체제를 고착화한 역사적인 사건이었다. 한국전쟁의 여파로 군인과 경찰 세력은 권력을 확대할 수 있었으며, 반공주의가 권위주의 정권의 지배 이념으로 자리 잡을 수 있게 되었다. 이승만 정권이 1960년에 무너졌을 때 우파 정당들에 대응할 정치 세력은 존재하지 않았다. 이후 쿠데타로 정권을 장악한 박정희는 북한을 상대로 경제적·군사적 우월성을 유지하기 위해 민주주의와 경제적인 평등은 희생될 수도 있다는 반공 성장주의 이데올로기를 내세우며 자신의 권위주의적 경제정책을 정당화했다(최장집 1989). 미국이 원조한 자원 및 국가 개발 계획의 혜택은 상호적인 후원 관계를 구축한 군인·관료·재벌에게 돌아갔다.

박정희 정권은 노동 세력의 정치화를 미연에 방지할 제도적 장치들을 마련했다. 1963년 4월 17일에 노동조합의 정치 활동을 금하는 〈노동조합법〉(법률 제1329호)을 제정했다. 이 법의 제12조는 노동조합이 정당이나 후보를 지지하거나 반대하는 어떤 행동도 할 수 없도록 명시했다. 이 법은 또한 노동조합이 정당이나 후보에게 정치자금을 기부하는 것도 금지했다. 1979년에 쿠데타로 정권을 장악한 전두환 역시 노동조합을 정치 세력으로부터 차단하려 했다. 전두환은 정권을 장악하자 곧바로 국가비상위원회를 설립하고 노동법을 개정해 제3자가 노사분규에 개입하지 못하도록 했다. 노태우 역시 1989년 12월 30일에 노동조합이 정치 활동에 참가하거나 정치자금을 기부하는 것을 금하는 기존 노동법을 지지했다. 이런 환경에서는 노동조합을 포함한 좌파 세력을 대변해 정당을 설립하는 것은 물론, 기존 정당이 이들의 이해를 대변하거나 노동조합이 입법 절차에 영향을 미칠 여지가 없었다.

　서구 민주주의국가에서는 진보 정당과 보수 정당이 각각 자신을 지지하는 계급과 계층을 대변하기 위해 정책 대결을 펼치는 반면, 한국의 권위주의 체제에서는 노동조합과 야당을 서로 연계할 제도적 근거가 존재하지 않았다. 야당은 정권 반대 세력들을 대변하는 진보적 정책을 통해 이들을 규합하기보다는, 권위주의 지배에 대한 정치적 비판에 자신의 활동을 제한했다. 소득재분배 정책을 중심으로 좌우 정당들이 경쟁하는 서구의 정당 체제 대신, 반공주의 및 성장주의를 표방하는 독재 세력과 민주주의 및 민중주의를 표방하는 반독재 세력이 서로 경쟁하는 정당 체제가 형성되었다(최장집 1989).

민주화 이후 이런 성장주의 대 민주주의라는 균열 축이 사라지면서 새로운 균열 축을 중심으로 정당 체제가 형성될 조건이 마련되었다. 그러나 남북 대치 상황에서 좌파 정치 세력이 형성될 수 없었기 때문에 한국의 정당 체제가 서구처럼 계급 균열을 중심으로 재편되는 것은 불가능했다. 1987년에 민주화가 이루어진 이후에도 정당들은 자신들과 시민사회 집단들을 연결해 줄 제도적인 장치가 없었다. 민주화 이전 권위주의 세력과 민주주의 세력이 하향식으로 조직한 정당들이 민주화 이후 다양한 계급적·계층적 집단들을 대변하는 상향식 조직으로 변모하기에는 계급적 기반이 미약했다. 정당들은 시민사회 집단들을 정책적으로 대변할 능력을 상실한 채 유력한 정치 지도자들의 권력투쟁 수단으로 남아 있었다.

김영삼 정권 초기에는 노동조합의 정치 활동을 제한하는 개정안을 통과시켰다. 〈공직선거및선거부정방지법〉(법률 제4739호) 제87조는 노동조합을 포함한 각종 단체는 정당과 후보를 지지하거나 반대하지 못하도록 규정했다. 그러나 1997년 3월 13일 김영삼 정권 말기에 와서야 노동조합의 정치 활동을 금한 〈노동조합법〉이 〈노동조합및노동관계조정법〉(법률 제5310호)으로 개정되었다. 1999년 11월 25일에 헌법재판소는 노동조합의 정치자금 기부를 금지하는 법이 위헌이라는 결정을 내렸다. 김영삼 정권 말기까지 유지되었던 제도적 제한 때문에, 민주화 이후에도 정당과 시민사회 집단들 간의 조직적 연계가 구축되지 못했고 정당들은 정책적인 차별성을 견지하지 못했다. 민주화 이후의 정치적 균열은 민주화 이전의 정치적 균열과 구조적으로 크게 달라지지 않았다. 시민사회 집단들과 정책적 연계 고리가 약한 정치인들은 자신의 이해관계에 따라 탈당과 당적 변경을 일삼고, 창당·분당·합당이 빈번한 현상이 되어 버렸다.

민주화 이후 진보 정당과 보수 정당이 내세운 재분배 정책, 노동정책, 재벌 정책은 유권자들이 뚜렷한 차별성을 느낄 정도로 분명하지 않았다. 주요 보수 정당과 진보 정당이 서로 다른 계급과 계층을 대변한다고 느끼기에는 이들의 재분배 정책들이 비차별적이었다. 게다가 깊게 형성되지 못한 계급 균열을 대북 이슈가 가로지르고, 영호남 지역에서는 유권자들의 지역적 귀속감이 이들의 계급적 귀속감을 지배했다. 선거 경쟁에서는 정당들의 차별적인 재분배 정책보다 대북 이슈 및 지역주의가 더 현저한 쟁점으로 부각되었다. 재분배 정책 경쟁이 부재한 이런 환경에서는 대북 이슈와 지역주의 그리고 후보의 유인 가치를 중심으로 전개되는 인물 대결이 선거 승패에 중요한 변수로 작동했다.

2000년대에 들어와 노동 세력으로부터 제도적 제한을 걷어 내자 한국 정당 체제의 변화가 시작되었다. 2000년 1월 30일, 16대 총선 직전 노동조합이 지지하는 민주노동당(민노당)이 조직되었다. 선거 결과는 성공적이지 못했으나(1.2% 득표) 민노당은 점차 지지 세력을 확대해 2004년에는 주요 좌파 정당으로 자리 잡았다. 새로운 선거제도를 도입한 17대 총선에서 민노당은 공무원 노조, 교직원 노조, 언론 노조를 포함하는 다양한 노동조합의 지지에 힘입어 창당된 지 4년 만에 12.9%를 득표했다. 그러나 이런 진보 세력의 지지에 기반해 민노당이 경쟁력 있는 정책 정당으로 거듭나기까지는 여러 제도적 제약에 부딪혀야 했다. 17대 총선에서 도입한 1인 2표제 선거제도에서 민노당은 12.9%를 득표했음에도 민노당 후보는 소선거구 의석 243석 중 2석을 확보하는 데 그쳤다.

한국의 선거제도는 좌파 정당이 얻은 지지의 규모와 비례하는 의석을 얻을 수 없게 했다. 한국은 소선거구 단순 다수제와 전국구 비례대표제를 혼용하는 '병립형 선거제도'parallel voting system를 채택했으나 소선거구 의석이 약 6분의 5를 차지해 사실상 단순 다수제와 다름없다. 단순 다수제에서는 유권자들이 사표를 방지하기 위해 군소 정당에 투표하지 않고 군소 정당은 큰 정당에 흡수될 가능성이 높기에 양당제가 창출될 가능성이 높다(Duverger 1959). 이런 제도적 효과 때문에 지역구 선거에서 좌파 정당 후보가 창원이나 울산 같은 노동자 밀집 지역 외에서 승리하기란 거의 불가능했고, 대선에서도 민노당이나 정의당과 같은 좌파 정당 후보는 민주당 계열 후보에 전략적 양보를 하는 상황이 반복되었다.

그뿐만 아니라 민노당과 좌파 세력은 내부 분열 때문에 일원적인 결속력을 보여 주지 못했다. 제도권 내부에서의 진보 정당 운동을 펼치던 민중·민주 세력과 '비판적 지지'라는 입장을 표방하는 민족 해방 세력이 갈등을 거듭하다가, 북한에 대한 입장 차이 때문에 민중·민주 세력이 탈당해 진보신당을 창당했다. 이후 2011년 초부터 민주노동당, 진보신당, 사회당을 중심으로 시작한 진보 대통합 운동의 결실로 통합진보당이 창당되었다. 진보 대통합 논의 중 사회당이 먼저 이탈하고, 대신에 국민참여당이 진보 대통합 논의에 합류했다. 이런 과정에서 국민참여당에 비판적인 진보신당 역시 진보 대통합에서 이탈했으나, 진보신당 탈당파가 잔류해 통합진보당의 한 축이 되었다. 이후 민주노동당계 일부와 국민참여당계, 진보신당 탈당파가 이탈해 정의당을 창당했고, 통합진보당은 2014년 헌법재판소 위헌 정당 해산 심판에서 8(인용) 대 1(기각) 의견으로 강제 해산되었다.

민주화 이전 권위주의 세력이 반공 이데올로기와 성장주의를 통해 민주화 세력을 견제했듯이, 민주화 이후 보수 정당 역시 경제성장을 최상의 가치로 표방했다. 보수 정당은 또한 권위주의 정권이 내건 반공 이데올로기의 연장선 속에서 색깔론을 꾸준히 확대했다. 민주화 이후에도 민주화 이전과 크게 다를 바 없는 성장주의 및 안보 프레임을 활용하는 보수 정당과 이에 맞서는 진보 정당이 서로 경쟁하는 정당 체제가 형성되었다. 정당들이 자신의 지지 세력을 대변하기 위해 정책 대결을 하는 서구 국가들과는 달리, 한국에서는 진보와 보수를 표방하는 정치 엘리트들이 서로 정권 쟁취를 목표로 경쟁하는 구도가 지속되었다.

2. 한국에서는 선거 경쟁이 어떻게 치러졌는가

선거 경쟁이 유인 가치를 중심으로 이루어질 가능성은 정당 간의 입장 차가 불분명할수록 높아진다. 경쟁하는 정당이 비슷한 정책을 제시할수록, 유권자는 정당들이 제시하는 정책 간에 효용 차이를 덜 느끼게 된다. 따라서 유권자의 투표 결정은 정당들이 광고하는 유인 가치에 대한 믿음에 따라 좌우된다. 만약 경쟁하는 정당들의 입장 차이가 없어지면, 유인 가치가 유권자의 투표 결정을 지배하게 된다. 즉, 유인 가치의 효과는 정당들의 입장 차이가 줄어들수록 증가한다.

1절에서 살펴본 바와 같이, 한국전쟁을 겪고 남북이 분단된 상황에서 권위주의 정권을 경험한 한국에서는 경쟁력 있는 좌파 정당이 형성되기가 어려웠다. 이런 역사적 환경 때문에 민주화 이전에는 우파 정당끼리 정치 경쟁이 이루어졌다. 쿠데타로 정권을 장악한 박정희는 쿠데타의 정당성을 부여하기 위해 기성 정치권의 부패 척결이라는 가치를 표방했다. 부패 척결 이후 권력을 이양하겠다고 약속했던 박정희 대통령은 재집권 명분으로 경제성장론과 안보 이데올로기라는 유인 가치를 개발했다. 경제정책은 필연적으로 수혜자뿐만 아니라 피해자를 발생시킴에도, "잘살아 보세"라는 새마을 운동 캠페인을 통해 모든 국민이 잘살게 될 수 있다는 희망을 불어넣었다. 반공 이데올로기는 국민의 안전한 삶을 위해 권위주의적 통치가 불가피하다는 주장에 정당성을 제공했다. 여당의 경제성장론과 반공 이데올로기에 맞서 야당은 민주주의라는 유인 가치로 대항했다. 많은 유권자들의 투표 결정은 경제성장과 안보가 가져다주는 효용과, 민주주의에서 비롯되는 자유로운 삶이 가져다주는 효용에 대한 판단에 의해 좌우되었다.

　　박정희 정부가 표방한 경제성장론은 경제성장의 지속과 경제성장 혜택의 공평한 배분이라는 두 가지 조건을 충족할 때 유지될 수 있었다. 그러나 1960년대 후반부터 1970년대 초까지 치솟는 인플레이션, 국제수지의 지속적 악화 및 경기 침체는 이런 조건을 충족하기 어렵게 만들었다. 또한 국제적인 데탕트 기조에 따른 남북 간의 긴장 완화는 남북 관계의 지속적인 긴장을 필요로 하는 반공 이데올로기의 명분을 약화했고 1971년 7대 대선에서 김대중 후보에 대한 강력한 지지로 연결되었다. 권위주의 체제를 유지하기 위해 활용되었던 경제성장론과 반공 이데올로기의 효능이 약화되자 박정희는 결국 유신이라는 초법적인 강압 정치를 선택했다.

1979년 유신 체제가 무너지고 쿠데타로 정권을 장악한 전두환은 박정희 정부의 경제성장론과 반공 이데올로기 유산을 정권 유지를 위한 유인 가치로 재생산했다. 1980년대 들어 정부의 자율화 및 민영화 정책, 부실기업 정리와 대기업에 대한 집중적 지원은 대기업의 자본축적을 강화했고, 노동운동에 대한 탄압 및 경제개방은 서민 및 농촌 경제를 더욱 악화시켰다. 그 결과 자본가와 근로자·농민 간의 사회적 갈등은 더욱 심화되었고, 1985년에서 1987년 사이의 3저(저유가·저금리·저달러) 호황 덕분에 성취한 고도성장의 결실이 국민에게 골고루 돌아가지 못했다. 이런 결과는 경제가 성장하면 모든 국민이 잘살게 된다는 환상을 깨뜨렸다. 경제성장 결과의 불평등한 분배에서 비롯된 국민들의 상대적 박탈감은 6월 민주화 운동의 도화선이 되었다.

군사정권 시기 경제성장 대 민주주의라는 대결 구도는 1987년 민주화 이후 급속히 사라졌다. 이념적으로 큰 차이가 없는 중도 정당들과 우파 정당들은 지역주의라는 새로운 유인 가치를 생산했다. 민주화 이전의 정당들은 자신들이 경제성장 혹은 민주주의를 통해 모든 국민을 잘살게 해주겠다고 약속한 반면, 민주화 이후 정당들은 자신들을 지지하는 지역민들에게 지역적인 혜택을 약속했다. 정당 간 정책 차이를 별로 느끼지 않는 유권자들의 투표 결정에는 지역 발전에 대한 기대감이 중요한 변수로 작용했다.

1997년 김영삼 정부가 초래한 IMF 구제금융 사태는 민주화 이후 최초의 정권 교체를 가져올 만큼 파국적인 사건이었다. IMF 사태는 서민들에게 감당하기 어려운 경제적 고통을 안겼으며, 유권자의 투표 결정에 국가 지도자의 경제정책 수행 능력이 중요한 변수로 부각되었다. 그러나 김영삼 정권이 IMF 사태라는 전대미문의 국가적 위기를 초래했음에도 김대중 후보는 이회창 후보와 이인제 후보의 분열이 아니었으면 승리를 장담할 수 없었다. 김대중 후보가 호남 출신이라는 한계와 진보 정당의 국정 운영 능력에 대한 불신 때문에, 여당이 국가를 위기에 빠뜨렸음에도 김대중 후보는 압도적 승리를 할 수 없었다. 김대중 정부의 햇볕 정책과 2000년 6월의 남북정상회담은 북한에 대한 국민들의 인식을 변화시켜 북풍이 선거 경쟁에 미치는 영향을 한동안 약화했다. 김대중 대통령은 경제 회복을 이루어 냈으나 대통령 자녀와 측근들이 비리에 연루되면서 깨끗한 정치에 대한 국민적 요구가 분출되었다.

이런 정치적 환경에서 낡은 정치의 청산 및 반칙 없는 사회라는 슬로건을 내세운 노무현 후보와 부정부패 척결을 기치로 내건 이회창 후보 모두 2002년 16대 대통령 선거에서 지도자의 도덕성을 유인 가치로 내세웠다. 16대 대선에서는 이회창 후보 자녀의 병역 비리 연루 및 노무현 후보와 정몽준 후보의 단일화에 힘입어 노무현 후보가 당선되었다. 노무현 대통령의 참여정부는 5년 평균 4.42%라는, 나쁘지 않은 경제성장률을 기록했다. 그럼에도 불구하고 부동산 가격의 급격한 상승으로 말미암은 서민들의 상대적 박탈감, 카드 대란이 초래한 가계 부채 급증, 신용 위축에 따른 급격한 내수 시장 축소 때문에 참여정부는 국민들의 지지를 빠르게 상실했다. 그뿐만 아니라 보수 언론과 정치 세력들은 노무현 정권을 아마추어리즘이라는 프레임을 통해 공격하고, 진보 정권은 경제적으로 무능하다는 등식을 가공했다.

2007년 17대 대선에서 이명박 후보는 경제성장이라는 유인 가치를 유권자의 투표 결정에 다시 끌어들이는 데 성공했다. 성공한 경영인이라는 개인 경력과 서울시장으로서 시정 경험은 이명박 후보가 경제 활성화를 성공적으로 수행하리라는 기대를 유권자들에게 심었다. 이에 더해 박정희 대통령을 떠올리게 하는 이미지를 창출하는 캠페인 전략을 구사했다. 또한 이명박 캠프는 국민의정부와 참여정부가 집권한 10년을 일본의 장기 침체 기간 10년에 빗대어 "잃어버린 10년"이라는 표어를 사용했다. 이명박 후보는 BBK 주가조작 사건에 연루되었다는 의혹을 받았으나 준비된 경제 대통령이라는 이미지로 이런 의혹을 비켜 갈 수 있었다.

이명박 후보는 부자 감세를 통한 투자 확대 및 경제성장이라는 미국의 신자유주의 경제 이론을 표방했다. 그는 신자유주의 경제정책의 이념적인 편향성을 노출하지 않고 신자유주의 경제정책을 경제성장이라는 유인 가치로 가공하는 데 성공했다. 또한 자신이 경제 활성화의 적임자라는 점을 유권자들에게 효과적으로 각인시키는 반면, 정동영 후보는 경제적으로 무능력한 정당의 후보라는 인식을 확산시켰다. 이런 선거 전략에 힘입어 이명박 후보는 17대 대선에서 무난하게 승리했다. 이명박 대통령은 한반도 대운하 사업이 국민들의 반대에 부딪히자 4대강 사업을 추진했다. 그러나 사업에 참여한 건설 회사들이 담합 등 부정행위로 과다한 이익을 챙겼다는 사실과 보 건설에 대한 부실이 발견되는 등 4대강 사업 전반에서 부정과 부실이 드러났다.

2011년 이후 한나라당에서는 '친이계'가 몰락하면서 '친박계'가 당권을 쥐었다. 2012년 19대 총선 직전 불거진 민간인 사찰 문제로 당시 야당이었던 민주통합당이 우세를 점할 것으로 예측되었다. 그러나 박근혜 전 대표를 비상대책위원장으로 추대한 한나라당은 당명을 새누리당으로 바꾸고 상징 색도 파란색에서 빨간색으로 바꾸었다. 이처럼 이명박 지우기에 성공한 새누리당은 과반 의석을 확보해 국민들의 심판을 비켜 갔다. 19대 총선을 승리로 이끈 박근혜 비대위원장은 새누리당을 장악하고 유력한 대통령 후보로 부상했다. 이명박 후보가 경제 능력이라는 유인 가치를 가공 생산했듯이, 박근혜 후보는 원칙과 정직이라는 유인 가치를 가공 생산했다.

18대 대선에서 박근혜 후보는 이명박 정부의 실정과 금융 위기가 초래한 소득 불평등 문제를 비켜 가기 위해 진보 정당의 정책들을 선점했다. 경제민주화 실현, 일자리 창출, 그리고 한국형 복지의 확립을 3대 핵심 공약으로 제시했다. 이와 동시에 국민행복, 기술혁신, 창조경제와 같은 추상적이지만 듣기 좋은 유인 가치들을 내세우면서 대통령에 당선되었다. 박정희 향수를 지우지 못한 노년층은 박근혜 대통령에게서 박정희 시대의 경제 발전을 기대했다. 2016년 20대 총선에서 새누리당 공천 파동이 발발하기 전까지만 해도 새누리당은 자신들이 만든 국회선진화법을 철폐하는 데 필요한 180석을 얻으리라고 기대했다. 유시민 전 보건복지부 장관이 "대통령이 나라를 팔아먹어도 35%는 지지할 것"이라고 말할 정도로 박근혜 대통령과 새누리당에 대한 지지는 견고했다.

'최순실 사태'는 이처럼 견고했던 보수 정당 중심의 정당 체제를 무너뜨린 파국적 사건으로 평가할 수 있다. 2016년 10월 24일 최순실 태블릿 PC를 입수한 JTBC가 중대한 국가 기밀이 최순실에게 사전 유출되었음을 폭로하면서, 최순실 사태가 단순한 권력형 비리가 아닌 초유의 국정 농단 사건이라는 사실이 밝혀졌다. 박근혜 대통령의 거짓 담화가 반복되자, 대통령이 원칙 있고 정직한 정치인이라 믿었던 지지자들마저 대통령이 내세웠던 유인 가치들의 실체를 깨달았다. 국민들은 최순실 사태의 본질이 극우 정치 세력, 보수 언론, 정치 검찰, 정경 유착 재벌 기업을 포함하는 기득권 세력들 간의 공생 관계가 초래한 구조적 사건이라는 사실을 깨닫게 되었다. 2016년 12월 3일에 열린 6차 집회에서는 역대 촛불 집회 사상 최다 인원인 232만 명이 모였고, 2017년 4월 29일의 23번째 집회까지 계속되었다.

6차 촛불 집회 이후 6일째인 12월 9일, 국회에서는 투표자 299명 중 찬성 234표, 반대 56표, 기권 2표, 무효 7표로 박근혜 대통령 탄핵 소추안이 압도적으로 가결되었다. 2017년 3월 10일, 헌법재판소는 재판관 전원 일치로 박근혜 대통령 탄핵 소추안을 인용해 박근혜는 대통령직에서 파면되었다. 최순실 사태는 한국 정당 체제의 지형을 송두리째 바꾸었다. 그 전까지 보수 정당들이 진보 정당들에 비해 거의 민주화 이후 기간 내내 더 높은 지지를 얻을 만큼 한국 유권자들은 보수 쪽으로 기울어져 있었다. 그러나 대선 기간에 더불어민주당, 국민의당 및 정의당을 포함하는 중도 및 진보 정당들의 지지율은 65% 전후를 기록한 반면, 자유한국당과 바른정당을 포함한 보수 정당들은 15% 전후의 지지율을 기록했다.

이런 새로운 정당 체제의 지형에서 치른 2017년 5월 9일 대통령 선거에서 문재인 후보가 대통령으로 당선되었다. 새누리당과 바른정당은 사드 배치 문제를 집중적으로 공략하면서 색깔론을 동원했으나 효력을 발휘하지 못했다. 문재인 후보도 보수 정당들의 전략에 방어책을 마련하고 있었다. 이미 20대 총선 당시 "문제는 경제다. 정답은 정권 교체"라는 총선 슬로건을 통해 진보는 경제 무능 세력이라는 새누리당의 공격에 대응했다. 대선에서는 "준비된 대통령"이라는 슬로건을 통해 참여정부 당시 경험했던 아마추어리즘 공략에 대비했다. 보수 정당이야말로 "가짜 안보 세력"이라는 슬로건을 통해 색깔론을 차단하려 했다. 문재인 캠프의 캠페인 전략은 최순실 사태라는 초유의 파국적 사건 덕분에 효력을 발휘할 수 있었다.

최순실 사태 이전까지는 자본과 보수 언론의 지지를 받는 보수 정당이 유인 가치 대결에서 대부분 우위를 점할 수 있었다. 이런 역학 관계는 한국에서 소수의 기득권 세력이 어떻게 다수를 지배할 수 있는지를 설명한다. 다수의 지지를 얻어 집권했던 보수 정당이 '최순실 국정 농단 사건' 이후 지지율이 10% 초반으로 떨어졌는데(한국갤럽 2017), 이 큰 폭의 차이는 민주주의 선거 경쟁에서 소수가 실체 없는 유인 가치의 가공 생산을 통해 다수를 지배할 수 있다는 사실을 보여 준다. 한국에서는 보수 정당이 이처럼 유인 가치 경쟁을 통해 다수의 지지를 얻을 수 있었다면, 유인 가치 경쟁에서 열세에 놓여 있는 진보 정당들은 보수 정권들이 초래한 IMF 사태나 최순실 사태와 같은 파국적 사건에 편승해 다수의 지지를 얻을 수 있었다.

보수 정당들이 점해 왔던 유인 가치 우위의 상황은 최순실 사태 이후 커다란 변화를 맞았다. 2018년 6월 13일에 실시된 제7회 전국 동시 지방선거에서 여당인 더불어민주당은 전체 광역단체장 17명 중 14명을 당선시켰고, 제1야당인 자유한국당 후보들은 대구·경북에서만 승리했다. 지방선거 직후에 실시된 한국 리서치 설문 조사에 따르면, 대다수 유권자들은 민주당이 자유한국당보다 도덕성뿐만 아니라 경제 능력과 안보 능력에서도 더 우월하다고 인식하는 것으로 나타났다(문우진 2018c). 21대 총선 직후에 실시된 설문 조사에서는 95.6%의 응답자가 민주당이 미래통합당보다 국가 안보 능력에서 더 우월하다고 대답했고, 98.5%의 응답자가 민주당의 불평등 해소 능력이 미래통합당보다 더 낮다고 대답했다(Moon 2021a). 코로나 방역을 성공적으로 수행한 민주당은 21대 총선에서 180석을 얻어 압도적으로 승리했다.

21대 국회에서 60%의 의석을 확보한 민주당은 공수처장 추천 위원회에서 야당의 거부권을 무력화하기 위해 자신이 20대 국회에서 통과시킨 공수처법(《고위공직자범죄수사처 설치 및 운영에 관한 법률》)을 개정했다.[1] 보수 언론이 검찰 개혁 이슈를 추미애-윤석열 갈등 프레임으로 전환하고 추미애 장관에게 비판적인 여론을 형

---

1 진보 정권은 보수 언론 및 정치 검찰로 구성된 기득권 카르텔의 강력한 저항에 부딪혀 왔다. 노무현 대통령의 참여정부는 아마추어리즘과 경제 무능 정권이라는 보수 언론의 프레임에 시달렸다. 이명박 후보는 BBK 연루 의혹을 무마한 정치 검찰의 조력으로 당선될 수 있었다. 노무현 대통령에 대한 정치 검찰의 무리한 수사는 노무현 대통령의 서거로 이어졌고, 이런 경험은 문재인 정부가 검찰 개혁을 밀어붙이게 한 단초가 되었다.

성하면서, 검찰 개혁에 찬성했던 유권자들도 여당에 대한 지지를 철회했다. 야당과 보수 언론은 또한 조국 사태를 계기로 '내로남불' 및 위선 프레임을 형성했고, 이는 여당에 대한 청년층의 지지 철회로 이어졌다. 이와 동시에 문재인 정부의 부동산 정책 실패는 여당에 결정타가 되었다. 폭등하는 부동산 가격은 청년층을 포함한 무주택자들에게 상대적인 박탈감을 초래했다. 부동산 가격 인상에 따른 세금 인상은 다주택자와 고가 주택자의 반발을 초래했다. 21대 총선까지만 해도 견고해 보인 민주당에 대한 지지는 급락했고, 2021년 4·7 보궐선거는 민주당의 참패로 귀결되었다.

3. 한국에서 정치적 다수는 어떻게 형성되는가

유권자들이 정당의 정책만 보고 투표한다면 이들은 자신이 원하는 정책과 더 비슷한 정책을 제공하는 정당을 지지할 것이다. 이럴 경우 중도 유권자들은 급진적인 정당보다 온건한 정당이 자신과 더 가깝다고 생각하기 때문에 급진적인 정당은 중도 유권자의 표를 얻지 못하고 선거에서 패배할 것이다. 예컨대 21대 총선에서 극우 세력이 장악한 미래통합당은 중도 유권자의 지지를 얻는 데 실패했다. 따라서 두 정당이 경쟁할 경우 정당들은 다수의 지지를 얻기 위해 더 온건한 정책을 제시할 동기가 있다. 이런 맥락에서 앤서니 다운스는 선거 승리를 목표로 하는 두 정당이 일차원적인 정책 대결을 한다면, 두 정당 모두 중위 투표자(중간에 위치한 투표자) 입장으로 수렴한다는 이론을 제시했다(Downs 1957).

그러나 다운스 이론은 경험적인 세계와 부합하지 않는다. 두 정당 모두 중위 투표자 입장을 취하는 양당제 국가는 존재하지 않는다. 선진 민주주의국가들 중 두 정당 간 입장 차이가 가장 작은 국가는 미국이다. 그러나 공화당과 민주당의 입장은 분명한 차이가 있으며 그 차이는 점점 더 벌어지고 있다. 한국은 완전한 양당제 국가는 아니지만 두 주요 정당이 대부분의 의석을 차지하므로 양당제 국가에 가깝다. 미국에 비해 한국의 두 주요 정당 간 입장 차이는 더 작지만(문우진 2018b) 이들 역시 중위 투표자 입장으로 수렴하지 않는다.

이처럼 정당들이 온건한 입장으로 수렴하지 않는 이유는 모든 유권자들이 단순히 자신과 가까운 정당에 한 표를 행사하는 것으로 그치지 않기 때문이다. 다운스가 가정한 이론 세계에서는 유권자들이 동등한 정치적 영향력을 행사하지만, 현실 세계에서 유권자들은 단순한 정책 소비자의 역할을 하는 것을 뛰어넘어 적극적인 정치 투자자의 역할을 한다(문우진 2013b). 이들은 자신의 정당이 자신이 원하는 정책을 생산하도록 인적·물적 자원을 제공하고, 자신이 지지하는 정당 입장을 홍보하기 위해 다양한 정치 활동을 전개한다. 이처럼 정치 투자자의 역할을 하는 유권자들은 대부분 급진적인 열성 지지자들이다. 이들은 활발한 SNS(사회 관계망 서비스) 활동을 통해 당에 유리한 여론을 형성하려 하고 정치자금도 제공한다. 이들은 또한 전당대회에 참여해 자신이 원하는 급진적인 지도부를 꾸리게 하려 한다.

정당은 열성 지지자들이 제공하는 인적·물적 자원을 이용해 다른 유권자들의 투표 결정을 바꿀 수 있으며, 열성 지지자들은 다른 유권자들보다 더 많은 표를 실질적으로 행사할 수 있다. 따라서 정당은 이들의 목소리를 무시하고 온건한 입장으로 수렴할 수 없다. 그러나 정당이 열성 지지자들이 원하는 급진적인 입장만 대변하면 온건한 유권자들의 표를 얻을 수 없다.

따라서 정당은 딜레마에 맞닥뜨린다. 집토끼(급진적인 열성 지지자)를 지키면 산토끼(온건한 유권자)를 잡을 수 없고, 산토끼를 쫓으면 집토끼가 도망간다. 이런 딜레마에 처한 정당들은 집토끼와 산토끼를 모두 잡기 위해 다양한 전략들을 구사한다. 정당들이 이런 전략을 얼마나 효과적으로 구사하는지에 따라 민주주의 선거에서 초래되는 다수가 달라질 수 있다. 아래에서는 정당 전략이, 유권자의 투표 결정과 이에 따른 정치적 다수 형성에 어떤 영향을 미치는지를 살펴본다.

1) 유리한 쟁점 부각 전략

가난한 청년, 가난한 중년, 부유한 중년으로 구성된 사회를 가정해 보자. 세 유권자들 중 가난한 두 유권자는 복지 정책에 찬성하고 부자는 반대한다고 가정하자. 이들은 또한 나이에 따른 대북관을 가지고 있다. 젊은 유권자는 북한과의 대화를 지지하고 중년 유권자는 북한에 강경한 입장을 선호한다. 이런 사회에서 선거가 복지 쟁점을 중심으로 치러진다면 가난한 청년과 중년은 진보 정당을 지지하고 부유한 중년은 보수 정당을 지지할 것이다. 따라서 가난한 청년과 중년은 서로 연합해 다수를 형성한다. 즉, 유권자의 경제적 지위에 따른 선거 연합이 형성된다. 그러나 선거가 대북 문제를 중심으로 치러진다면 젊은 유권자는 진보 정당을 지지하고 두 중년 유권자는 보수 정당을 지지한다. 따라서 가난한 중년과 부유한 중년은 서로 연합해 다수를 형성한다. 두 번째 경우에는 선거 연합이 유권자들의 세대에 따라 형성되는 것이다.

위의 예는 어떤 쟁점이 부각되는지에 따라 다수가 달라질 수 있다는 사실을 보여 준다. 달리 말하면, 정치적 다수는 유권자들의 정책적 선호가 객관적으로 반영된 결과가 아니라, 정치인들이 부각한 쟁점에 따라 형성된다. 따라서 정당은 자신에게 유리한 쟁점을 집중적으로 부각해 자신에게 유리한 다수를 형성하려 한다. 한국에서는 대북 관계와 복지가 중요 쟁점이다. 대북 쟁점에서는 북한에 강경한 입장을 취하는 유권자들이 다수를 형성하고, 복지 쟁점에서는 복지 확대를 원하는 유권자들이 다수를 형성한다(문우진 2018a). 따라서 보수 정당은 색깔론을 부각하면 더 유리하다.

그래서 민주화 이전 권위주의 정권은 반공 이념 교육을 통해, 민주화 이후 보수 정권은 색깔론 확산으로 대북 쟁점을 부각해 왔다. 권위주의 정권에서는 간첩 조작 사건을 수십 건이나 터뜨려 정권에 비판적인 여론을 차단하려 했다. 반북 정서를 자극하는 전략은 민주화 이후에도 계속되었다. 15대 대선 당시 이회창 후보의 지지율을 올리기 위해 청와대 행정관을 포함한 3인은 북한의 아시아태평양 평화위원회 참사 박충을 만나 휴전선에서 무력시위를 해달라고 요청한 총풍 사건을 기획했다.[2] 이명박·박근혜 정권

---

2 2000년 11월 총풍 사건 관련자들은 〈국가보안법〉 위반죄 등으로 실형을 선고받았다.

은 18대 대선 당시 국정원 댓글 조작 사건으로 여론이 악화되자 이를 돌파하기 위해 국정원과 정치 검찰이 합작해 유우성 간첩 조작 사건을 터뜨렸다. 국정원은 탈북자 출신 서울특별시 공무원 유우성의 여동생 유가려를 체포해 2012년 10월부터 6개월 동안 감금하고 이 기간에 고문과 회유를 했다. 2015년 10월 29일에 유우성이 대법원의 무죄판결을 받았음에도, 증거 조작 등에 가담한 혐의로 고소당한 수사팀 검사들은 무혐의 처분되었다.

한국에서 안보 쟁점을 부각하는 것이 효과적인 이유는 계급 균열보다 대북 균열이 더 깊게 형성되었기 때문이다. 대북 균열이 계급 균열보다 유권자의 투표 결정에 더 큰 영향을 미치는 이유는 그것이, 죽고 사는 문제와 관련된 균열이기 때문이다. 참혹한 한국전쟁을 경험한 세대에게는 다른 어떤 쟁점보다 대북 쟁점이 정치적 선호를 형성하는 데 더 중요한 역할을 한다. 따라서 전쟁 세대에게 색깔론은 위력적인 캠페인 재료로 사용될 수 있다. 반면에 전쟁을 경험하지 않은 세대에게 색깔론은 상대적으로 위력이 약하다. 그럼에도 불구하고 한국이 분단 상황에 있는 한, 색깔론은 보수 정당이 진보 세력을 공략할 수 있는 효과적인 재료가 된다. 북한에 강경한 입장을 취하는 유권자가 다수를 형성하는 한, 대북 쟁점을 부각할수록 보수 정당에 유리한 다수가 형성될 가능성이 높다.

대북 쟁점과 달리 유권자들의 선호가 이미 형성되어 있지 않은 경우에도 정당들은 새로운 쟁점을 통해 자신에게 유리한 다수를 형성할 수도 있다. 유권자들은 개헌, 선거제도 개혁, 권력기관 개혁과 같은 추상적인 쟁점에 대한 선호가 불분명하다. 유권자들의 선호가 분명하지 않은 경우, 정당들은 일단 여론을 양분하고 정치 광고 및 언론을 통해 자신의 입장을 지지하는 유권자들을 확보해 갈 수 있다. 검찰 개혁을 공약으로 내세운 문재인 정부는 최순실 사태의 여파에 힘입어 검찰 개혁에 유리한 위치를 선점했다. 2019년 7월에 경제실천연합이 실시한, 검찰 개혁에 대한 설문 조사 결과에 따르면, 응답자의 93%가 공수처 설치를 찬성했고 84%가 검경 수사권 조정을 찬성했다(경실련 2019/07/30).

그러나 검찰 개혁이 추미애 장관과 윤석열 검찰총장 간의 갈등 문제로 변질되면서, 다수의 의견은 변하기 시작했다. '추-윤' 갈등에서 누가 더 책임이 큰지를 묻는 설문 조사에서 응답자 가운데 36%가 추미애 장관의 책임이 더 크다고 답변한 반면, 24%가 윤석열 총장의 책임이 더 크다고 답변했다. '추-윤' 갈등 프레임을 통해 쟁점을 변질시키면, 검찰 개혁에 찬성하는 사람들 중 추미애 장관에 반감을 느끼는 사람들은 검찰 개혁을 반대할 가능성이 높아진다. 특히 검찰 개혁에 대한 태도가 불분명한 사람들은 언론이 부정적으로 보도하는 추미애 장관의 언사를 보고 검찰 개혁을 반대한다. 또한 검찰 탄압이라는 프레임을 형성할 경우, 검찰 개혁을 찬성한 유권자도 검찰 개혁을 반대할 수 있다.

2) 유인 가치 광고 전략

정당들은 또한 유인 가치 광고를 통해 다수를 변경시킬 수 있다. 유인 가치는 모든 유권자들이 좋아하는 정당 또는 후보의 특성이다. 어떤 국가에서나 가장 전형적인 유인 가치는 정당 또는 후보의 능력이다. 대선 후보들은 자신의 국정 운영 능력, 경제성장 능력, 안보 능력, 외교 능력을 광고하고, 총선 후보는 지역구 사업 능력과 의정 활동 능력을 광고한다. 유인 가치가 반드시 경제적 이익을 제공할 수 있는 능력만 포함하지는 않는다. 한국 유권자들은 후보와의 혈연·학연·지연을 중시하고 후보의 학력, 지위, 카리스마, 이미지, 도덕성과 같은 유인 가치들을 보고 투표한다.

정당들이 유인 가치 광고에 집중하는 첫 번째 이유는 대부분의 유권자들이 후보의 유인 가치를 좋아하기 때문이다. 반면에 정책은 필연적으로 이에 반대하는 유권자를 발생시킨다. 진보적인 정책을 표방하는 정당은 보수 유권자의 지지를 얻기 어렵고, 보수적인 정책을 표방하는 정당은 진보 유권자의 지지를 얻기 어렵다. 따라서 정당들은 선명한 정책 대결을 통해 정책에 반대하는 사람들의 반발을 불러일으키기보다는 더 안전한 유인 가치 광고 전략을 구사한다.

정당들이 유인 가치에 집중하는 두 번째 이유는 많은 유권자들이 유인 가치의 실체를 파악하기 어렵기 때문이다. 대부분의 유권자들은 후보의 국정 운영 능력, 경제 활성화 능력이나 도덕성을 정확히 검증할 수 없다. 따라서 정당들은 자신의 유인 가치를 실체 이상으로 포장하고 광고한다. 정당들이나 후보들이 제시하는 유인 가치는 대부분 과장되었거나 실체가 없다. 따라서 유권자들이 정책적 선호에 반하는 유인 가치 투표를 하게 되면 자신에게 해를 끼칠 후보를 지지할 가능성이 있다.

지역주의는 일종의 유인 가치다. 지역주의는 지역 발전에 대한 기대감뿐만 아니라 다양한 심리적 효용과 연관되어 있다. 맹목적인 지역적 유대감, 상대 지역에 대한 반감, 상대 지역이 더 발전했다는 생각으로부터 느끼는 박탈감, 지역 출신 정치 지도자에 대한 존경심, 자신 지역의 패권적 지위를 상대 지역에 빼앗길 수 있다는 불안감 등 많은 심리적 요인들이 지역주의를 형성한다. 지역 정당이 자신이 대표하는 지역민의 지역주의에 호소할수록 이런 심리적 요인들은 지역 정당에 유리하게 작동한다.

지역주의를 부추기는 전략은 지역 유권자의 이념적·정책적 투표 결정을 바꿀 수 있다. 예컨대 영남 지역의 진보적인 저소득층이 호남 정당의 재분배 정책 덕분에 얻게 되는 혜택보다 영남 정당이 제공하는 지역적 혜택이 더 크다고 생각하면 보수적인 영남 정당을 지지한다. 마찬가지로 호남 지역의 보수적인 고소득층이 영남 정당이 제공하는 감세 정책의 혜택보다 호남 정당이 제공하는 지역적 혜택이 더 크다고 생각하면 진보적인 호남 정당을 지지한다. 정당들이 약속하는 지역적 혜택이 실제로 제공된다면, 이 유권자들은 자신에게 유리한 선택을 한 것이다. 그러나 정당들이 약속하는 지역적 혜택이 제공되지 않는다면, 이 유권자는 자신에게 정책적으로 손해를 가져다주는 정당에 투표한 것이다.

3) 정당 입장에 대한 유권자의 인식 변경 전략

유권자들은 정당들의 정확한 정책 입장을 알기 어렵기 때문에, 정당들은 자신과 상대 정당의 정책 입장에 대한 유권자의 인식을 바꾸려는 전략을 구사한다. 정당들은 자신의 입장을 온건한 것처럼 보이려 노력한다. 예컨대 미국의 공화당은 친자본적인 입장을 숨기려 하는 반면, 민주당은 부유층을 자극할 수 있는 정책 입장을 드러내지 않으려 한다. 공화당과 민주당 모두 국민 또는 중산층을 대변한다고 주장한다. 정당들은 또한 상대 정당의 입장을 극단적인 것으로 몰아간다. 민주당은 공화당이 부자들과 기업들만의 이익을 대변한다고 주장한다. 반면에 공화당은 민주당이 고소득층뿐만 아니라 중산층에 대한 증세를 할 것이라 주장한다. 한국에서는 보수 정당이 진보 정당을 친북 좌파 세력으로, 진보 정당은 보수 정당을 친일 극우 세력으로 몰아간다.

상대 정당을 극단적인 입장으로 모는 전략은 유권자들로 하여금 정당들의 정책적 입장 차이가 점점 더 벌어지는 것처럼 느끼도록 한다. 그러나 한국의 보수 정당과 진보 정당의 정책적인 입장 차이는 선진 민주주의국가들에 비해 매우 작은 편이다. 민주당은 서구의 좌파 정당들에 비하면 중도 정당에 가깝다(문우진 2018a). 따라서 한국은 주요 좌파 정당 없이 중도 정당과 우파 정당이 경쟁하는 정당 체제를 가지고 있다. 그럼에도 불구하고 두 정당이 극단적으로 대치하는 것처럼 보이는 이유는 정당들이 상대를 극단적인 세력으로 몰아가기 때문이다. 정당들의 이런 전략은 유권자들을 양분하고 사회 갈등을 촉진한다.

4) 쟁점의 유인 가치화 전략

경제정책은 소득재분배를 초래하므로, 이를 찬성하는 유권자와 반대하는 유권자로 나뉜다. 따라서 경제정책은 유권자들의 입장을 좌-우 또는 진보-보수 사이에 배열할 수 있는 '위치 쟁점'

position issues이다.[3] 1930년대 경제 대공황에 직면한 미국의 프랭클린 루스벨트 행정부는 국가의 적극적인 시장 개입 및 복지 정책 확대를 표방하는 케인스주의 경제정책을 채택했다. 1970년대에 발생한 석유파동과 인플레이션으로 민주당 정권이 쇠퇴하면서, 공화당의 로널드 레이건 대통령이 집권했다. 레이건은 국영기업 민영화 또는 부자 감세와 같은 신자유주의 경제정책을 내세웠다. 케인스주의 정책은 저소득층에 유리하고 신자유주의 정책은 고소득층에 유리하므로, 두 정책에 대한 유권자들의 선호는 소득수준에 따라 좌에서 우 사이에 배열할 수 있다.

그러나 정당들은 자신들의 정책이 특정 집단에 더 유리하다는 것을 노출하지 않고 모든 국민에게 혜택이 가는 것처럼 포장한다. 미국의 레이건 대통령과 영국의 대처 총리는 기업들과 부자들에 대한 감세 정책이 이들의 투자를 촉진하고 일자리를 확산시켜 결국 모든 국민에게 혜택이 돌아간다는 낙수 효과를 주창했다. 반면에 민주당 정부는 국가의 적극적인 일자리 창출 정책과 복지 확대 정책이 저소득층의 소비를 촉진해 경제를 활성화한다는 분수 효과를 주창한다. 한국 정당 역시 이런 전략을 구사한다. 보수 정권은 친재벌 감세 정책을 낙수 효과로 포장하는 반면, 진보 정권은 복지 확대 정책을 분수 효과로 미화한다.

---

3 스토크스(Stokes 1963)는 앞서 설명한 유인 가치와 대비되는 개념으로 위치 쟁점이라는 개념을 제안했다. 유인 가치는 모든 유권자들이 좋아하는 정당 또는 후보의 특징인 반면, 위치 쟁점은 유권자들의 입장을 좌-우 스펙트럼에 배열할 수 있는 쟁점을 말한다.

4. 한국 정당의 유인 가치는 실체가 있는가

1) 한국 유권자의 유인 가치 인식

한국에서는 진보 정당보다 보수 정당이 국정 운영 능력이 뛰어나다는 인식을 유권자들에게 지속적으로 심어 왔다. 이런 사실은 국회의원 선거 유권자 의식조사에서 확인할 수 있다(문우진 2018a). 18대 총선 유권자 의식조사에서는 한국에서 가장 중요한 정치적 문제가 무엇인지를 묻고, 이어서 어떤 정당이 이를 가장 잘 해결할 수 있는지를 물었다. 19대 총선 유권자 의식조사에서는 우리 사회가 가장 시급하게 해결해야 할 과제가 무엇인지를 묻고, 어떤 정당이 이를 가장 해결할 수 있는지를 물었다. 20대 총선 유권자 의식조사에서는 어떤 정당이 한국의 중요한 쟁점들을 가장 잘 해결할 수 있는지를 물었다.

세 설문 조사에 대한 분석은 정당들의 문제 해결 능력에 대한 유권자들의 인식을 보여 준다. 첫째, 응답자들은 보수 정당이 진보 정당보다 문제 해결 능력이 낫다고 생각했다.[4] 특히 국방 안보 분야에서 진보 정당보다 보수 정당이 훨씬 능력이 있다고 인식했다.[5] 진보 정당의 능력을 더 높게 평가한 쟁점은 경제 양극화 해소

---

4 18대 총선 설문 조사에서, 가장 중요한 정치적 문제를 가장 잘 해결할 정당으로, 응답자의 55.7%가 한나라당을, 19.3%가 통합민주당을 꼽았다. 19대 총선 설문 조사에서, 시급하게 해결해야 할 과제를 가장 잘 해결할 정당을 묻는 질문에 응답자의 51.8%가 새누리당, 36.4%가 민주당이라고 답했다.

능력이었다(문우진 2018a).[6]

　이런 분석 결과는 18대 총선에서 20대 총선까지 보수 정당은 경제성장 능력 및 안보 능력과 같은 유인 가치의 이점을 누렸다는 사실을 보여 준다. 보수 정당이 누리는 유인 가치의 이점은 오랜 세월에 걸쳐 형성된 것이다. 한국의 보수 정당은 프레임 경쟁에서 경제 능력 및 안보 능력이라는 유인 쟁점을 선점해 왔다. 권위주의 정권은 성장주의를 통해 경제성장 능력을, 반공 이데올로기를 통해 안보 능력을 자신의 유인 가치로 내세웠다. 민주화 이후 보수 정당은 신자유주의 이념과 색깔론을 통해 경제성장 및 안보 능력이 진보 정당보다 우월하다는 인식을 유권자들에게 심어 왔다. 이에 대응해 진보 정당들은 도덕성·평등·정의라는 규범적인 유인 가치를 내세워 왔다.

　그러나 도덕성과 같은 규범적 유인 가치는 경제 능력 또는 안보 능력에 비해 유인 가치로서의 효과가 작다. 왜냐하면 유권자들은 추상적인 가치보다 먹고사는 현실 문제에 더 민감하게 반응하기 때문이다. 민주주의나 정의 실현 같은 추상적인 가치를 현실적인 문제로 느끼게 하는 파국적 사건이 터지지 않는 한, 유권자들은 먹고사는 문제에 더 관심이 많다. 그뿐만 아니라 보수 정당은 자신의 유인 가치를 더 효과적으로 광고할 능력이 있다. 자본주의

---

5 20대 총선 설문 조사에서, 국방 안보를 잘 해결할 정당을 묻는 질문에 응답자의 43.8%가 새누리당, 33.1%가 더불어민주당이라 답했다.

6 경제 양극화 해소 문제를 더 잘 해결할 정당을 묻는 질문에, 응답자의 33.7%가 새누리당, 40.6%가 민주당이라고 답했다.

에서의 정치광고는 막강한 자본력을 필요로 한다. 즉, 여론조사 분석 및 효과적인 정치광고 제작에 필요한 전문가 집단의 고용, 유인 가치 광고에 필요한 인력 조달 및 조직 운영에는 막대한 자본이 필요하다. 따라서 대기업, 기득권 집단과 보수 언론의 지원을 받는 보수 정당들은 유인 가치 광고 능력에서 우위를 점할 수 있다.

2) 한국 정당의 유인 가치 실체

보수 정부와 진보 정부에서의 경제성장률 차이를 비교하면 어떤 정부의 경제 발전 능력이 더 우월한지를 파악할 수 있다(문우진 2018a). 일반적으로 새 정부의 경제 상황은 전임 대통령 경제정책의 영향을 받고, 새 정부의 통화정책과 재정 정책이 효력을 발생하려면 6개월 이상의 시간이 소요된다(Achen and Bartels 2016). 따라서 각 정부의 경제 성과를 비교하려면 대통령의 취임 연도 다음 해부터 퇴임 연도까지 경제성장률 평균을 비교할 필요가 있다. 보수 정부의 경제성장률은 노태우 정부, 김영삼 정부, 이명박 정부, 박근혜 정부에서 각각 8.04%, 5.36%, 3.21%와 3.01%로 나타났다. 진보 정부의 경제성장률은 김대중 정부, 노무현 정부와 문재인 정부 4년에서 각각 7.02%, 4.46%와 1.75%로 나타났다. 4개 보수 정부 집권 시기 경제성장률 평균은 5.01%인 반면, 3개 진보 정부의 평균은 4.71%로 나타났다.

경제성장률 변화는 정부의 국정 운영 성과를 반영한 것이기도 하지만, 세계경제 상황을 반영한 것이기도 하다. 한국 산업구조의 고도화에 따른 임금 상승을 경험하면서 한국의 경제성장률은 점점 OECD 국가의 평균 경제성장률에 수렴하고 있다. 따라서 과거 정부에 비해 최근 정부로 올수록 경제성장률은 하락하고 있다. 이런 구조적 요인을 감안해, 한국이 OECD에 가입한 이후 한국 경제성장률과 OECD 국가 평균 경제성장률의 격차를 비교할 필요가 있다. 김영삼 정부, 이명박 정부와 박근혜 정부는 각각 OECD 평균보다 2.32%p, 2.41%p, 0.85%p만큼 더 높은 경제성장을 이루었다. 김대중 정부, 노무현 정부와 문재인 정부는 각각 4.50%p, 2.02%p, 1.79%p 더 높은 경제성장률을 기록했다. 세 보수 정부 평균은 1.93%p인 반면, 세 진보 정부 평균은 2.92p%로 계산되었다. 보수 정권과 진보 정권의 경제 성과를 OECD 국가들과 상대 평가했을 때, 진보 정권이 0.99%p만큼 더 높은 성과를 기록한 것으로 나타났다. 이런 결과는 통념과 달리 진보 정부가 보수 정부보다 더 나은 경제 능력을 보여 주었음을 의미한다.

한국 유권자는 자신의 지역 정당이 집권할 경우, 자신의 지역 경제가 발전할 것이라고 믿는다. 이런 믿음에는 과연 실체가 있는가? 1987년에 영남민의 일인당 생산액은 수도권 일인당 생산액의 88.6%에 달한 반면, 호남민 생산액은 63.5%에 불과했다. 영남민의 일인당 생산액은 가장 느리게 증가했고, 충청민의 생산액이 가장 빠르게 증가했다. 노태우 정부부터 김영삼 정부까지 영남민의 일인당 생산액은 느리게 증가한 반면, 호남민의 일인당 생산액은 가파르게 증가했다. 두 지역의 생산액 격차는 점점 감소하다가 김영삼 정부 말기에 거의 차이가 없어졌다. 김대중 정부부터는 호남민의 일인당 생산액의 상승세가 꺾여 노무현 정부까지 수도권 대비 90% 정도의 비율을 유지했다. 이명박 정부에서는 오히려 호남민의 일인당 생산액이 영남민의 생산액을 추월했다가 박근혜 정부에서 비슷한 수준으로 다시 하락했다. 이에 반해, 충청민의 일인당 생산액은 김대중 정부부터 수도권 지역민의 생산액과 같은 수준에 도달한 이후, 노무현 정부부터는 이를 뛰어넘기 시작했다. 이런 관찰 결과를 종합하면, 충청민의 일인당 생산액은 모든 정부에서 가장 빠르게 증가한 반면, 영남민과 호남민의 생산액은 각각 보수 정권과 민주당 정권에서 가장 느리게 증가했다. 통념과는 반대로 지역 정당이 없는 지역의 경제가 가장 빠르게 성장했다.

수도권 일인당 소득액 대비 지역민 일인당 소득액의 비율을 관찰해도, 영남과 호남민의 지역 정당이 집권했을 때 이들의 소득이 증가했다는 증거는 없다. 민주화 이후 세 지역민 모두 일인당 소득액은 수도권 지역민보다 더 낮게 나타났다. 세 지역민들 중 충청민의 소득이 가장 높았고 호남민의 소득이 가장 낮았다. 소득의 변화를 정권별로 살펴보면, 김대중 정부 말에는 세 지역민의 수도권 대비 소득은 모두 감소했다. 노무현 정부에서는 충청민 소득이 가장 먼저 반등했고 호남민의 소득이 가장 늦게 증가했다. 이명박 정부에서는 세 지역의 소득이 등락을 반복하다가, 박근혜 정부에서는 세 지역의 소득과 수도권 소득과의 격차가 감소했다. 이런 관찰 결과는 영남(호남) 정권에서 영남(호남)민의 소득이 다른 지역보다 더 빨리 증가하지 않았다는 사실을 보여 준다. 즉, 지역 정당의 집권과 지역 경제 발전은 무관하다고 볼 수 있다.

5. 보수 정부와 진보 정부는 경제정책과 안보 정책에서 차이가 있는가

　　한국 주요 정당들의 정책적 입장 차이는 보수 정부와 진보 정부에서의 재정지출 비율로 측정할 수 있다(문우진 2018a). 사회보장 지출의 경우, 국민의정부에서는 1999년까지 15.7%로 급격히 증가했다가 2002년에 이전 정부 수준인 11.5%로 다시 감소했다. 참여정부에서는 사회보장 지출이 10.3%에서 15.2%까지 4.9%p만큼 증가했으나 이 정도의 증가 추세는 차기 보수 정권에서도 발견된다. 국방비 지출의 경우, 국민의정부에서 국방비 지출 비율이 9.9%에서 꾸준히 감소하다가 참여정부부터는 7.9%까지 감소한 이후 일정한 수준을 계속 유지했다. 참여정부 이후 보수 정부에서 국방비 지출 비율은 7.7% 전후로 유지되었다. 이는 진보 정부라고 해서 복지 확대를 위해 안보를 소홀히 하는 것도 아니고, 보수 정부라고 해서 안보를 위해 복지를 축소하는 것도 아니라는 사실을 의미한다. 민주화 이후 역대 정부들의 국방비 지출 내역은 보수 정부가 진보 정부보다 안보에 더 집중한다는 통념을 뒷받침하지 않았다. 마찬가지로 진보 정부가 보수 정부보다 경제적 약자를 더 배려할 것이라는 믿음을 뒷받침할 정도로 차별적인 사회보장 지출이 이루어지지 않았다.

　　보수 정부와 진보 정부의 안보 정책 차이는 무기 수입액을 비교하면 알 수 있다(문우진 2018a). 노태우 정부와 김영삼 정부에서는 임기 전반에 무기 수입이 증가했다가 후반에는 감소했다. 김대중 정부에서는 무기 수입이 지속적으로 감소했으나 노무현 정부에서는 지속적으로 증가했다. 무기 수입은 이명박 정부에서 감소했다가 증가한 반면 박근혜 정부에서는 지속적으로 감소했다. 연평균 무기 수입액에 대한 정부별 순위를 보면, 김영삼 정부(14.4억 달러), 이명박 정부(12.8억 달러), 노무현 정부(12.0억 달러), 김대중 정부(11.5억 달러), 노태우 정부(11.2억 달러), 박근혜 정부(3.9억 달러) 순으로 나타났다. 진보 정부와 보수 정부의 무기 수입액 평균은 각각 11.8억 달러와 11.3억 달러로, 진보 정부가 보수 정부보다 오히려 무기 수입을 더 많이 했으나 이런 차이는 무시할 정도였다. 따라서 무기 수입액을 비교한 결과, 보수 정부가 진보 정부보다 안보에 더 집중한다는 경험적 근거는 발견되지 않았다.

보수 정부와 진보 정부의 경제정책은 어떤 차이를 갖는가? 일반적으로 보수 정부는 시장경제의 효율성을 옹호하면서 시장경제가 경제 발전에 더 유리하다고 주장한다. 진보 정부는 국가 개입을 통한 적극적인 실업 억제 정책과 복지 정책을 표방한다. 따라서 보수 정부는 경제성장에 유리하고, 진보 정부는 실업률과 소득 불평등 문제 해결에서 좋은 성과를 내야 한다. 그러나 앞에서 보여 주었듯이, 보수 정부가 진보 정부보다 경제성장에 유리하다는 주장은 근거가 없다. 그렇다면 진보 정부가 보수 정부에 비해 실업률 문제와 소득 불평등 문제를 더 잘 해결하는가?

OECD 자료에 따르면, 노태우 정부, 김영삼 정부, 이명박 정부와 박근혜 정부에서의 실업률은 각각 2.58%, 3.23%, 3.43%와 3.64%로 나타났다. 김대중 정부, 노무현 정부와 문재인 정부의 실업률은 각각 4.38%, 3.46%와 3.81%로 나타났다. 보수 정부의 실업률 평균은 3.30%인 반면, 진보 정부의 실업률 평균은 3.90%

로 나타났다. OECD 국가의 평균 실업률 자료는 2005년부터 구할 수 있기 때문에 노무현 정부부터 한국과 OECD 국가들의 실업률을 비교할 수 있다. 이명박 정부와 박근혜 정부는 각각 OECD 평균보다 4.58%p와 2.98%p만큼 더 낮은 실업률을 기록했다. 노무현 정부와 문재인 정부는 각각 2.61%p와 1.63%p만큼 더 낮은 실업률을 기록했다. 두 보수 정부와 두 진보 정부의 실업률 평균을 각각 OECD 국가들과 상대평가를 했을 때, 보수 정권이 진보 정권보다 2.16%p만큼 더 낮은 실업률을 기록한 것으로 나타난다.

한국의 소득 불평등에 관한 OECD 자료는 2015년부터 구할 수 있다. 미국 텍사스 대학의 소득 불평등 프로젝트 자료는 한국의 소득 불평등 지표를 2012년까지 제공한다. 텍사스 대학 자료를 이용해 노태우 정부부터 이명박 정부까지의 소득 불평등 정도를 비교해 보면, 노태우 정부, 김영삼 정부와 이명박 정부에서의 불평등 지수는 각각 38.25%, 38.39%, 39.23%로 나타났다. 김대중 정부와 노무현 정부의 불평등 지수는 각각 39.17%과 40.24%로 나타났다. 보수 정권과 진보 정권의 불평등 지수를 비교하면, 보수 정권이 진보 정권보다 1.13%p만큼 더 낮은 수준을 나타냈다. 텍사스 대학 자료는 OECD 국가들의 소득 불평등 평균 자료를 제공하지 않는다. 따라서 한국과 OECD 국가들의 소득 불평등 수준을 비교하기는 어렵다.

6. 한국 민주주의는 정상적으로 작동해 왔는가

민주주의가 정상적으로 작동하려면 정당들이 선명한 정책을 제시하고 이에 부합하는 정책 결과를 산출해야 한다. 달리 말하면, 정당들이 자신의 공약에 부합하는 정책을 수행하고 선거를 통해 정책 수행 결과를 심판받을 수 있을 때, 책임정치가 실현된다. 이럴 경우 유권자들이 자신에게 정책적 이익을 제공할 것으로 기대하는 정당을 지지할 가능성이 증가한다. 그러나 한국의 경우처럼 보수 정당과 진보 정당이 선명한 정책 대결을 하지 않는다면, 유권자들은 실체 없는 유인 가치와 자극적인 정치 공세에 의존하게 되고, 정당들의 유인 가치에 대한 과대광고와 허위 광고에 쉽게 현혹된다. 이럴 경우 정치적 다수가 유권자의 정책적 선호에 따라 결정되기 어렵다. 대신에 효과적인 유인 가치 광고를 할 수 있는 정당이 자신에게 유리한 다수를 형성하고, 이 정당에 정치 자원을 제공하는 소수 세력들의 영향력이 증가한다.

3장 3절에서는 한국에서 선거 경쟁이 어떤 쟁점을 중심으로 치러졌으며, 정당들의 전략이 다수 형성에 어떤 영향을 미칠 수 있는지를 설명했다. 한국에서는 분단 상황이 초래한 협애한 정당 체제에서 정책적 차이가 별로 없는 두 정당이 국가 안보 능력, 국가 및 지역 경제 발전 능력이라는 유인 가치를 중심으로 선거를 치러 왔다. 보수 정당들은 안보 능력과 경제 능력에 우위가 있다는 인식을 심어 왔다. 동시에 대북 쟁점을 부각해 선거가 대북 쟁점을 중심으로 치러지게 하고, 색깔론을 통해 중도에 가까운 진보 정당이 좌파라는 인식을 확산시켜 왔다. 보수 정당은 이런 전략들을 통해 자신에 유리한 다수를 형성해 왔다.

4절에서는 보수 정부와 진보 정부의 유인 가치들을 비교했고, 정당들이 광고하는 유인 가치는 대부분 실체가 없다는 사실을 보여 주었다. 통념과는 반대로 진보 정부가 오히려 보수 정부보다 경제에 더 강한 것으로 나타났으나 그 차이는 크지 않았다. 그뿐만 아니라 보수 정부와 민주당 정부는 자신의 지역 경제 발전에 공헌하지도 않았다. 5절에서 두 정부의 경제정책 결과를 비교해 통념과 반대되는 결과를 확인했다. 진보 정부가 오히려 약간 더 높은 경제성장을 기록한 반면, 보수 정부가 약간 더 낮은 실업률과 소득 불평등을 이루었다. 두 정권에서의 복지 및 안보를 위한 재정지출 내용을 비교한 결과, 두 정부의 재정지출 내용에 큰 차이가 없었다.

이런 결과는 무엇을 의미하는가? 선거 경쟁이 실체 없는 유인 가치를 중심으로 전개되면, 정치 정보가 부족한 유권자일수록 자신에게 정책적으로 손해를 끼칠 정당에 투표할 가능성이 높다. 선거 경쟁이 실체 없는 유인 가치를 중심으로 전개되는 한국 민주주의의 현실은 한국 정치가 시장 거래화되었다는 것을 의미한다. 한국에서의 선거 경쟁은 유인 가치 광고에 좌우될 가능성이 높으며, 유인 가치 광고에 필요한 인적·물적 자원을 제공하는 소수의 재력 집단이 지지하는 정당이 선거에서 승리할 가능성이 높다. 따라서 이들이 원하는 입장이 정책 결과에 반영될 가능성이 높다. 그렇게 될 때 한국 민주주의가 정상적으로 작동한다고 말할 수는 없을 것이다.

4장

지역주의 투표를 어떻게 극복할 수 있는가

1. 기존 연구는 지역주의 투표를 어떻게 설명하는가

많은 정치학자들은 민주주의 이후 등장한 지역주의를 다양한 시각에서 설명했다. 기존의 지역주의 연구는 크게 ① 지역 발전 격차론, ② 정치 동원론, ③ 합리적 선택 이론, ④ 지역 편견론, ⑤ 지역 정체성 이론, ⑥ 지역 간 이념 차이 이론으로 분류할 수 있다. 첫째, 지역 발전 격차론에 따르면, 경제 낙후 지역 유권자들의 상대적 박탈감 때문에 지역주의 투표가 초래된다. 둘째, 정치 동원론에 따르면, 민주화 이후 3김 씨를 비롯한 정치인들이 집권을 위해 지역주의를 이용했다. 셋째, 합리적 선택 이론에 따르면, 거주 지역에 대한 정치경제적 혜택에 대한 기대가 지역주의를 낳았다. 넷째, 지역 편견론에 따르면, 영호남 간의 지역감정 또는 편견 때문에 지역주의가 발생했다. 다섯째, 지역 정체성 이론은 지역주의를, 개개인의 운명을 지역 전체의 운명과 동일시하는 정치적 정체성의 발로로 본다. 여섯째, 지역 간 이념 차이 이론은 지역주의가 영호남민의 이념 차이를 반영한 것으로 본다.

이런 이론들이 제시하는 원인들 모두 지역주의 형성에 일부 기여했다고 볼 수 있다. 그러나 일부 이론들은 지역 투표의 변화에 대한 다음과 같은 사실들을 설명하기 어렵다. 첫째, 지역주의 투표는 민주화 이후 13대 대선에서 갑자기 분출되었다. 둘째, 지역주의 투표는 총선에 비해 대선에서 더 강하게 나타난다. 셋째, 지역주의 투표는 14대 대선 이후 점차 약해지고 있다. 그렇다면 이와 같은 변화는 왜 발생한 것인가? 한국의 지역주의를 이해하려면 이런 질문에 대한 일관된 설명이 필요하다. 영호남 지역 투표가 상대적 박탈감, 지역적 혜택에 대한 기대, 지역민 간 편견, 지역 정체성, 이념 차이 때문이라면 이런 감정과 정치적 태도가 민주화 이후 왜 갑자기 분출했으며, 이들은 왜 총선보다 대선에서 강화되는가?

다른 이론에 비해 정치 동원론은 민주화 이후에 갑자기 부상한 지역주의를 설득력 있게 설명할 수 있다. 최장집(1991)은 '지배 블록'이 1987년의 경제적·정치적 위기를 모면하기 위해 지역감정을 이용하자 내재해 있던 호남민의 저항 의식이 표출되었다고 주장한다. 이 주장에 따르면, 1987년 노동자 파업의 빠른 확산, 노동자들의 정치화 그리고 학생운동에 대한 시민들의 지지 확산은 전두환 정권으로 하여금 위기감을 느끼게 했다. 이를 타개하기 위해 지배 블록은 김대중과 호남민이 급진적·혁명적·좌파적인 반체제 세력이라는 이미지를 가공했다(최장집 1991). 손호철(1996) 역시 지역수의 투표가 지역감정을 이용한 정치 동원의 결과라고 주장하면서 여당뿐만 아니라 김대중, 김영삼, 김종필 등 3김 씨 모두가 지역감정을 부추기는 전략을 사용했다고 주장했다.

그러나 정치 동원 이론으로 설명하기 어려운 현상들이 많다. 첫째, 3김 시대처럼 지역주의가 적극적으로 동원되지 않는 최근의 선거에서도 지역주의 투표가 유지되는 이유를 설명하기 어렵다. 둘째, 지역주의 투표의 전남·전북 간 차이와 경남·경북 간 차이를 설명하기 어렵다. 예컨대 17대 대선에서 정동영 후보에 대한 전남·전북에서의 지지 차이를 설명하기 어렵다. 셋째, 같은 지역을 대표하는 두 지역 정당이 서로 경합할 때 두 정당에 대한 지지 차이가 왜 발생하는지를 설명하기 어렵다. 예컨대 20대 총선에서 호남에서의 국민의당이 더불어민주당보다 더 큰 지지를 받은 이유를 설명하기 어렵다. 넷째, 총선보다 대선에서 지역주의가 강하게 나타나는 이유를 설명하기 어렵다. 대선에서 전국적인 지지를 얻어야 함에도 지역주의 호소 전략을 구사할 경우, 다른 지역들에서 지지를 잃을 수 있다. 따라서 대선에서는 지역주의에 호소할 동기가 약하다. 오히려 총선에서 지역구 후보들이 지역 및 지역구 발전을 호소하는 전략을 구사할 가능성이 높다.

지역주의에 대한 기존 이론들은 또한 속인주의적 시각과 속지주의적 시각으로 분류된다. 속인주의 성격을 강조하는 시각은 지역 정체성과 같은 문화적인 동기를 중요시한다. 이갑윤(2002)에 따르면, "호남인과 영남인의 정치적 태도의 차이는 다른 이유가 아니라 바로 그들이 호남인과 영남인이기 때문에 발생한다." 속인주의 시각은 영남민과 호남민이 타 지역으로 이주해도, 이들은 각각 영남과 호남을 대표하는 정당에 투표할 것으로 예측한다. 박상훈은 속인주의적 시각을 비판하면서, 16대 총선에서 부산-경남 지역의 선거는 "전근대적인 속인주의적 기준보다는 거주지라는 속지주의적 기준이 크게 작용"했다고 주장했다(박상훈 2001, 131). 지역주의를 속지주의적인 문제로 보는 입장은 지역주의를 거주지 경제 발전에 대한 기대나 거주지 경제 낙후로 말미암은 상대적 박탈감의 발로로 해석한다. 이런 입장은 유권자의 투표 결정에 출신지보다 거주지가 더 중요한 영향을 미칠 것으로 예측한다(Moon 2004).

문우진(2017a)은 15대 대선 이후의 설문 조사 자료를 분석해 다음과 같은 결과를 얻었다. 첫째, 영호남민의 이념에는 출신지 효과와 거주지 효과가 동시에 작동한다. 영호남민이 지역 정당이 없는 비영호남 지역으로 이주하면 출신지 이념은 유지된다(출신지 효과). 둘째, 영남민이 호남으로 이주하면 보수적인 성향이 약화되고, 호남인이 영남으로 이주하면 진보적인 성향이 약화된다(거주지 효과). 셋째, 지역주의 투표에는 거주지 효과가 출신지 효과보다 강하다. 영남민이 호남으로 이주하거나, 호남민이 영남으로 이주하면, 이들이 출신지 지역 정당 대신 거주지 지역 정당을 투표할 확률이 증가한다.

지역주의가 속인주의적인가 속지주의적인가라는 문제는 지역주의의 지속 가능성에 대한 중요한 함의를 갖는다. 지역주의가 속인주의적인 것이라면 지역주의는 지역 정체성이 사라지기 전까지는 지속될 가능성이 높다. 반면에 지역주의가 속지주의적인 것이라면, 어떤 정당이 집권하는지와 지역 경제 발전은 서로 무관하다는 사실을 유권자들이 인식할 경우 지역주의는 약화될 수 있다. 유권자들은 정권이 바뀌면 고위직 충원 결과를 보고 정권이 자신들을 우대했다거나 홀대했다고 생각한다. 그러나 특정 지역 출신이 고위직에 더 충원된다고 해서, 이 지역민들의 경제적 조건이 향상되는 것은 아니다. 3장에서 보여 준 바와 같이, 영호남 정권에서 두 지역은 수도권이나 충청 지역에 비해 더 낙후되었다. 영남 정당과 호남 정당은 안정된 표가 확보되어 있는 자신의 텃밭에 혜택을 주기보다 경합 지역 유권자들의 표를 얻기 위해 비영호남에 혜택을 주는 것이 전략적으로 유리할 수 있다.

2. 지역 투표는 어떻게 나타났는가

이 책에서는 지역주의 투표와 지역 투표를 구분한다. 언론이나 정치권에서는 지역 정당이 자신을 지지하는 지역에서 전국 평균보다 더 많은 지지를 얻을수록 지역주의 투표가 심해졌다고 말한다. 학계에서도 "지역 정당이 자신의 지역에서 집중적인 지지를 더 얻은 정도"를 통상적으로 지역주의 투표라 부른다. 그러나 이 책은 통상적으로 사용되는 지역주의 투표, 즉 지역 집중적 지지 정도를 '지역 투표'로 정의한다. 대신에 이 책은 지역주의 투표라는 개념을 통상적인 개념보다 더 좁은 의미로 사용한다. "지역적 혜택에 대한 기대, 지역 정체성, 지역감정과 같은 지역적인 요인 때문에 발생하는 지지"를 지역주의 투표로 정의한다.

〈그림 4-1〉은 지역 투표의 변화를 보여 준다. 지역 투표가 처음 관찰된 선거는 6대 대통령 선거였다. 당시 박정희 후보는 전국에서 48.8%를 득표했으나 영남에서 13.79%p 더 득표했다. 윤보선 후보는 전국에서 38.9%를 득표했으나 충청에서 4.29%p 더 득표했다. 영호남 간 지역 대결 구도는 7대 대선부터 관찰된다. 이 선거에서 박정희 후보는 전국에서 51.1%를 득표했으나 영남에서는 17.60%p 더 득표했다. 김대중 후보는 전국에서 43.5%를 득표했으나 호남에서는 15.13%p 더 득표했다.

8대 총선부터 12대 총선까지는 지역 투표가 거의 관찰되지 않았다. 9대 총선과 10대 총선에서 민주공화당은 전국 평균에 비해 경북에서 오히려 더 낮은 지지를 얻었다. 9대 총선에서는 민주공화당이 경북에서 전국 평균보다 2.72%p 더 낮은 득표를 했다. 10

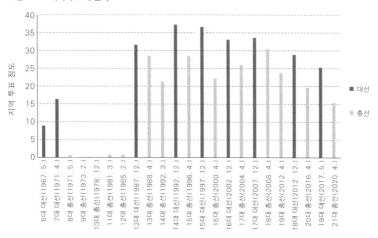

그림 4-1 **지역 투표의 변화**

주 : 각 선거에서 지역 정당(후보)과 이들이 대표하는 지역은 다음과 같이 규정했다. 대선의 경우, 6대 : 박정
희-영남, 윤보선-충청 / 7대 : 박정희-영남, 김대중-호남 / 13대 : 노태우-경북, 김영삼-경남, 김대중-
호남, 김종필-충청 / 14대 : 김영삼-영남, 김대중-호남 / 15대 : 김대중-호남, 이회창-영남 / 16대 : 이
회창-영남, 노무현-호남 / 17대 : 이명박-영남, 정동영-호남 / 18대 : 박근혜-영남, 문재인-호남 / 19
대 : 문재인+안철수-호남, 홍준표-경북.

　　총선의 경우, 8~10대 : 공화당-경북, 신민당-호남 / 11대 : 민정당-경북, 민한당-호남 / 12대 : 민정
당-경북, 신민당-호남 / 13대 : 민정당-경북, 통민당-경남, 평민당-호남, 공화당-충청 / 14대 : 민자당
-영남, 민주당-호남 / 15대 : 신한국당-영남, 국민회의-호남 / 16대 : 한나라당 영남, 새천년민수낭-
호남, 자민련-충청 / 17대 : 한나라당-영남, 새천년민주당+열린우리당-호남 / 18대 : 한나라당+친박연
대-영남, 통합민주당-호남 / 19대 : 새누리당-영남, 민주통합당-호남 / 20대 : 새누리당-영남, 더불어
민주당+국민의당-호남 / 21대 : 미래통합당+미래한국당-영남, 더불어민주당+더불어시민당-호남.
자료 : 선거관리위원회 개표 자료에서 계산.

대 총선에서도 민주공화당의 경북 득표율은 전국 평균보다 3.75%p
더 낮았다. 유신 정권과 전두환 정권에서 지역 투표는 거의 나타
나지 않았다. 11대 총선에서 경북민은 민주정의당을 2.26%p 더
지지했고 호남민은 3.45%p 덜 지지했다. 12대 총신에서 민주정
의당은 경북과 호남에서 각각 3.48%p와 0.9%p를 더 얻었다.

　〈그림 4-1〉은 지역 투표가 민주화 이후 13대 대선에서 갑자기
분출되었음을 보여 준다. 13대 대선에서 경북민은 노태우 후보를

12.56%p 더 지지했고, 경남민은 김영삼 후보를 25.05%p 더 지지했다. 호남민은 김대중 후보를 61.83%p 더 지지했고 충청민은 김종필 후보를 26.43%p 더 지지했다. 13대 총선에서 영호남과 충청에서의 지역 투표는 13대 대선과 거의 비슷하거나 약간 약화되었다. 14대 총선에서 영남민은 민주자유당을 9.91%p 더 지지했고, 호남민은 민주당을 32.96%p 더 지지했다. 영호남에서의 지역 집중적 지지는 14대 대선에서 가장 강하게 관찰되었다. 영남민은 김영삼 후보를 26.54%p 더 지지했고, 호남민은 김대중 후보를 47.79%p 더 지지했다. 그 이후 지역 투표는 17대 대선에서 잠깐 강화되기는 했지만 점점 약화되었다.

3. 지역 투표는 왜 나타나는가

지역 투표는 지역주의 요소와 이념적 요소로 구성되어 있다. 지역주의 요소는 지역 정당이 가져다줄 정치적·경제적 혜택에 대한 기대와 지역 정체성과 같은 심리적 정서를 포함한다. 권위주의 정권의 피해자인 호남민의 지역주의는 낙후된 지역 경제에 대한 상대적 박탈감과 호남민의 정치적·사회적 명예회복에 대한 열망을 포함한다. 반면에 영남에서의 지역주의는 영남의 기득권을 지키려는 패권 의식에서 비롯되었다(황태연 1996). 그러나 호남 정당이 집권하자 영남민도 상대적인 박탈감과 과거에 대한 향수를 느끼게 되었다. 지속되는 지역 경제 침체로 영남민은 영남 정당의 집권이 정치적·경제적 혜택을 가져다줄 것으로 기대했다. 영호남

외의 다른 지역 주민들도 자신의 지역 후보가 대권을 잡으면, 일자리 창출이나 부동산 가격 상승 같은 혜택을 볼 수 있으리라고 기대하게 되었다. 이런 지역적 혜택에 대한 기대와 함께, 지역민에게 느끼는 심리적 친근감 또는 내집단 정체성이 지역주의를 구성한다.

영호남에서의 지역 투표는 지역주의 요소뿐만 아니라 영남민과 호남민의 이념 차이를 반영한 것이기도 하다. 문우진(Moon 2005; 문우진 2017a, 2018a)에 따르면, 영남에서는 진보적인 유권자보다 보수적인 유권자가 더 많다. 따라서 영남민은 보수적인 영남 정당을 더 지지한다. 반면에 호남에서는 진보적인 유권자가 보수적인 유권자보다 더 많다. 따라서 호남민은 진보적인 호남 정당을 더 지지한다. 영남에서 보수적인 유권자가 진보적인 유권자보다 더 많기 때문에 초래되는 영남 정당에 대한 지지는 지역주의 투표가 아니라 이념 투표 결과로 봐야 한다. 마찬가지로 호남에서 진보적인 유권자가 보수적인 유권자보다 더 많기 때문에 초래되는 호남 정당에 대한 지지는 이념 투표에서 비롯된 것이다.

앞에서 이야기한 바와 같이, 언론이나 정치권에서 언급하는 지역주의 투표라는 개념은 영남 정당과 호남 정당이 자신의 지역에서 집중된 지지를 얻는 정도를 의미한다. 그러나 이처럼 정의된 지역주의 투표에는 영호남민의 이념 차이로 초래된, 지역 정당에 대한 지지를 포함한다. 그러나 지역주의 투표는 지역주의 요소(지역적인 혜택에 대한 기대, 지역 정체성, 지역감정 등) 때문에 초래된 지역 정당에 대한 지지만을 포함해야 한다. 따라서 지역주의 투표 정도를 파악하려면 영호남민이 자신의 지역 정당에 보내는 집중적인

표 4-1 **영호남민의 지역 투표, 이념적 구성 차이와 지역주의 투표** (단위 : %p)

선거 종류	지역 투표 (지역 득표 - 전국 득표)		이념적 구성 차이 (영남 : 보수 우세 정도 호남 : 진보 우세 정도)		지역주의 투표 (영남 : ⓐ - ⓒ 호남 : ⓑ - ⓓ)	
	영남ⓐ	호남ⓑ	영남ⓒ	호남ⓓ	영남ⓔ	호남ⓕ
15대 대선(보수)	21.5	54.0	6.2	0.0	15.3	54.0
16대 총선(진보)	17.0	29.4	-3.1	23.0	20.1	6.4
16대 대선(진보)	23.4	44.2	-6.7	27.5	30.1	16.7
17대 총선(진보)	16.3	25.0	0.3	44.4	16.0	-19.4
17대 대선(진보)	16.0	30.3	13.3	18.7	2.7	11.6
18대 총선(보수)	19.2	28.2	25.6	14.1	-6.4	14.1
19대 총선(보수)	16.6	21.2	25.8	22.5	-9.2	-1.3
18대 대선(보수)	19.2	40.8	16.6	-0.7	2.6	41.5
20대 총선(보수)	13.5	26.7	11.5	19.0	2.0	7.7
19대 대선(보수)	14.7	27.5	7.6	24.0	7.1	3.5
21대 총선(진보)	13.5	17.8	0.0	17.8	13.5	0.0
평균	17.3	31.4	8.8	19.1	8.5	12.3

주 : 첫 번째 열에서 '보수'와 '진보'는 선거 당시 집권당이 각각 보수 정당과 진보 정당인 경우를 의미함. 어둡
게 표시한 부분은 상대 지역보다 지역주의 투표가 더 강한 지역에서의 지역주의 투표 정도를 의미함.
자료 : 16~21대 국회의원 선거에 대한 국민 의식조사, 15~19대 대통령 선거 관련 유권자 의식조사 및 한국
리서치 21대 총선 정기조사 자료에서 계산.

지지에서 영호남민의 이념적 구성 차이를 차감한 나머지를 계산
할 필요가 있다. 〈표 4-1〉은 영호남에서 지역 투표와 지역주의
투표의 차이를 보여 준다. 영남에서의 지역주의 투표는 ⓐ - ⓒ로
계산되고, 호남에서의 지역주의 투표는 ⓑ - ⓓ로 계산될 수 있다.

〈표 4-1〉은 다음과 같은 결과를 보여 준다. 첫째, 15대 대선
이후 지역 투표는 영남보다 호남이 평균적으로 더 강하게 나타났
다(17.3%p 대 31.4%p). 둘째, 영남민은 이명박 대통령이 당선된 17
대 대선부터 급격하게 보수화되었으며, 최순실 사태 이후 치른 19
대 대선과 21대 총선에서는 보수 성향이 감소했다. 셋째, 김대중

대통령이 당선된 15대 대선과 박근혜 대통령이 당선된 18대 대선을 제외하면, 진보적인 호남민 비율과 전국의 진보적 유권자 비율의 차이는 전자가 후자보다 14.1%p(18대 총선)에서 44.4%p(17대 총선)까지 더 많았다.[1] 넷째, 통념과 달리 영남민과 호남민의 지역주의 투표 정도는 평균적으로 큰 차이가 없었다(8.5%p 대 12.3%p). 다섯째, 지역주의 투표는 상대 지역 정당이 집권할 때 증가했다. 〈표 4-1〉에서 호남 정권하에서 치른 선거에서 영남민의 지역주의 투표 평균은 16.46%p로 계산되는 반면, 영남 정권하에서 치른 선거에서는 1.92%p로 계산된다. 마찬가지로 영남 정권에서 치른 선거에서 호남민의 지역주의 투표 평균은 19.88%p로 계산되는 반면, 호남 정권에서 치른 경우는 3.08%p로 계산된다. 상대 지역 정당이 집권할 경우 지역주의 투표가 증가한다는 사실은 상대적 박탈감이 지역주의와 밀접한 관련이 있다는 해석을 가능하게 한다.

〈그림 4-2〉는 17대 총선부터 21대 총선까지 치른 모든 총선 및 대선에서 나타난 영호남 유권자들의 이념 분포와 투표 행태를 보여 준다. 〈그림 4-2〉의 가로 축에서 0점은 가장 진보적인 이념을 나타내고 10점은 가장 보수적인 이념을 나타낸다. 이 그림은 영남에는 6에서 10 사이의 보수적인 유권자가 더 많고 호남에는

---

1 설문 조사는 응답자에게 자신의 이념 점수를 0점(가장 진보)에서 10점(가장 보수) 사이에 매기도록 한다. 0점에서 4점 사이의 점수를 매긴 유권자는 진보로 구분되고, 6점에서 10점 사이의 점수를 매긴 유권자는 보수로 구분된다.

그림 4-2　영호남 유권자 이념 분포와 정당 지지 성향

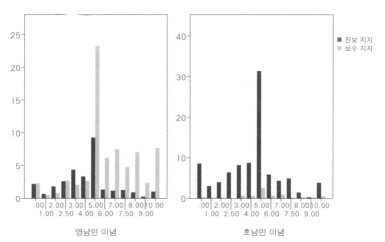

영남민 이념　　　　　　호남민 이념

자료 : 〈표 4-1〉의 자료와 동일.

0점에서 4점 사이의 진보적인 유권자가 더 많다는 사실을 보여 준다. 이 그림에서 짙은 막대는 호남 정당 후보를 지지한 유권자들을 나타내고 연한 막대는 영남 정당 후보를 지지한 유권자들을 나타낸다. 영남에서는 6점에서 10점 사이의 보수적인 유권자 대부분이 보수적인 영남 정당 후보를 지지했다. 호남에서는 0점에서 4점 사이의 진보적인 유권자 대부분이 진보적인 호남 정당 후보를 지지했다. 이는 보수적인 영남민과 진보적인 호남민은 대부분 자신의 이념과 비슷한 정당 후보를 지지했다는 것을 의미한다. 달리 말하면, 이 유권자들은 이념 투표를 했다.

그러나 〈그림 4-2〉는 영호남 유권자들이 모두 이념 투표만 하는 것은 아니라는 사실도 보여 준다. 영남에서는 0점에서 4점 사이의 진보적인 유권자들 중 40% 정도가 보수적인 영남 정당 후

보를 지지했다. 호남에서는 6점에서 10점 사이의 보수적인 유권자 중 약 86% 정도가 진보적인 호남 정당 후보를 지지했다. 이런 관찰 결과는 상당수 영호남 유권자들이 자신의 이념에 반해 투표 결정을 했다는 사실을 의미한다. 이처럼 자신의 이념에 반해 투표한 유권자들은 지역주의 때문에 그렇게 투표했을 가능성이 높다. 바로 이런 유권자들이 지역주의 투표를 한 것이다. 〈그림 4-2〉는 영호남에서의 지역 투표는 이념 투표와 지역주의 투표가 섞여 나타난 결과임을 보여 준다. 보수적인 영남민과 진보적인 호남민은 대부분 이념 투표를 한 반면, 진보적인 영남민과 보수적인 호남민의 상당수는 자신의 이념에 반하는 지역주의 투표를 했다.

4. 영호남민의 지역주의와 이념 성향은 어떻게 형성되었는가

정치인들이 지역주의를 본격적으로 이용한 선거는 7대 대통령 선거로 거슬러 올라간다. 7대 대선에서 김대중 후보는 박정희 대통령의 경제정책을 정면으로 비판하면서 강력한 경쟁 상대로 등장했다. 이에 맞서 민주공화당은 선거 전략으로 지역주의를 부추겼다. 당시 국회의장이었던 이효상은 대구 수성천변 유세에서 "박정희 후보는 신라 임금의 자랑스러운 후손이며 이제 그를 대통령으로 뽑아서 이 고장 사람으로 천년만년의 임금님을 모시자."라고 선동했다(이상우 1992, 328). 공화당 정치인들은 언론을 동원해 "경상도 대통령을 뽑지 않으면 우리 경상도는 개밥의 도토리가 될 것이다." "김대중이 대통령이 되면 경상도는 피바람이 불 것이다."

"경상도 사람치고 박정희 안 찍는 사람은 미친 사람이다.""김대중 후보가 이번 선거는 백제와 신라의 싸움이라고 똘똘 뭉치자고 했으니 우리도 뭉치자."라는 유언비어를 퍼뜨리면서 지역감정을 부추겼다. 이 선거에서 박정희 후보는 전국 평균보다 영남에서 17.6%p를 더 얻었고, 김대중 후보는 호남에서 15.1%p를 더 얻었다.

권위주의 정권의 호남 차별 정책은 호남에서의 지역주의를 촉발했다(최장집 1989). 권위주의 정권에서의 산업화 과정은 영호남 간 차별적 지역 발전을 초래했다. 신흥 산업도시 및 고속도로나 철도와 같은 기반 시설은 영남 지역에 집중되었고, 영남 출신 대통령들의 지속적인 집권은 영호남 간에 상당한 경제적 격차를 야기했다. 박정희, 전두환, 노태우가 집권한 1961년과 1992년 사이에 국민총생산GNP 대비 지역 생산 비율은 영남에서 4%p 증가한 반면, 호남에서는 7%p 감소했다. 그뿐만 아니라 영남에서는 도시 인구 비율이 61%로 증가한 반면, 호남에서는 52%로 증가했다. 인구 밀집적인 농업지대였던 호남 지역은 농업이 쇠퇴하면서 울산·마산·창원·포항 등의 신흥 공업지대에 노동력을 공급하는 역할을 담당했다(최장집 1989). 호남 지역의 농촌인구들은 타 지역 도시의 하급 중산층이나 빈민, 노동자계급을 형성했다(최장집 1989). 1943년에서 1990년 사이, 호남 인구는 전국 대비 4.1%p 감소한 반면, 영남 인구는 9.6%p 증가했다.

대통령의 인맥을 통한 정치 충원 역시 영호남에서의 지역주의에 영향을 미쳤다. 박정희 대통령 이후 5대 권력기관장(감사원장·검찰총장·경찰청장·국세청장·국정원장), 차관급 이상 공무원 및 청와대 정무직으로 대표되는 고위 공직자들의 정치적 충원 자료를 분석하면, 박정희 정부부터 김영삼 정부까지 영남 출신 대통령은 세 종류의 공직자 모두 영남 출신을 영남의 인구 비율에 비해 더 많이 임명했다(문우진 2018a). 반면에 김대중 대통령은 5대 권력기관장과 청와대 정무직에 호남 출신을 호남 인구 비율에 비해 더 많이 임명했으나 차관급은 거의 비슷한 비율로 임명했다. 노무현 정부는 세 종류의 공직자 모두 호남 출신을 더 우대하지는 않았다. 문재인 정부는 세 종류의 고위직 모두 호남 출신을 더 등용했다. 문재인 대통령은 또한 차관급 이상과 청와대 정무직 공무원에 영남 지역 출신을 영남의 인구 비율에 비해 더 많이 임명했다.

박정희 정부부터 김영삼 정부 기간에 차별적인 지역 경제 발전을 경험하고 영남 출신 대통령의 차별적인 정치적 충원을 경험한 호남민들은 상대적 박탈감을 느끼게 되고, 이런 박탈감은 호남 지역 정당에 대한 지지로 귀결되었다. 반면에 경제적·정치적 혜택을 받은 영남에서는 기득권을 수호하기 위한 패권주의적 지역주의를 형성시켰다(최장집 1991; 황태연 1996). 14대 대선에서 김영삼 후보와 김대중 후보가 경합하자 영남 정치인들은 또다시 지역감정을 부추겼다. 대선 3일 전 김기춘 전 법무장관, 김영환 부산직할시장, 정경식 부산지방검찰청 검사장, 박일용 부산지방경찰청장 등이 부산 초원복집에 모여 "우리가 남이가, 이번에 안 되면 영도다리에 빠져 죽자." "지역감정 좀 일어나야 돼." "민산에서 지역감정을 불러일으켜야 돼."라고 발언한 내용이 담긴 녹취록이 훗날 공개되었다(『한겨레』 2013/08/06). 김영삼 정부에서 정경식은 헌재 재판관을 지내고, 박일용은 안기부 차장을 지내면서 총풍과 북풍 사건의 주역이 되었다. 박근혜 정부의 대통령 비서실장에 임명된 김기춘은 블랙리스트 작성의 주범으로 2017년에 구속되었다.

영호남민의 이념 성향 차이는 어떻게 형성된 것인가? 1980년 5월 광주민주화운동에 대한 전두환 쿠데타 세력의 잔혹한 탄압은 호남민이 진보적인 의식을 가진 결정적인 계기가 되었다. 호남민은 광주민주화운동을 계기로 지배 세력에 대한 소외감과 저항 의식을 '내면화'했다(최장집 1991). 20년 넘게 지속된 권위주의 정권에서의 차별적인 경제정책과 정치 충원이 초래한 소외감과 광주민주화운동을 통한 반권위주의 의식은 호남민에게 진보적인 정당을 선호하는 정치적 태도를 형성했다. 호남민은 또한 자신들이 존경하는 정치인 김대중이 표방한 햇볕 정책을 지지하면서 진보적인 정책적 선호를 형성했다.

〈표 4-1〉이 보여 주듯이, 영남 유권자의 이념은 17대 총선까지 전국 유권자들의 이념과 크게 다르지 않았다. 그러나 영남민들은 이명박 후보가 당선된 17대 대선부터 급격하게 보수화된 이후 21대 총선 직전까지 보수적인 태도를 유지했다. 인지 부조화 이론은 보수 정부하에서 영남민이 보수적인 태도를 견지한 이유를 어느 정도 설명할 수 있다. 인지 부조화 이론에 따르면 사람들은 자신의 선택을 합리화하는 성향이 있다. 진보 정권 10년 동안 상대적 박탈감을 느낀 영남민은 진보적인 이념에 대한 반감을 형성해 왔고, 이명박 정부와 박근혜 정부에서 보수적인 이념을 강화한 것으로 보인다. 그러나 최순실 사태 이후 영남민의 보수적인 성향은 약화되다가 코로나 방역으로 문재인 정부의 인기가 상승세를 탄 21대 총선 당시 영남민과 전국 유권자의 이념적 차이는 잠깐

사라졌다. 그러나 21대 총선 이후 강화된 민주당의 독주에 소외감을 느낀 영남민이 다시 보수화되면서 부산시장 보궐선거에서 국민의힘 후보가 압도적으로 승리할 수 있었다.

5. 지역 투표의 결과는 왜 변하는가

남북이 분단된 한국에서는 민주화 이전까지 반공 성장주의 대 민주주의라는 정치적 균열이 형성되었다. 6대와 7대 대선 결과가 보여 주듯이 지역주의는 민주화 이전에도 존재했다. 그러나 박정희의 독재가 심화되면서 반공 성장주의 대 민주주의의 대결 구도는 강화되었고, 유권자들은 이런 선명한 대결 구도에서 정당을 선택했다. 이 대결 구도에서는 지역주의 정서와 지역 차별이 초래한 상대적 박탈감보다 반공 성장주의와 민주주의에 대한 상대적 선호가 유권자의 투표 결정에서 더 크게 작동했다. 그러나 민주화 이후 반공 성장주의 대 민주주의라는 대결 구도가 사라지면서, 이념적·정책적으로 차이가 거의 없는 기성정당들이 경쟁하는 협애한 정당 체제가 등장하자 지역주의가 갑자기 분출했다.

앞서 말했듯이 이 책은 이런 현상을 설명하기 위해 다음과 같은 이론을 제시한다. 유권자의 투표 결정에는 이념적 요소와 지역주의 요소(지역적 혜택에 대한 기대 또는 지역 정체성)가 영향을 미친다 (Moon 2005; 문우진 2018a). 정당 간 입장 차이가 줄어들수록 지역적 요소가 투표 결정에 미치는 영향이 증가하고 지역주의 요소 때문에 자신의 이념에 반하는 투표를 하는 지역주의 투표자의 비율이 증

그림 4-3 **지역 정당들의 이념 차이가 지역 투표에 미치는 영향**

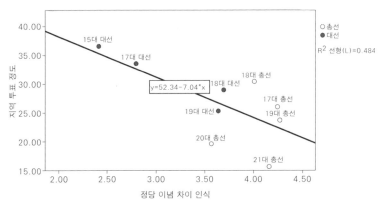

주 : 여론조사 기관은 15대 대선부터 유권자들이 정당들의 이념을 어떻게 생각하는지를 1점에서 10점 척도로
    측정했다. 정당들의 이념은 유권자들이 인식하는 정당 이념들의 평균으로 계산된다. 〈그림 4-3〉이 보여
    준 정당 이념 차이 인식은 영남 정당 이념에서 호남 정당 이념을 뺀 값이다.
자료 : 〈표 4-1〉 자료와 동일. 19대 대선까지 영호남 정당 이념 차이 인식 자료는 문우진(2018a) 자료 사용.
    21대 총선의 영호남 정당 이념 차이 인식은 한국리서치 9차 정기조사(2020년 4월 4주) 자료에서 계산.

가한다. 두 지역 정당의 입장이 완전히 똑같아지면 유권자는 지역
정당에 아무런 입장 차이를 못 끼끼므로 지역주의 요소가 유권자
의 투표 결정을 지배하게 되고 모든 유권자는 자신의 이념과 상관
없이 지역주의 투표를 한다. 따라서 정당 간 입장 차이가 줄수록
지역주의 투표가 촉진되면서 지역 투표 현상이 강하게 관찰된다.
〈그림 4-3〉은 15대 대선부터 21대 총선까지 9회의 선거에서 지
역 정당 간 입장 차이와 지역 투표의 관계를 나타내는데, 지역 정
당 간 이념 차이가 작아질수록 지역 투표 정도는 강화된다는 사실
을 보여 준다.

한국의 지역 투표 이론은 〈그림 4-1〉과 〈그림 4-3〉이 보여 준
패턴에 대한 이유를 설명할 수 있어야 한다. 〈그림 4-1〉이 보여

준 바와 같이, 지역 투표는 민주화 이후 갑자기 분출되었으며 14대 대선 이후 지속적으로 약화되고 있다. 〈그림 4-1〉과 〈그림 4-3〉에서 알 수 있듯이 지역 투표는 총선에 비해 대선에서 더 강하게 나타난다. 이 책은 이런 패턴이 발생한 이유를 다음과 같이 설명한다. 첫째, 민주화 이후 지역 투표가 갑자기 분출된 이유는 민주화 이후 반공 성장주의 대 민주주의의 대립 구도가 사라지면서 유권자들이 느끼는 정당 간 입장 차이가 갑자기 줄었기 때문이다. 둘째, 지역 투표가 총선에 비해 대선에서 더 강하게 나타나는 이유는 유권자의 투표 결정에서 지역적 요소가 총선보다 대선에서 더 크게 작동하기 때문이다. 달리 말하면, 영호남 유권자들이 총선이 초래하는 정당 간 의석 변화보다 대선이 초래하는 정권 교체가 지역적 혜택의 변화에 더 큰 영향을 미친다고 생각하기 때문이다. 셋째, 지역 투표가 14대 대선 이후 점차 약해지는 이유는 〈그림 4-3〉이 보여 주듯이 지역 정당 간 이념 차이가 점점 증가하는 추세에 있기 때문이다.

이 책은 또한 정치 동원론이나 지역 간 이념 차이 이론이 설명하기 어려운 여러 현상들을 설명한다. 첫째, 지역주의가 동원되지 않는 선거에서도 지역주의 투표가 유지되는 이유는 정당들이 지역주의를 동원하지 않아도 유권자의 투표 결정에 지역적 혜택에 대한 기대나 지역 정체성과 같은 지역주의 요소가 영향을 미치기 때문이다. 둘째, 17대 대선에서 전북민이 전남민보다 정동영 후보를 더 지지했다는 것은 지역 투표가 이념적 요소와 지역적 요소의 복합적 산물임을 보여 준다. 만약 지역 투표가 순수하게 이념적인 것이라면 이념적으로 더 진보적인 전남민이 전북민보다 진보 정당 후보를 더 지지해야 한다. 그러나 민주당 후보가 전북 출신인 정동영 후보였기 때문에 다른 선거와는 달리 전북민이 전남민보다 민주당 후보를 더 강하게 지지했다. 셋째, 지역 투표가 순수하게 이념적인 것이라면 20대 총선에서 호남민은 국민의당보다 진보적인 더불어민주당을 더 지지했어야 한다. 그러나 호남민이 더불어민주당보다 국민의당을 더 지지한 이유는 더 많은 호남 유권자들이 자신의 지역 정당을 국민의당으로 생각했기 때문일 것이다.

6. 지역주의 투표를 어떻게 극복할 수 있는가

기존 연구들은 지역주의 투표의 지속 가능성 및 지역주의 약화 방안에 대해 서로 다른 의견을 제시했다. 일부 연구들은 3김 이후 전통적인 지역감정이나 정서가 상당 부분 완화되었고, 지역주의가 선거 경쟁에 미치는 영향이 이미 약화되었다고 지적한다(강원택 2003a; 최준영 2008). 다른 연구는 지역 균열 대신 이념 균열, 세대 균열, 계층 균열 등 새로운 사회적 균열이 부상하고 있으며, 이슈나 정책에 기초한 투표 성향 또한 강화되고 있기 때문에 지역주의 투표 행태가 약화될 것이라 예측한다(전용주·김도경·서영조 2008; 최준영 2008). 지병근(2015)은 이념 갈등이 완화되면 반호남 지역감정이 약화될 것으로 보았다.

필자는 지역주의 때문에 정책 경쟁이 억제되는 것이 아니라, 정당들이 선명한 정책 대결을 하지 않아서 지역주의가 초래된다고 본다. 즉, 지역주의와 정책 경쟁의 관계에서 지역주의는 독립변수가 아니라 종속변수다. 따라서 지역주의가 약화되면 자동으로 정책 경쟁이 강화되는 것이 아니다. 역으로 선명한 정책 경쟁이 지역주의를 억제한다. 지역주의를 억제해도 정책 경쟁으로 이어지지 않는 것은 지역주의가 다양한 유인 가치들 중 하나에 불과하기 때문이다. 정당들 간의 정책 차이가 모호해질수록, 유권자의 투표 결정에서 정책 차이 때문에 발생하는 정당 간 효용의 차이는 줄어들고, 유인 가치가 유권자의 효용에 상대적으로 더 큰 영향을 미친다. 따라서 유인 가치의 일종인 지역주의가 사라진다고 해도 정당 간 입장 차이가 불분명하다면, 다른 유인 가치가 유권자의 투표 결정에서 중요하게 작동할 것이다. 후보와의 혈연·학연 또는 후보들이 가공 생산하는 경제 활성화 능력, 지역개발 능력, 지역구 사업 능력, 그리고 상대 후보에 대한 비방과 실체 없는 정치 공세 등이 유권자 투표 결정에서 중요한 역할을 한다.

따라서 지역주의와 그 밖의 유인 가치 중심의 선거 경쟁을 억제하는 해결책은 정당들이 선명한 정책 대결을 하는 것이다. 만약 유권자들이 어떤 정당이 자신에게 정책적 이익과 손실을 가져다주는지를 확실히 알 수 있다면, 실체 없는 유인 가치가 유권자의 투표 결정을 지배할 가능성은 줄어든다. 이럴 경우 유권자는 자신에게 정책적 혜택을 주는 정당을 지지하게 되고, 대의 민주주의가 정상적으로 작동할 가능성은 높아진다.

5장

정치제도는 어떻게 작동하는가

정치제도는 어떻게 작동하는가

1. 정치제도란 무엇인가

정치제도란 국민들의 뜻을 모으는 의사 결정 규칙들의 집합이다. 우리는 사람들의 뜻을 모으기 위해 다양한 의사 결정 규칙을 사용한다. 위계적인 사회에서는 권력을 가진 사람이 결정을 한다. 직장에서는 상급자가, 가부장적인 가족에서는 아버지가, 학교에서는 선생님이 결정권을 가진다. 반면에 민주적인 사회에서는 모든 사람이 동등한 의결권을 가진다. 우리는 일상생활에서 가위바위보, 사다리나 제비뽑기 같은 무작위적인 의결 방식이나 다수결을 사용한다. 이런 의결 방식의 공통점은 의사 결정이 빨리 이루어질 수 있다는 것이다. 그러나 이 방식들에는 장단점이 있다.

무작위적인 선발 방식은 극단적인 결과가 초래되는 것을 막기 어렵다. 따라서 국가 지도자를 제비뽑기로 뽑지는 않는다. 제비뽑기는 직장에서 회식을 하기 위해 식당을 선택하는 결정처럼 결정에서 진 사람이 치러야 하는 비용이 크지 않은 경우에 사용한다. 즉, 무작위적인 선발 방식은 패자에게 낮은 순응 비용을 부과하는 결정에서 주로 사용한다. 다수결은 제비뽑기에 비해 극단적인 결정을 내릴 가능성이 낮다. 최소한 다수가 동의할 수 있는 결과가 초래된다. 그러나 다수가 항상 올바른 결정을 내리는 것은 아니다. 다수가 자신과 생각이 다르다는 이유로 소수를 따돌리고 괴롭힐 수도 있다. 그뿐만 아니라 다수결이 항상 공정한 것도 아니다. 의결에서 항상 소수가 될 수밖에 없는 집단에는 다수결이 공정하지 않다. 예를 들면, 미국과 같은 다인종 국가에서 유색인종은 항상 소수의 입장에 처한다. 따라서 특정한 소수가 다수결에서 항상

질 수밖에 없다면 다수결은 불공정한 제도다.

민주주의국가는 국민들의 뜻을 모으기 위해 다양한 방식의 의사 결정 규칙을 사용한다. 민주주의국가가 뜻을 모으기 위해 주로 사용하는 방식은 다수결 제도다. 대부분의 국가에서는 다수결로 지도자를 선발하고 법안을 통과시킨다. 이처럼 많은 민주주의국가들이 다수결 제도를 채택하는 이유는 의사 결정이 빨리 이루어지면서도 소수보다는 다수의 뜻을 따르는 것이 더 옳다고 생각하기 때문일 것이다. 그러나 때로는 과반수의 동의를 구하지 않는 민주적인 의사 결정도 있다. 단순 다수제plurality rule에서는 과반에 못 미쳐도 지지를 가장 많이 얻은 대안이 채택된다. 의결을 위해 충족해야 하는 다수의 규모가 줄어들수록 소수가 치러야 하는 순응 비용은 증가한다. 따라서 과반수제majority rule보다 단순 다수제에서는 더 많은 사람이 순응 비용을 치러야 한다.

앞에서 이야기한 바와 같이, 다수는 소수의 인권을 침해하는 위험한 결정을 할 수 있다. 그래서 민주주의국가에서는 소수를 보호하기 위한 제도적 장치들을 마련한다. 초다수제supermajority rule는 소수를 보호할 수 있는 의결 방식이다. 초다수 의결 방식에서는 다수보다 더 많은 사람들이 뜻을 모아야 의사 결정이 이루어진다. 따라서 초다수제 의결 방식에서는 순응 비용을 치러야 하는 소수의 수가 줄어든다. 소수를 가장 잘 보호할 수 있는 의사 결정 규칙은 만장일치제unanimity rule이다. 합의제는 만장일치제의 일종이다. 구성원 중 한 명이라도 반대하면 의결이 이루어지지 않는다. 따라서 합의제는 소수를 가장 잘 보호할 수 있다.

그러나 합의제의 문제는 의사 결정을 도출하는 데 많은 시간과 노력이 든다는 것이다. 따라서 매우 비효율적인 의사 결정 제도다. 그뿐만 아니라 합의가 이루어지지 않으면 의사 결정에 교착이 발생한다. 현 상태status quo를 타개할 변화가 필요할 때도 모든 사람이 동의하지 않으면 현 상태에 머물러야 한다. 합의제에서는 대부분의 사람들이 아무리 현명한 선택을 하더라도 어리석은 한 사람이 반대하면 결정을 내릴 수 없다. 다수결에서는 다수가 소수의 권익을 침해할 수 있는 반면, 합의제에서는 소수가 다수의 권익을 침해할 수 있다. 그렇다면 어떤 의결 방식이 최선인가?

최선의 의결 방식은 사안의 중요성에 따라 달라진다. 인권을 침해할 수 있는 결정은 다수의 동의로는 부족하다. 많은 국가에서 일반 법안은 과반수로 통과시키는 반면, 헌법 개정은 이보다 까다롭게 의회 구성원 3분의 2의 동의를 요구하거나 추가로 국민투표를 요구한다. 이처럼 개헌에 필요한 조건을 까다롭게 하는 이유는 헌법은 매우 중요한 사안을 다루는 제도이기 때문이다. 헌법은 시민의 기본권에 대한 내용과 국가가 작동하기 위한 규칙을 담고 있다. 다수 정도로는 시민의 기본권을 침해해서도 안 되며 국가의 작동 규칙을 바꿔서도 안 된다. 따라서 중대한 사안에 대한 결정은 다수결보다 더 까다로운 조건을 필요로 한다.

최적의 의결 방식은 또한 구성원이 얼마나 이질적인지에 따라 달라진다. 국가 구성원이 매우 동질적이라면 다수와 소수의 뜻이 크게 다르지 않다. 이런 국가에서는 다수의 결정이 소수의 이익을 크게 침해하지 않는다. 따라서 효율적인 결정에 유리한 다수결이 적합하다. 그러나 구성원의 선호가 매우 이질적인 국가에서 다수결을 사용할 경우 다수가 소수의 권익을 심각하게 침해할 가능성이 있는 결정을 내릴 수 있다. 예컨대 다민족·다인종 국가에서 다수결이 사용되면 다수계가 소수계를 차별하거나 소수계의 인권을 침해하는 결정을 내릴 수도 있다. 그뿐만 아니라 소수계의 뜻은 의사 결정에서 항상 배제될 수 있다. 미국은 세계 각지에서 이주해 온 다양한 이민자들로 만들어진 국가다. 따라서 이질적인 이민자들로 구성된 미국과 같은 국가에서 다수결을 사용하는 정치제도를 채택하면 소수는 막대한 순응 비용을 치러야 한다.

2. 정치제도는 어떻게 설계되는가

미국 헌법 창시자들은 다수제가 소수의 권익을 침해할 수 있다는 사실을 잘 알고 있었다. 따라서 이들은 헌법을 설계할 때 다수 주로부터 소수 주를 보호하기 위한 제도적 장치들을 마련했다. 연방 정부와 주 정부의 독립적인 관할 영역을 헌법에 명시해 주 정부의 독립성을 보장했다. 헌법 창시자들은 또한 다수 반영을 목적으로 하는 하원을 소수 보호를 목적으로 하는 상원이 견제하도록 했다. 하원은 미국민 다수의 입장을 반영할 수 있도록 인구 비례로 각 주의 하원 의원을 선발한다. 인구가 가장 많은 캘리포니아주에서는 53명의 하원 의원을 선발하는 반면, 인구가 가장 적은 와이오밍주에서는 1명을 선발한다. 그러나 인구가 많은 주가 입법 결정을 지배하지 못하도록 상원을 두었다. 인구 규모와 상관없이 모든 주에서 2명의 상원 의원을 선발하고 하원과 상원이 서로 동의할 때만 법안이 통과되도록 했다.

그뿐만 아니라 미국 헌법 창시자들은 상·하원 의원의 선발 방식을 다르게 설계했다. 선거 당시에 형성된 다수가 어리석은 판단을 할 수도 있기 때문에 하원 선거는 2년마다 치러 하원 의원을 자주 교체하도록 했다. 동시에 2년마다 치러지는 선거 당시 형성된 여론에 의해 입법부 전체가 구성되는 것을 방지하기 위해, 상원 의원은 3분의 1씩만 교체하도록 했다. 4년 전에 형성된 여론, 2년 전에 형성된 여론과 선거 당시에 형성된 여론을 각각 반영하는 세 종류의 상원 집단들이 서로를 견제하고, 이처럼 구성된 상원이 하원을 견제하도록 했다.

미국 헌법 창시자들은 또한 매우 독창적인 정부 형태와 입법 규칙을 창안했다. 상원과 하원을 모두 통과한 법안은 대통령과 사법부가 받아들일 때만 법의 효력을 가지도록 했다. 상원에서는 소수당이 무제한 토론을 할 수 있으며 이를 종료하려면 초다수(5분의 3)의 지지가 필요하도록 했다. 따라서 여당이 상·하원의 다수를 차지한 경우에도 여당은 상원에서 5분의 3 이상을 얻어야 자신이 원하는 법안을 통과시킬 수 있다. 여당이 소수당인 경우, 다수 야당은 매우 까다로운 조건을 충족할 때 법안을 통과시킬 수 있다. 대통령은 입법부를 통과한 법안에 거부권을 행사할 수 있고, 입법부가 대통령 거부권을 기각하기 위해서는 초다수(3분의 2)의 지지를 필요로 한다. 따라서 다수 야당은 3분의 2 이상의 의석을 얻어야 대통령 거부권을 기각하고 자신이 원하는 법안을 통과시킬 수 있다.

미국 헌법은 또한 사법부의 독립성을 보장하기 위해, 대법관의 임기를 종신으로 했다. 따라서 새로운 대통령이 취임하면 전임 대통령이 임명한 대법관을 자신의 입맛에 맞는 대법관으로 교체할 수 없다. 민주당 대통령은 전임 공화당 대통령이 임명한 보수적인 대법관들과 함께 국정을 운영해야 한다. 마찬가지로 공화당 대통령은 전임 민주당 대통령이 임명한 진보적인 대법관들의 견제를 받을 가능성이 높다. 미국에서 이와 같은 대법관 임기 제도가 만들어진 이유는 다수로부터 소수를 보호하기 위한 치밀한 정치 공학적 사고의 산물로 볼 수 있다.

그러나 미국의 정부 형태는 소수를 보호하는 데 유리할 수는 있으나, 다수가 원하는 개혁을 실현하기 어렵다. 예컨대 미국 사회에 필요한 공공 의료보험 개혁 또는 총기 규제 개혁을 실현하려면 개혁을 추진하는 정당이 행정부와 하원 과반수, 상원 5분의 3 이상을 장악할 정도로 지배적인 여론이 형성되어 있어야 한다. 그러나 그럴 가능성은 매우 낮을 뿐만 아니라 이런 조건이 충족된다 해도 사법부의 반대가 없어야 한다. 따라서 미국의 삼권분립 체제는 중요한 개혁을 거의 불가능하게 한다. 정당의 역할은 시민사회의 변화에 따른 사회 갈등을 입법을 통해 조정하는 것이다. 그러나 정당이 사회 갈등을 해소하는 데 실패할 경우 이에 따른 불만이 누적되고 정치 불안정이 초래될 수 있다.

미국의 삼권분립 제도는 다수 견제와 소수 보호에 초점이 맞춰진 반면, 영국의 정치제도는 효율적인 다수 지배에 초점이 맞춰져 있다. 영국은 단순 다수 선거제도와 함께 내각책임제, 또는 의원내각제라고도 불리는 의회제를 채택한다. 의회제에서는 삼권이 분리되어 있지 않다. 의회제에서는 다수당의 지도부가 행정부를 구성하고 법안을 발의한다. 의회는 행정부 법안에 대해 동의 여부를 결정하며 의회 다수가 동의하면 법안은 통과된다. 이론적으로는 의회가 정부의 실정에 맞서 불신임안을 행사할 수 있으나, 다수 여당이 자신의 지도부로 구성된 행정부에 반하는 결정을 할 가능성은 희박하다. 그뿐만 아니라 영국과 같은 전형적인 의회제에서는 명문화된 헌법이 없으므로 의회 다수가 헌법과 같은 역할을 한다.

대통령제에서는 삼권분립이라는 제도를 통해 여러 국가 기관이 서로를 견제한다. 이처럼 서로를 견제할 수 있는 국가기관을 '제도적 거부권 행사자'institutional veto player라 부른다(Tsebelis 2002). 미국에서는 상원, 하원, 대통령, 사법부가 서로를 견제할 수 있으므로 네 제도적 거부권 행사자가 존재한다. 그러나 영국에서는 다수당의 지도부로 형성된 행정부를 견제할 제도적 장치가 없기 때문에 하나의 제도적 거부권 행사자만 존재한다. 따라서 영국과 같은 양당제 의회제 국가에서는 권력이 행정부에 집중된다.

삼권분립의 견제 장치가 없는 의회제에서는 다수로부터 소수를 어떻게 보호하는가? 의회제에서 다수의 횡포를 막는 방법은 한 정당이 의회 다수를 차지하기 어렵게 하는 것이다. 많은 의회제 국가들은 비례대표 선거제도를 채택해 다당제를 산출한다. 이 경우 한 정당이 의회에서 과반수 의석을 얻기 어려워 여러 당이 참여하는 연합 정부가 형성된다. 연합 정부에 참여한 정당들 중 한 정당이 정부 정책에 반대하면 정부는 실각하고 선거를 다시 치러야 한다. 따라서 연합 정부에 참여하는 정당들이 모두 동의할 만한 법안이 발의되고 통과된다. 연합 정부에 참여한 정당들은 의석수와 상관없이 거부권을 행사할 수 있다. 이처럼 입법 결과를 산출하기 위해 동의를 얻어야 하는 정당을 '정파적 거부권 행사자'partisan veto player라 부른다(Tsebelis 2002). 의회제는 정파적 거부권 행사자의 수를 증가시켜 이들이 서로를 견제하도록 하는 방식으로 소수를 보호한다.

각 국가의 선거제도와 정부 형태는 거부권 행사자의 수에 영향을 미친다. 비례대표제는 다당제를 산출해 정파적 거부권 행사자 수를 증가시키는 반면, 대통령제는 제도적 거부권 행사자 수를 증가시킨다. 양당제 의회제는 거부권 행사자 수를 최소화하는 반면, 다당제 대통령제는 거부권 행사자 수를 극대화한다. 따라서 정치제도를 설계할 때는 여러 정치제도가 거부권 행사자의 수에 미치는 영향을 서로 상쇄해 거부권 행사자의 수에 적정한 균형을 이룰 수 있도록 해야 한다. 미국의 경우, 삼권분립의 정부 형태는 다수의 제도적 거부권 행사자를 산출한다. 반면에 의원들을 선발하는 선거제도는 단순 다수제를 채택해 양당 체제가 산출되도록 했다. 대통령 선거는 선거인단을 승자 독식으로 분배하는 간접 선거제도를 채택했다. 이런 승자 독식 제도에서는 군소 정당 후보가 가주에 배정된 선거인단을 한 명도 확보할 수 없으므로, 제3정당 후보의 당선을 불가능하게 해 제3정당의 발전을 억제한다. 따라서 정파적 거부권 행사자의 수를 최소화한다.

3. 한국 정치제도는 다수제인가 합의제인가

파월(Powell 2000)에 따르면, 국가마다 자신들이 추구하는 규범적 가치에 부합하는 정치제도가 있다. 다수 대표 시각의 국가는 다수의 입장을 효율적으로 반영해야 한다는 시각에 부합하는 정치제도들을 갖는다. 비례대표 시각의 국가는 다양한 집단들의 입장을 반영하되 각 집단의 규모에 비례해야 한다는 시각에 부합하는 정치제도들을 갖는다. 한 국가의 정치제도가 어떤 시각을 더 반영하는지는 주로 선거제도와 정당 체제에 따라 달라진다. 단순 다수 선거제도를 채택한 양당제 국가는 다수대표제 시각에 부합하며, 비례대표 선거제도를 채택한 다당제 국가는 비례대표 시각에 부합한다. 파월은 여당이 상임위원장직을 독점하면 다수대표제 시각에 가까워지는 반면, 여야가 의석수에 따라 상임위원장직을 나눠 가지면 비례대표제 시각에 가까워진다고 주장했다.

아렌트 레이파트(Lijphart 1999) 역시 민주주의국가들을 '다수제 모형'majoritarian model과 '합의제 모형'consensus model으로 구분하고, 권력 분산에 유리한 정치제도가 많은 국가일수록 합의제 모형에 가까워진다고 주장했다. 영국 또는 1994년 이전 단순 다수제를 채택했던 뉴질랜드와 같은 양당제 의회제 국가가 전형적인 다수제 모형에 속한다. 스위스·벨기에·네덜란드처럼 연합 정부가 불가피한 다당제 의회제 국가가 전형적인 합의제 모형에 속한다. 다른 민주주의국가들은 다수제 모형과 합의제 모형 사이에 놓여 있다.

레이파트는 한 국가의 민주주의 특성을 결정하기 위한 열 가지 기준을 제시했다(Lijphart 1999). ① 정당 체제가 양당제인가 다당제인가? ② 다수당이 독자적으로 정부를 구성하는가 아니면 여러 정당이 연합 정부를 구성하는가? ③ 행정부와 의회는 서로 의존적인가 독립적인가? ④ 선거제도는 얼마나 비례적인가? ⑤ 이익집단들은 각자 스스로의 이익을 대변하는가 아니면 자신들을 대표하는 정상頂上 조직을 통해 국가와 이해관계를 조정하는가? ⑥ 권력이 중앙정부에 집중되어 있는가 아니면 중앙정부와 지방정부에 분산되어 있는가? ⑦ 의회는 단원제인가 양원제인가? ⑧ 헌법 개정이 얼마나 까다로운가? ⑨ 위헌 심사 기관이 얼마나 독립적인가? ⑩ 중앙은행은 행정부로부터 독립적인가? 아래에서는 이상의 기준들을 중심으로 한국 민주주의의 특성을 평가한다.

1) 선거제도와 정당 체제

한국은 13대 총선부터 16대 총선까지 1인 1표 '병립형 선거제도'를 채택했다. 이 제도는 지역구 의원과 비례대표 의원을 선발하지만 유권자들은 지역구 투표만 한다. 각 정당의 비례대표 의석은 각 정당의 지역구 후보들이 얻은 총 득표수에 비례해 배분된다. 그러나 이 제도에서 유권자들은 지역구 선거에서 당선 가능성이 없는 군소 정당 후보 대신 차선의 주요 정당 후보를 지지한다. 이런 전략적 투표 때문에 군소 정당 후보들은 지역구에서 표를 얻기 어렵고, 군소 정당이 얻을 수 있는 비례대표 의석수도 줄어든다.

2001년 7월 19일, 헌법재판소는 유권자의 후보 지지와 정당 지지가 엇갈릴 경우 1인 1표제가 절반의 선택권을 박탈하므로 위헌이라고 판결했다. 즉, 유권자가 지지하는 후보의 소속 정당과 유권자의 지지 정당이 서로 다를 경우, 유권자는 정당을 선택하지 못하고 후보만 선택해야 하는데, 이것이 위헌이라는 뜻이다. 17대 국회부터 유권자가 지역구 후보와 정당에 각각 1표씩 행사하는 1인 2표 병립형 선거제도로 전환되었다. 이 제도에서는 유권자들이 정당 투표를 할 때 전략적 투표를 할 필요가 없으므로 비례대표 의석이 정당 득표율에 따라 비례적으로 이루어진다. 또한 비례대표 의석을 얻기 위해 5석 이상 또는 5% 이상의 득표율을 요구했던 기존의 봉쇄 조항을 5석 이상 또는 3% 이상의 득표율로 변경했다. 따라서 군소 정당이 의석을 확보할 가능성이 약간 증가했다.

그러나 한국의 1인 2표 병립형 선거제도는 비례적인 선거제도와 거리가 멀다. 비례대표 의석수가 지역구 의석수의 20%에도 못 미치기 때문이다. 비례대표 의석이 전체 의석에서 차지하는 비율은 17대 총선에서 18.6%(300석 중 56석)였는데 그 비율은 점점 줄어들어 20대 총선에서 15.6%(299석 중 47석)까지 떨어졌다. 이처럼 비례대표 의석수가 적기에 만약 군소 정당이 10%의 지지를 얻는 경우 비례대표제에서는 300석 중 30석을 얻을 수 있으나 이 제도에서는 47석 가운데 5석밖에 얻지 못한다. 군소 정당이 국회에서 교섭단체의 지위(20석)를 얻으려면 47석의 42% 정도를 얻어야 하나 그럴 가능성은 희박하므로, 군소 정당이 원내에서 입법적인 영향력을 발휘할 가능성은 원천적으로 봉쇄된다.

따라서 1인 2표 병립형 제도는 기존의 1인 1표 병립형 제도와 크게 다르지 않다. 두 선거제도 모두 거대 양당에 유리하며 양당 체제를 산출하는 경향이 있다. 민주화 이후 한국의 '실효 의회 정당의 수'effective number of parliamentary parties의 평균값은 2.67로 계산된다.[1] 다수대표제를 채택한 6개 민주주의국가의 실효 의회 정당 수

---

1 실효 의회 정당이란 의회에서 '실효적인 영향력'을 발휘할 수 있는 정당이며, 실효적인 영향력은 의석 비율로 결정된다. 따라서 실효 의회 정당의 수는 의회에서 의석을 차지한 정당의 상대적 크기를 감안해 계산한다. 예컨대 50% 의석을 가진 정당은 50% 비중을 가졌다고 계산되고 5% 의석을 가진 정당은 5% 비중을 가졌다고 계산된다.

의 평균이 2.37임을 감안할 때, 민주화 이후 한국의 병립형 제도는 다수대표제와 크게 다르지 않다.

병립형 선거제도가 양당 간 대결 구도를 고착화한다는 비판이 제기되면서 선거제도 개혁의 필요성이 대두되었다. 특히 정의당과 같은 군소 정당들은 독일의 연동형 선거제도와 같은 비례대표성이 높은 선거제도를 도입할 것을 지속적으로 요구해 왔다. 21대 국회의원 선거를 앞두고 민주당과 군소 정당(바른미래당 당권파, 정의당, 민주평화당 및 대안신당)은 4+1 연합체를 구성해 2019년 12월 27일에 '준연동형' 선거법 개정안을 통과시켰다. 공수처 법안 통과를 위해 군소 정당들의 지지가 필요했던 민주당은 의석수가 줄어들 것을 감수하고, 준연동형 제도에 합의했다. 연동형 제도의 도입이 현실적으로 어렵다고 판단한 정의당도 결국 준연동형 제도에 합의했다.

준연동형 선거제도는 비례대표 의석을 연동형 의석과 병립형 의석으로 구분하고 연동형 의석을 30석으로 제한하는 '30석 캡' 조항을 가지고 있다. 이 제도가 어떻게 작동하는지 이해하기 위해 다음과 같이 예를 들어 보자. 두 주요 정당 A와 B의 정당 득표율은 각각 35%이고, 군소 정당 C가 12%를 얻고, 군소 정당 D, E, F가 각각 6%를 얻었다. 지역구에서는 정당 A와 B가 각각 130곳과 123곳에서 승리했고, 군소 정당들은 1석도 얻지 못했다. (준)연동형 선거제도에서는 정당 득표율에 따라 전체 의석을 배분한다면 각 정당이 몇 석을 가져갈 자격이 있는지를 먼저 계산한다. 전체 의석 300석에 각 정당의 정당 득표율을 곱하면, 정당 A와 B는 각각 105석, 정당 C는 36석, 정당 D, E, F는 각각 18석을 가져갈 자격이 생긴다.

그러나 정당 A와 B는 지역구에서 이미 130석과 123석을 얻었기에 지역구에서 확보한 의석수가 득표율에 비례한 의석수인 105석을 넘겨 버렸다. (준)연동형 제도에서는 득표율에 비례한 의석수보다 더 많은 지역구 의석을 얻은 정당이 추가로 얻은 지역구 의석을 반납하지 않는다. 연동형 제도와 준연동형 제도는 비례대표 의석을 배분하는 과정에서 차이가 발생한다. 연동형 제도에서는 정당 A와 B가 비례대표 의석을 1석도 얻지 못하고 나머지 정당들이 이를 나누어 갖는다. 반면에 준연동형 제도에서는 비례대표 의석을 연동형과 병립형으로 구분하고, 정당 A와 B와 같이 득표율에 비례한 의석수보다 더 많은 지역구 의석을 얻을 정당에 30석의 연동형 의석을 배분하지 않는 대신 17석의 병립형 의석을 나누어 준다.

정당 C, D, E, F는 연동형 의석 30석을 다음과 같은 방식으로 나누어 갖는다. 먼저 각 정당의 득표율에 300석을 곱한 값에 지역구 의석수를 차감한 뒤 이를 반으로 나눈다. 이 단계에서 정당 C는 18석을 얻고, 세 정당 D, E, F는 각각 9석을 배분받을 자격이 생긴다. 연동형 선거제도에서는 이처럼 45석의 비례대표 의석을 모두 배분하는 반면, 준연동형 선거제도에서는 연동형 30석 캡 조항을 두어 이 단계에서 배분되어야 할 연동형 의석을 30석으로 제한한다. 따라서 각 정당은 자신이 가져갈 의석의 66.67%(45석 중 30석)만 가져갈 수 있다. 각 정당의 의석수에 66.67%를 곱하면, 정당 C는 12석을 가져가고 정당 D, E, F는 각각 6석씩 총 18석을 가져가게 된다. 이 단계에서 30석의 연동형 의석 배분이 완료된다.

다음 단계에서 남은 17석의 병립형 의석을 배분한다. 병립형 의석은 정당 A와 B도 가져갈 수 있다. 17석에 각 정당이 얻은 정당 득표율을 계산하면, 정당 A와 B는 각각 6석, 정당 C는 2석, 정당 D, E, F는 각각 1석을 가져갈 수 있다. 마지막 단계에서는 각 정당이 얻은 지역구 의석, 연동형 의석, 병립형 의석을 모두 합한다. 이럴 경우 정당 A, B, C는 각각 130석, 123석, 14석을 얻고, 정당 D, E, F는 각각 7석씩 얻는다.

이처럼 복잡한 의석 배분 방식을 채택한 이유는 연동형 방식으로 비례대표 의석을 모두 배분하면 지역구에서 강한 정당이 비례대표 의석을 1석도 못 얻을 수 있기 때문이다. 앞의 사례에서 정당 A와 B가 승리한 지역구 수가 비례적으로 배분받아야 할 의석수를 초과했기 때문에, 연동형 의석을 1석도 얻지 못하게 된다. 따라서 지역구에서 강한 정당도 비례대표 의석을 얻을 수 있도록 병립형 의석이라는 이름으로 17석의 비례대표 의석을 남겨 놓은 것이다.

준연동형 선거제도는 병립형 선거제도에 비해 군소 정당의 의석수를 증가시키는 효과가 있다. 앞의 예에서 병립형 제도로 의석을 배분했다면 정당 C는 6석을 얻고 정당 D, E, F는 각각 3석만 얻는다. 따라서 군소 정당은 병립형 제도에 비해 준연동형 제도에서 두 배 이상의 의석을 얻을 수 있다. 그러나 연동형 제도에서 얻을 의석에 비하면 절반에도 못 미치는 의석을 얻는다. 연동형 제도로 의석을 배분했다면 정당 C는 36석을 얻고 정당 D, E, F는 각각 18석을 얻는다. 따라서 준연동형 선거제도는 병립형 선거제도와 연동형 선거제도의 중간 정도의 의석을 군소 정당에 배분한다. 이런 이유 때문에, 준연동형 제도는 병립형을 원하는 민주당과 연동형을 원하는 군소 정당들 간의 타협안으로 채택될 수 있었다.

그러나 21대 총선에서 민주당과 미래통합당이 위성 정당을 만들었기 때문에 군소 정당들은 준연동형 제도에서 기대했던 의석을 얻을 수 없었다. 군소 정당들은 결국 병립형 제도에서 얻었을 의석과 마찬가지의 의석을 얻었다. 민주당과 미래통합당이 위성 정당을 만든 이유는 (준)연동형 제도가 법적으로 규제하지 않으면 위성 정당이 출현할 수밖에 없는 제도적 특성이 있기 때문이다. (준)연동형 선거제도에서는 정당 득표율을 기준으로 각 정당이 가져갈 자격이 있는 의석을 우선 결정한다. 예컨대 지역구 의석수가 250석이고 비례대표 의석수가 50석인 국가에서 정당 A, B, C, D가 각각 40%, 40%, 10%, 10%를 득표했으면 이들은 각각 120석, 120석, 30석, 30석을 가져갈 자격이 생긴다.

　정당 A와 B가 각각 지역구 의석의 절반(125석)을 얻었다고 가정하면, 정당 A와 B는 정당 득표율과 비례하는 120석보다 더 많은 125석을 지역구에서 이미 확보하게 된다. 이럴 경우 (준)연동형 선거제도에서는 지역구 의석을 보전해 준다. 따라서 두 정당은 자신이 가져갈 자격이 있는 의석수(120석)를 5석 초과하는 125석을 얻는다. 그러나 지역구 경쟁력이 강한 정당 A와 B는 자신들이 가져갈 자격이 있는 의석 120석 이상을 이미 지역구에서 확보했으므로 비례대표 의석을 1석도 못 얻게 된다. 이처럼 (준)연동형 선거제도에서는 지역구 경쟁력이 강한 정당이 비례대표 의석을 1석도 못 얻을 수 있다. 그러나 정당 A와 B가 위성 정당을 만들어 지역구 후보를 내지 않으면, 두 정당은 위성 정당의 득표율만큼 비례대표 의석을 얻을 수 있다.

　지역구 의석과 비례대표 의석의 비율이 비슷하다면, 지역구 경쟁력이 강한 정당도 비례대표 의석을 얻을 수 있다. 예컨대 지역구 의석수가 150석이고 비례대표 의석수가 150석인 경우, 정당 A, B, C, D가 각각 40%, 40%, 10%, 10%를 득표했으면, 위의 사례와 마찬가지로 네 정당은 각각 120석, 120석, 30석, 30석을 가져갈 자격이 생긴다. 위 사례와 같이 두 정당이 각각 지역구 의석의 절반을 석권했다고 가정해도, 정당 A와 B는 위성 정당 없이 비례대표 의석을 얻을 수 있다. 정당 A와 B는 120석을 가져갈 자격이 있으므로, 120석에서 지역구 의석 75석을 뺀 45석의 비례대표 의석을 각각 확보한다.

이처럼 비례대표 의석의 비율을 증가시키면 지역구 경쟁력이 강한 정당도 비례대표 의석을 가져갈 수 있게 된다. 그러나 비례대표 의석의 비율을 증가시킨다고 해서 연동형 선거제도에서 위성 정당이 출현할 가능성이 없어지는 것은 아니다. 만약 정당 A와 B가 각각 위성 정당 E와 F를 만들고, 정당 C, D, E, F가 각각 10%, 10%, 40%, 40%를 득표한다면, 정당 A, B, C, D, E, F는 각각 0석, 0석, 30석, 30석, 120석, 120석을 받을 자격이 생긴다. 정당 A와 B가 75석의 지역구 의석을 확보했으므로, 여섯 정당은 각각 75석, 75석, 30석, 30석, 120석, 120석을 얻게 되어 전체 의석수는 450석으로 늘어나게 된다. 선거가 끝난 이후 정당 A와 B가 자신들의 위성 정당과 합당하면 정당 A와 B는 모두 195석씩 얻게 되어 75석씩의 초과 의석을 얻게 된다. 정당 A와 B가 위성 정당을 창당하지 않았다면 이들은 120석씩만 얻게 되므로, 두 위성 정당을 만들 수밖에 없다.

위성 정당의 설립을 법으로 금지한다면 한국의 준연동형 제도

는 한국의 양당 지배 체제를 다당 체제로 바꿀 수 있을까? 앞에서
도 이야기했듯이 준연동형 제도에서 군소 정당들은 병립형 제도
에 비해 두 배 정도의 의석을 얻을 수 있다. 그러나 비례대표 의석
수가 47석에 불과하기 때문에 군소 정당들은 연동형 제도에서 얻
을 수 있는 의석의 절반도 얻기 힘들다. 예컨대 군소 정당들이 모
두 30%의 정당 득표율을 기록한다면 연동형 제도에서 전체 의석
300석의 30%인 90석을 얻을 수 있다. 그러나 준연동형 제도에서
는 40석도 얻기 어렵다. 한국에서 군소 정당들이 30% 정도를 득
표하기 어렵다는 점을 감안하면 준연동형 제도에서도 양당 중심
의 정당 체제가 유지될 가능성이 높다. 따라서 위성 정당의 설립
을 법적으로 금지한다고 해도 21대 총선에 도입된 준연동형 제도
는 두 주요 정당의 지배를 촉진하는 한국 선거제도의 다수제적 특
성을 크게 약화하지 않을 것이다.

2) 행정부와 입법부의 관계

행정부와 입법부가 독립적인 대통령제에서는 입법부와 행정부
가 서로 견제한다. 반면에 행정부와 입법부가 서로 의존적인 의회
제에서는 다수당(다수 연합)에 유리한 입법 결과가 초래된다. 의회
제에서는 다수당 지도부로 구성된 행정부가 자신에게 더 유리한 법
안을 발의하고 의회 다수당은 이를 승인한다. 따라서 의회제에서
는 입법부보다 행정부가 더 큰 입법 권한을 행사한다(Tsebelis 2002).
한국의 대통령제는 여대야소 상황에서 미국의 순수한 대통령제보
다 의회제와 더 유사할 수 있다. 한국은 국회뿐만 아니라 행정부도

법안을 발의할 수 있다. 여대야소 국회에서 대통령이 다수 여당을 장악하면 의회제에서와 마찬가지로 행정부가 발의한 법안을 다수 여당이 승인할 수밖에 없다. 이럴 경우 한국에서의 입법은 미국 대통령제보다 영국의 양당 의회제와 더 유사하게 이루어진다.

한국 대통령은 여당 의원들을 장악할 수 있는 다양한 제도적 무기를 가지고 있다. 첫째, 한국 대통령은 별정직 고위 공무원 및 정부 산하단체 임원에 대한 인사권을 갖는다. 대통령은 공기업 및 준공기업 기관장 임명에 실질적인 영향력을 행사해, 공천을 받지 못했거나 선거에서 패배한 의원들에게 인사 혜택을 베풀 수도 있다. 둘째, 한국은 순수한 대통령제와는 달리 국회의원이 국무위원을 겸직할 수 있는 의회제 요소가 있다. 따라서 대통령은 자신에게 충성하는 의원을 국무위원에 임명해 행정부를 장악할 수 있다. 이럴 경우 행정부에 대한 입법부의 견제 능력은 약화된다. 셋째, 검찰총장을 임명할 때 상원의 동의가 필요한 미국과 달리, 한국 대통령은 자신에게 충성할 수 있는 검찰 수뇌부를 국회의 동의 없이 구성하고 검찰을 통해 국회의원들을 견제할 수 있다.

한국 대통령은 또한 당내 공천에 상당한 영향력을 발휘할 수 있다. 한국에서는 대통령이 2001년 말까지 집권당의 총재직을 겸하면서 실질적인 공천권을 행사했다. 2001년 말 이후 제도적으로는 당정이 분리되어 대통령이 집권당의 운영에 직접적으로 관여할 수 없도록 했으나 실질적으로는 대통령이 여당의 중요한 결정에 상당한 영향력을 행사한다. 따라서 한국 정당들은 매우 높은 수준의 규율을 유지하고 있다. 문우진(2011b)은 상향식 공천을 했던 열린우리당의 정당 충성도가 17대 국회에서 90%를 상회했다는 사실을 발견했다. 전진영(2010) 역시 한국의 정당 응집성은 의회제 국가 수준에 필적한다는 사실을 발견했다. 여당이 이처럼 결속적이면 대통령은 여대야소 상황에서 막강한 입법적 권한을 행사할 수 있다.

그뿐만 아니라 한국 대통령은 다양한 헌법적 권한을 가지고 있다. 첫째, '지갑의 힘'이라 불리는 예산 편성권을 순수한 대통령제에서는 의회가 가지고 있으나, 한국에서는 정부가 가지고 있다. "정부는 예산안을 편성해 회계연도 개시 90일 전까지 국회에 제출하고, 국회는 회계연도 개시 30일 전까지 이를 의결"해야 한다(〈헌법〉 제54조 2항). 국회는 "정부의 동의 없이 정부가 제출한 지출 예산 각 항의 금액을 증가하거나 새 비목을 설치할 수 없다"(〈헌법〉 제57조). 대통령에게 행정부의 이런 독점적인 예산편성 권한은, 자신의 지역구에 예산을 배분받고 싶어 하는 국회의원들을 통제할 수 있는 중요한 자산이다. 둘째, 미국 대통령이 국무위원을 임명하려면 상원의 동의가 필요하지만, 한국 대통령은 국무총리를 제외한 국무위원을 국회의 동의 없이 임명할 수 있다(〈헌법〉 제86조 및 제87조). 대통령은 국무총리의 제청으로 국무위원을 임명하지만 대통령이 국무총리를 임명하므로 국무총리의 제청권은 실질적인 효력을 발휘하기 어렵다. 야당은 법제사법위원회의 인사청문회를 통해 대통령의 국무위원 임명에 간접적인 영향을 미칠 수 있으나 인사청문회의 결정은 구속력이 없다.

행정명령decree이라 불리는 대통령의 행정입법 권한은 대통령 권한을 강화할 수 있다. 행정명령은 특정한 절차(주로 헌법적 규정)에 따라 행정부 수반이 입법부를 '대신해서' 발한 규칙으로 법적 효력을 갖는다(Shugart and Carey 1992).[2] 대통령제에서 입법의 주체는 입법부이고 행정부는 입법부의 결정을 집행하는 기관이다. 한국 〈헌법〉 제75조는 이런 대통령제의 원리를 매우 구체적으로 명시했다. 이 조항은 법률이 위임한 사항과 법률 집행에 필요한 사항에서만 대통령령을 발할 수 있으며, 법률이 대통령령의 구체적인 범위까지도 정하도록 했다. 따라서 헌법이 규정한 한국 대통령의 행정명령권은 제한적이라 할 수 있다.

그러나 대통령이 국회에서 입법을 통해 자신의 의제를 실현하기 어려울 경우, 행정명령 권한을 남용하는 경우가 종종 있었다. 대표적으로, 박근혜 대통령은 국회선진화법에 발목이 묶여 입법 의제를 실현하기 어렵게 되자 시행령을 통해 자신의 의제를 관철하려 했으나 야당의 반발에 부딪혔다. 예컨대 정부가 누리과정 재원을 시·도교육청이 지방 교육재정 교부금에서 부담하도록 〈지방행정법〉 시행령을 개정했는데, 야당과 교육감들은 중앙정부가 보건복지부에서 담당하던 어린이집 재정 지원을 교육청으로 떠넘기기 위해 상위법을 위반한 시행령 개정을 했다고 반발했다. 또한 세월호 참사의 진상 규명을 검찰 파견 공무원이 맡기로 한 시행령이 세월호 진상규명법(〈4·16세월호참사 진상규명 및 안전사회 건설 등을 위한 특별법〉)의 취지를 위반했다는 점이 지적되었다. 즉, 세월호 참사에 대한 국가의 잘못을 따져야 하는데 국가 공무원이 파견되는 것은 세

---

2 미국 대통령도 행정명령executive order을 발할 수 있으나, 이런 권한은 대통령의 고유한 입법 권한이 아니라 의회가 제정한 법primary legislation을 집행하기 위해 위임된 부수적인delegated and secondary 권한에 불과하다.

월호진상규명법의 취지에 맞지 않는다는 것이었다. 이 밖에도 야당은 법과 시행령 등이 충돌하는 사례 25개를 찾았다고 밝혔다.

이처럼 대통령이 법안의 취지와 다른 시행령을 통해 통치하려하자 여당 출신인 정의화 국회의장은 "정부의 행정입법이 상위 법령인 법률을 훼손하는 이른바 법령의 '하극상' 현상이 발생하고 있다."라고 우려했다(『한겨레』 2015/06/03). 2015년 5월 29일 여야는 행정명령이 법률 취지·내용에 부합하지 않을 경우 상임위원회가 그 내용을 중앙 행정기관의 장에게 "통보할 수 있다"고 명시된 기존의 〈국회법〉 제98조 2항을 "수정·변경을 요구할 수 있다"로 변경하는 〈국회법〉 개정안을 통과시켰다. 이런 국회의 움직임에 맞서, 6월 25일 박근혜 대통령은 개정안을 위헌이라 주장하며 거부권을 행사했고 여당은 〈국회법〉 개정안에 대한 재의를 포기했다. 국회가 행정명령을 수정할 수 있도록 하는 〈국회법〉 개정안은 대통령의 행정명령에 대한 의제 설정권을 무력화하는 효과가 있다. 그러나 〈국회법〉 개정안의 통과가 불발되면서 대통령이 행정명령 권한을 남용할 소지를 남겼다.

행정부와 입법부 관계에 중요한 영향을 미치는 또 다른 정치제도는 국회의 입법 규칙이다. 2012년에 통과된 국회선진화법은 정부의 입법 권한을 대폭 축소했다. 〈국회법〉 제85조 2항에 따르면, 쟁점 법안을 신속 처리 안건으로 상정하기 위해서는 재적 의원 5분의 3 이상 또는 안건의 소관 위원회 재적 위원 5분의 3 이상의 찬성이 필요하다. 따라서 국회선진화법이 적용된 19대 국회부터는 정부와 여당이 여대야소 상황에서도 자신의 의제를 실현하기 어려워졌다. 예컨대 19대 국회에서 새누리당은 과반 의석을 얻었음에도 5분의 3 이상을 확보하지 못해 자신이 원하는 입법 의제들을 실현할 수 없었다. 반면에 21대 국회에서 의석의 5분의 3을 확보한 민주당은 야당의 견제 없이 입법 의제를 실현할 수 있게 되었다. 따라서 한국에서의 행정부-입법부 관계는 국회선진화법이 적용된 19대 국회를 전후로 나누어 평가해야 한다.

19대 국회 이전 행정부-입법부 관계는 여대야소 상황에서 다수 여당에 유리한 결과를 낳는다. 여소야대 상황에서는 다수 야당이 정부를 견제할 수 있고 소수 여당은 대통령 거부권을 통해 다수 야당을 견제할 수 있다. 13대 국회부터 18대 국회까지 8163일 중 3448일 동안은 여대야소, 4715일 동안은 여소야대가 형성되었다(Moon 2020). 따라서 이 기간에는 절반을 약간 넘는 기간(56.8%) 동안 다수 여당에 유리한 입법적 환경이 조성되었다. 19대 국회부터는 여당이 의석의 5분의 3 이상을 얻어야만 여당이 원하는 법안을 통과시킬 수 있다. 그렇지 않을 때는 다수 여당도 소수당의 견제를 받는다. 따라서 여당이 5분의 3 이상의 의석을 얻을 경우 행정부-입법부 관계는 다수제 모형에 가깝고, 그렇지 않은 경우 합의제 모형에 가깝다.

3) 의회 제도

의회 제도는 다수당의 입법 능력과 소수당의 견제 능력에 영향을 미친다. 한국은 6대 국회부터 상임위원회 중심주의를 채택하고 있으며, 〈국회법〉 제37조의 규정에 따라 정부 부처에 대응하는 17개의 상임위원회를 둔다. 한국은 상임위원장직 배분에 관한 명문의 규정은 없다. 민주화 이전에는 다수당이 상임위원장직을 독점했으나 13대 국회부터는 20석 이상을 확보한 교섭단체 의석 비율을 고려해 위원장직을 배분하고 있다. 상임위원회에서의 의사 결정 규칙은 다수결이다. 〈국회법〉 제54조는 "위원회는 재적 위원 5분의 1 이상의 출석으로 개회하고, 재적 위원 과반수의 출석과 출석 위원 과반수의 찬성으로 의결한다."라고 명시했다.

상임위원장은 개회 및 산회를 선포하고 발언을 허가하며 위원장을 대리할 간사를 지정할 권한을 갖는다. 상임위원장은 또한 법안, 예·결산 등 각종 안건과 관련한 의사 진행 일정의 최종 결정권을 쥐고 있다. 따라서 소수당이 위원장직을 맡은 위원회에서 소수당은 소수임에도 다수당을 견제할 수 있는 능력이 있다. 예컨대 18대 국회에서 소수당인 민주당이 위원장직을 맡은 교육과학기술위원회, 환경노동위원회, 법제사법위원회에서 다수당인 한나라당의 예산안과 주요 법안 등의 처리가 지연되었다. 그러자 한나라당은 다수당이 모든 상임위원장을 맡도록 하는 〈국회법〉 개정안을 발의하겠다고 밝혔고 민주당은 이런 제안을 강력히 반대했다.

다수당이 위원장직을 맡은 상임위원회에서 다수당은 자신이 원하는 법안을 통과시킬 수 있다. 그러나 상임위를 통과한 다수당 안은 본회의에 회부되기 전에 법제사법위원회(법사위)를 통과해야 한다. 법사위는 법안의 체계와 자구를 심사하는 권한을 이용해, 상임위를 통과한 법안의 처리를 지연할 수 있으므로 본회의로 통하는 '수문장'gate keeper 역할을 한다. 법사위 위원장직은 16대 국회까지 다수당이 맡았고, 17대 국회부터 20대 국회까지는 소수당이, 21대 국회에서는 초다수 의석을 획득한 민주당이 차지했다. 소수당이 법사위원장직을 가져간 경우 소수당은 다수당 법안이 본회의에 상정되는 것을 막을 수 있었다. 국회사무처 통계에 따르면, 상임위원회를 통과하고도 법사위의 장벽에 막혀 계류되고 폐기된 법안들은 17~19대 국회에서 총 166건으로 나타났고(〈연합뉴스〉 2020/05/13), 20대 국회에서는 91건으로 나타났다(『시사저널』 2021/08/28).

상임위에서 합의점을 찾지 못한 법안은 법사위에서 폐기될 가능성이 높기 때문에 다수당은 국회의장 직권 상정 절차를 이용한다. 국회선진화법이 채택되기 이전, 〈국회법〉 제85조는 "의장은 심사 기간을 정해 안건을 위원회에 회부할 수 있으며 위원회가 이유 없이 기간 내에 심사를 마치지 아니한 때는 중간보고를 들은 후 다른 위원회에 회부하거나 바로 본회의에 부의할 수 있다."라고 규정하고 있다. 국회의장은 중립적인 국회 운영을 위해 당적을 상실하도록 되어 있지만 자신이 소속되었던 다수당이 추진하는 쟁점 법안을 직권으로 상정하는 역할을 해왔다.

국회에서는 대부분의 법안이 여야 합의로 통과되기에, 국회에서의 의결 방식이 합의제라고 주장하는 입장이 있다(전진영 2011). 국회의 의사 결정이 합의제라면 소수당도 다수당과 동등한 입법 권한이 있다. 따라서 정당들이 수단과 방법을 가리지 않고 다수당이 되려고 노력할 필요가 없다. 그러나 여당은 선거에서 과반수 의석을 확보하지 못하면 정계 개편이나 의원 빼오기 등을 통해 다수 의석을 확보하려 노력해 왔다. 그뿐만 아니라 국회의 실질적인 의결 방식이 합의제라면 입법 규칙이 다수결이 되든 초다수결이 되든 상관이 없다. 그러나 이명박 대통령의 실정으로 과반 의석을 차지하지 못할 것으로 예상한 새누리당은 19대 총선 직전 초다수

의결 방식을 포함한 국회선진화법을 통과시켰다(『매일신문』 2015/05/15). 국회가 합의제로 운영된다면 소수당은 언제나 다수당을 견제할 수 있으므로 초다수 의결제를 채택할 필요가 없다.

국회에서 대부분의 법안이 여야 합의로 통과된다는 사실이 국회가 합의제로 운영된다는 것을 의미하지는 않는다. 국회에서 통과되는 대부분의 법안은 비쟁점 법안이고, 이런 법안은 대부분 여야가 모두 입법을 원하는 민생 법안이기 때문에 합의로 통과시키는 것일 뿐이다. 국회 입법 규칙이 합의제인지 다수제인지를 평가하려면, 다수당과 소수당이 모두 찬성하는 비쟁점 법안이 아니라 서로 반대하는 쟁점 법안의 통과 가능성을 봐야 한다. 만약 한국 국회의 입법 규칙이 합의제라면, 쟁점 법안이 통과될 수 없다. 그러나 〈국회법〉 제54조는 다수결을 의결 규칙으로 명시하고 있으며, 다수당은 꼭 통과시킬 필요가 있다고 생각되는 쟁점 법안은 소수당이 반대해도 〈국회법〉 제85조에 명시된 국회의장 직권 상정 절차를 통해 이를 통과시킬 수 있다. 이런 법적 조항을 근거로 다수 여당은 국회의장 직권 상정 절차를 이용해 자신이 원하는 쟁점 법안을 통과시켜 왔다.

그러나 국회의장 직권 상정 절차는 '동물 국회'라 불리는 극단적인 물리적 충돌을 야기해 왔다. 소수당은 다수당이 합의의 관행을 깨뜨렸다고 비판하면서 직권 상정 입법을 불법적이라고 주장한다. 학계에서도 국회의장 직권 상정 입법을 변칙적이고 예외적인 것으로 보는 비판적인 시각이 있다(전진영 2011). 그러나 이런 비판적인 시각은 규범적인 판단에 근거한 것이다. 소수당 입장에서는 국회의장 직권 상정 절차는 다수당의 불법적인 밀어붙이기이

지만, 다수당 입장에서는 〈국회법〉에 명시된 다수결을 거부하는 소수당의 불법적인 발목 잡기를 타개하기 위해 불가피한 수단이 된다. 다수당이 소수당이 되거나 소수당이 다수당이 되면, 자신이 처한 입장에서 자신에 유리한 주장을 서로 반복한다.

입법 규칙이 다수제인지 합의제인지의 문제는 소수당이 반대하는 쟁점 법안을 다수당이 통과시킬 수 있는 법적 근거가 있는지, 그리고 경험적으로 이런 사례들이 존재하는지에 따라 결정된다. 앞에서 이야기한 바와 같이, 〈국회법〉 제54조와 제85조는 다수당에 이런 법적 권한을 부여했으며, 여당은 여대야소 상황에서 야당이 반대하는 쟁점 법안을 통과시킬 수 있었던 반면, 여소야대 상황에서 여당은 야당이 반대하는 쟁점 법안을 통과시킬 수 없었다(Moon 2021b). 따라서 국회선진화법 이전 국회의 입법 규칙은 다수제로 보는 것이 타당하다.

국회선진화법은 여야 간 물리적 충돌을 방지하고 입법 결정에 합의적 요소를 강화한다는 명분하에 2012년에 통과되었다. 수정된 〈국회법〉 제85조에 따르면, 국회의장 직권 상정은 천재지변, 국가비상사태 또는 교섭단체가 합의하는 경우에만 가능하다. 이 조건들이 충족되지 않는 경우 법안을 본회의로 보내려면 신속 처리 안건 지정 동의를 무기명투표로 표결하되 재적 의원 5분의 3 이상 또는 안건의 소관 위원회 재적 위원 5분의 3 이상의 찬성으로 의결하도록 했다(제85조의2). 이런 조항은 국회에서의 의결 규칙을 다수결에서 초다수결로 바꾸는 효과를 갖는다. 따라서 국회선진화법은 소수당에 5분의 3 이상을 얻지 못한 다수당을 견제할 능력을 부여한다. 따라서 국회선진화법 이후의 입법 규칙은 합의제에 가깝다.

4) 중앙정부-지방정부 관계

중앙정부-지방정부 관계는 크게 연방제와 단방제로 구분할 수 있다. 연방제를 채택한 미국의 경우, 연방 정부와 지방정부의 독점적인 관할 영역이 헌법에 명시되어 있다. 대외정책, 국가 방위, 화폐 발행, 주 간 또는 국가 간 무역, 수출입 과세, 국가 간 조약 체결, 우편 체계 관리에 관한 권한은 연방 정부에 속해 있고, 선거 운영, 주 내부의 무역 규제, 주 정부 및 지방정부의 구성, 공공의 건강 및 안전에 관한 권한은 주 정부에 속해 있다. 한국은 연방 정부와 지방정부에 별개의 독점적 관할권을 부여하는 미국 등의 연방제 국가와 거리가 멀다.

한 연구 보고서는 한국의 지방자치와 지방분권의 수준이 미흡한 이유는 중앙정부가 주 정부에 권한을 이양하지 않고 재정 분권이 이루어지지 않아서라는 의견을 제시했다(김찬동 2012). 1995년까지의 중앙-지방 관계를 분석한 김태룡(1996)은 중앙 집권적인 역사적 전통과 통치권자들의 집권적 정치 성향 때문에 사무·재정·인사 등 모든 면에서 지방정부는 중앙정부에 심각하게 예속되는 경향을 나타냈다고 주장했다. 중앙정부-지방정부 간 예속 관계는 1991년 지방자치제가 부활한 이후에도 지속되어 중앙정부가 광역 및 기초 자치 단체를, 광역 단체가 기초 자치 단체를 통제하는 수직적 구조가 유지되고 있다. 이런 이유는 중앙정부가 법률 또는 법령을 통해 각종 자치권(자치 입법권, 자치 조직권, 자치 행정권, 자치 재정권 등)을 통제하기 때문이다(심익섭 2010).

지방분권화는 재정이 뒷받침되어야 실질적인 권한 및 사무 이양이 이루어졌다고 할 수 있다. 1970년부터 2004년까지 한국의 지방 순세입 비율(중앙 세입 대비 이전 재원을 제외한 지방 세입) 평균은 41%로 1970년에서 1988년까지의 미국(38%), 영국(13%), 프랑스(14%)의 평균보다 높다(현근·우영춘 2005). 1970년부터 2004년까지 지방세와 국세 비율은 평균 24%에 불과하지만, 미국의 주 정부(27.9%), 영국(7.7%), 프랑스(10.3%)에 비해 낮은 편이 아니다(현근·우영춘 2005, 484). 그러나 지방의 재정 자립도(일반회계 총계 예산 규모 대비 지방세와 세외수입이 차지하는 비율)는 꾸준히 감소하고 있어, 중앙정부 재원에 대한 지방정부의 의존도와, 중앙정부에 대한 지방정부의 종속화가 심화되고 있다(송상훈·이현우 2011). 따라서 한국의 중앙정부-지방정부 관계는 다수제 모형에 가깝다고 볼 수 있다.

5) 사법부의 위헌 심사

독립적인 위헌 심사 기관이 있는 국가에서는 행정부와 입법부에 대한 사법부의 견제력이 강화된다. 따라서 위헌 심사 권한을 가진 독립적인 사법부는 합의제 모형과 부합한다. 사법부의 독립성은 사법부를 구성하는 제도의 영향을 받는다. 한국은 1987년 현행 〈헌법〉이 채택된 이후 9명으로 구성된 헌법재판소가 위헌 심사를 한다. 헌법재판관은 대통령이 지명한 3인, 국회에서 선출된 3인, 대법원장이 지명한 3인으로 구성된다. 국회에서는 여당과 야당이 각각 1인을 선출하고 여야 공동으로 1인을 선출한다. 대법원장이 임명하는 헌법재판관의 경우, 대통령이 대법원장을 임명하므로 대통령의 성향과 비슷할 가능성이 높다. 대통령이 선택한 3인, 대법원장이 지명한 3인, 여당이 선택한 1인은 대통령의 입장을 지지할 가능성이 높다. 따라서 한국의 헌법재판관 선발 제도는 행정부로부터 완전히 독립적인 사법부를 형성시키기 어렵다.

헌법재판소의 독립성에 영향을 미치는 다른 제도는 헌법재판관의 임기다. 이들의 임기가 길어질수록 사법부의 독립성은 증가한다. 미국의 경우 대통령이 상원의 동의를 얻어 대법관을 임명하며 대법관의 임기는 종신이다. 미국의 현직 대통령은 대법관 9명 가운데 평균적으로 2명 정도를 임명해 왔으며 전임 대통령들이 나머지 7명을 임명한다. 한국의 경우 대통령 임기와 헌법재판관 임기는 각각 5년과 6년으로 임기가 서로 비슷하기 때문에 대통령은 자신이 임명한 재판관과 함께 국정을 운영할 가능성이 높다.

역대 헌법재판관의 임명 사례들을 보면, 노태우 대통령은 자신의 임기 시작과 동시에 8명의 보수적인 재판관들을 임명했고 김영삼 대통령 역시 8명의 보수적인 재판관을 임기 초에 임명했다. 반면에 김대중 대통령은 임기 2년 후 진보적인 재판관들을 임명할 수 있었다. 노무현 대통령은 전임 김대중 대통령이 임명한 비교적 진보적인 재판관들과 함께 국정을 운영할 수 있었다. 이명박 대통령은 임기의 대부분을 전임 노무현 대통령이 임명한 진보적인 재판관들과 함께 국정을 운영해야 했다. 반면에 박근혜 대통령은 이명박 대통령이 임명한 보수적인 재판관과 함께 임기를 시작했고, 2인의 보수적인 재판관을 추가로 임명했다. 문재인 대통령은 임기 2년 만에 7인의 재판관 중 5인을 진보적인 재판관으로 교체할 수 있었다.

정리하면 노태우·김영삼·노무현·박근혜 대통령은 자신의 이념과 부합하는 헌법재판관들을 임명하거나 물려받을 수 있었으나, 이명박 대통령은 임기의 대부분을 자신과 이념 성향이 다른 전임 대통령이 임명한 재판관들과 국정을 운영해야 했다. 김대중 대통령과 문재인 대통령은 임기 초에는 자신의 이념과 다른 헌법재판관을 전임 대통령으로부터 물려받았으나, 임기 2년부터는 자신의 이념과 비슷한 재판관을 임명할 수 있었다. 따라서 대통령과 재판관들의 이념이 서로 비슷한 기간이 25년 정도 되었던 반면, 서로 다른 기간이 10년 정도 되었다. 이런 분석 결과는 사법부가 행정부에 의존적인 기간이 독립적인 기간보다 더 길었음을 의미한다.

헌법재판소의 판례를 보면, 헌법재판소는 정부 또는 국회 다수의 결정에 부합하는 판결을 내리는 성향이 강했다. 예컨대 헌법재판소는 국회가 2004년 3월에 제출한 노무현 대통령 탄핵 소추안을 5월에 기각하는 결정을 내렸다. 2005년부터 시행된 참여정부의 종합부동산세의 세대별 합산 규정은 이명박 정부에 와서야 위헌 판정을 받았다. 또한 노무현 대통령이, 열린우리당에 대한 자신의 지지 발언이 문제가 되어 탄핵이 발의되자 자신이 표현의 자유를 침해했다고 헌법 소원을 제출한 것에 대해 헌법재판소는 이명박 정부에 와서 기각 결정을 내렸다. 2009년 11월 헌법재판소는 여당인 한나라당이 통과시킨 미디어법[2009년 7월 22일 통과된 개정 〈방송법〉, 〈신문 등의 자유와 기능보장에 관한 법률〉(신문법), 〈인터넷 멀티미디어 방송사업법〉(인터넷방송법)]의 본회의 가결 과정에 문제가 있다는 해석을 내렸음에도 이 법이 유효하다는 판결을 내렸다.

2014년 12월 19일 정부가 청구한 통합진보당 해산 심판 및 정당 활동 정지 가처분 신청 사건에서 헌법재판소는 8 대 1의 의견으로 통합진보당 해산 결정을 내렸다. 2016년 12월 9일 국회의원 299명 중 찬성 234명으로 가결된 박근혜 대통령 탄핵 소추안은 2017년 3월 10일 헌법재판관 전원 일치로 인용되었다. 2021년 1월 28일, 미래통합당 의원 100여 명이 제기한 공수처법 위헌 소송에서 5(합헌) 대 3(위헌) 대 1(각하)의 의견으로 공수처법이 합헌이라는 결정을 내렸다. 이런 사례들은 헌법재판소가 행정부나 국회 다수의 입장에 반하는 결정을 내리기 어렵다는 사실을 보여준다. 따라서 한국 사법부의 위헌 심사 제도는 다수제 모형에 부합한다고 볼 수 있다.

6) 중앙은행의 독립성

중앙은행이 행정부로부터 독립적이면 합의제 모형에 해당하고 의존적이면 다수제 모형에 해당한다(Lijphart 1999). 독립적인 중앙은행의 전형적인 예는 미국의 연방준비제도이사회(연준위)FRB이다. 헌법적 독립기관인 연준위의 이사는 국회 상원의 인준을 통해 대통령이 임명하고 임기는 14년이며, 통화정책, 금융 감독, 지급 결제 제도와 관련된 광범위한 권한을 가지고 있다. 이에 반해 권위주의 정부 시대의 한국은행은 개발 금융 체제에서 정부의 정책 의지를 관철하는 도구나 마찬가지였다(정운찬 1995). 이 당시에는 정책 결정 기구인 금융통화위원회 의장을 재무부 장관이 맡도록 하고, 한국은행은 정부 주도의 경제개발을 뒷받침하는 기관의 역할을 담당했다.

현행법에 따르면, 한국은행은 헌법기관이 아니라 무자본 특수법인이다. 한국은행은 주로 통화정책을 관장하며 금융 감독 권한은 금융감독원에 있다. 따라서 한국은행의 금융정책 권한은 매우 제한적이다. 금융통화위원회는 한국은행의 통화 신용 정책에 관한 주요 사항을 심의·의결하는 정책 결정 기구로서 총 7인으로 구성된다. 한국은행 총재는 금융통화위원회 의장을 겸임하며 국무회의 심의를 거쳐 대통령이 임명한다. 부총재는 총재의 추천에 의해 대통령이 임명하며, 다른 5인의 위원은 각각 기획재정부 장관, 한국은행 총재, 금융위원회 위원장, 대한상공회의소 회장, 전국은행연합회 회장 등의 추천을 받아 대통령이 임명한다. 미국·영국·독일·프랑스 같은 선진국 중앙은행의 의사 결정 기구에는 정부 측 인사가 배제되어 있으나, 금융통화위원회 위원은 정부 측 인사가 포함되어 있다. 한국은행 총재의 임기는 4년이고 부총재는 3년으로 각각 1차에 한해 연임할 수 있다. 임기가 짧기에 금융통화위원회 위원들은 재임 대통령에 의해 임명될 가능성이 높다. 정리하면, 세한적인 금융정책 권한, 금융통화위원회 위원들의 임명 절차, 한국은행 총재의 짧은 임기는 정부에 대한 한국은행의 의존성을 증가시킨다.

7) 한국 정치제도에 대한 종합적 평가

〈표 5-1〉은 대부분의 한국 정치제도는 다수제 모형에 가깝다는 사실을 보여 준다. 다수 지배에 유리한 제도적 특징은 다음과 같다. 첫째, 선거제도 및 정당 체제를 살펴보면, 한국에서는 전체 의원의 6분의 5에 해당하는 국회의원을 소선거구에서 선출하므로 양당 체제를 산출하는 경향이 있다. 둘째, 대통령 권한을 강화

표 5-1 **한국의 정치제도**

정치제도	평가	다수 지배에 유리한 요소	소수 보호에 유리한 요소
선거제도 및 정당 체제	다수제 편향	• 소선거구 위주 선거제도 • 지나치게 적은 비례대표 의석 • 양당 지배 체제	• 대선 및 총선 일정 불일치 • 준연동형 선거제도
행정부-입법부 관계	국회선진화법 이전 다수제 편향, 이후 합의제 강화	• 국회선진화법 이전 여대야소 • 여당의 강한 정당 결속력 • 정부의 독점적 예산 편성권 • 다양한 의회제적 요소 • 행정명령 권한 남용 소지 • 다양한 대통령 권한	• 국회선진화법 이전 여소야대 • 제한적 행정명령 권한
의회 제도		• 단원제 • 국회선진화법 이전 입법 규칙 　(상임위 및 본회의 다수결 규칙 및 　국회의장 직권 상정 절차)	• 국무회의 대응 상임위 구성 • 소수당 상임위 배분 • 법사위원장 소수당 배분 • 국회선진화법 이후 초다수결 규칙
중앙정부-지방정부 관계	다수제 편향	• 단방제 • 사무·재정·인사에서, 중앙정부에 대한 지방정부의 예속성	• 총선·대선·지방선거 일정 불일치
사법부 위헌 심사	다수제 편향	• 정부·여당 주도 헌재 구성 • 짧은 헌법재판관 임기	• 대통령 임기와 헌법재판관 임기 불일치
중앙은행 독립성	다수제	• 제한적 금융정책 권한 • 한국은행장의 짧은 임기 • 대통령 임명 권한	

하는 다양한 제도들은 여당에 대한 대통령의 장악력을 증가시켜, 여대야소 상황에서 행정부에 의존적인 입법부를 형성한다. 셋째, 한국의 단원제 및 국회선진화법 이전의 다수결 의결 규칙과 국회의장 직권 상정 절차는 다수당에 대한 소수당의 견제력을 약화한다. 넷째, 한국의 단방제는 중앙정부에 대한 지방정부의 견제 기능을 약화한다. 여섯째, 행정부에 종속된 중앙은행은 행정부와 다수 여당의 권한을 강화한다.

한국의 정치제도들에는 소수 보호에 유리한 특성들도 있다. 첫째, 준연동형 선거제도가 위성 정당 없이 작동한다면 제한적이지만 군소 정당의 의회 진입을 어느 정도 촉진할 수 있다. 둘째, 여소야대 상황에서 다수 야당은 행정부를 견제할 수 있고 대통령은 다수 야당에 거부권을 행사할 수 있다. 셋째, 대통령의 행정명령권은 제한적이다. 넷째, 국회선진화법 이후 여당이 5분의 3 이상의 의석을 확보하지 않는 한 소수 야당도 행정부와 다수 여당을 견제할 수 있다. 다섯째, 야당에도 상임위원장을 배분하고 법제사법위원회 의장직을 야당에 배분하는 관행은 다수당에 대한 소수당의 견제력을 향상한다. 여섯째, 대통령 임기와 헌법재판관 임기가 완전히 일치하지는 않는다.

4. 한국의 정치제도는 어떤 방향으로 변화해야 하는가

민주주의는 다수 지배와 소수 보호라는 서로 상충하는 두 원리에 의해 작동한다. 제임스 뷰캐넌과 고든 털럭(Buchanan and Tullock 1962)에 따르면, 모든 정치적 결정은 두 종류의 비용을 수반한다. 거래비용은 최종적인 의사 결정을 도출하는 데 들어가는 시간과 노력을 포함한다. 더 많은 소수를 보호하는 제도일수록 거래 비용이 증가한다. 순응 비용은 소수가 다수의 결정에 따라야 하기 때문에 치르는 비용이다. 다수가 효율적으로 지배하는 제도일수록, 소수는 더 많은 순응 비용을 치른다. 순응 비용과 거래 비용은 서로 역관계에 있다. 뷰캐넌과 털럭에 따르면, 이상적인 제도는 순응 비용과 거래 비용의 이상적인 조합을 통해 이 두 비용의 총합을 최소화해야 한다.

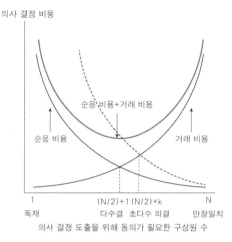

그림 5-1 **집합적 의사 결정의 비용과 의사 결정 규칙**

〈그림 5-1〉은 뷰캐넌과 털럭이 제시한 순응 비용과 거래 비용의 관계를 보여 준다. 세로축은 순응 비용, 거래 비용, 그리고 두 비용의 합을 나타낸다. 가로축은 N명으로 구성된 집단에서 의사 결정을 도출하기 위해 동의가 필요한 구성원의 수를 나타낸다. 독재의 경우 1명의 동의를 필요로 하고, 다수결은 (N/2)+1명의 동의를 필요로 한다. 초다수결은 (N/2)+k명의 동의를 필요로 하며, 만장일치는 N명의 동의를 필요로 한다. 세 곡선은 각각 거래 비용, 순응 비용과 두 비용의 합을 의미하는 의사 결정 비용을 나타낸다. 〈그림 5-1〉은 다수결이 의사 결정 비용(순응 비용과 거래 비용의 합)을 최소화한다는 것을 보여 준다. 그러나 의사 결정 비용이 항상 다수결에서 최소화되는 것은 아니다.

거래 비용과 순응 비용은 사안의 중요성에 따라 달라진다(문우진

2007, 2016a). 예컨대 다수가 소수의 기본권을 침해할 정도의 엄중한 결정을 한다면 이런 결정이 초래하는 순응 비용은 사소한 의사 결정에 비해 훨씬 더 클 것이다. 〈그림 5-1〉은 순응 비용이 증가하는 경우(점선의 순응 비용), 순응 비용과 거래 비용이 교차하는 부분이 우측으로 이동하는 것을 보여 준다. 이는 커다란 순응 비용을 초래하는 결정은 다수결보다 더 까다로운 초다수결을 사용할 때 의사 결정 비용이 최소화된다는 것을 의미한다. 따라서 국민의 기본권을 담고 있는 헌법의 개정은 과반수제보다 훨씬 더 까다로운 조건을 필요로 한다. 이는 헌법 개정은 일반적인 법 개정에 비해 훨씬 큰 순응 비용을 초래하기 때문이다.

국민들의 선호의 분포 역시 의사 결정 비용에 영향을 미친다(문우진 2016a). 대부분의 국민들이 비슷한 입장을 선호하면 소수가 치르는 순응 비용은 크지 않다. 반면에 국민들의 선호가 이질적일수록 소수는 더 많은 순응 비용을 치른다. 예컨대 음식 문화가 동질적인 사회에는 획일적인 급식이 큰 순응 비용을 초래하지 않는다. 반면에 채식주의자나 이슬람인과 같이 특정 음식을 섭취하지 않는 사람들이 많은 사회에서는 다수가 선호하는 식단을 획일적으로 편성할 경우 순응 비용이 커진다. 이처럼 국민들의 선호가 이질적인 경우, 〈그림 5-1〉에서 순응 비용은 우상향으로 이동하고 순응 비용과 거래 비용이 교차하는 부분은 우측으로 이동한다. 따라서 사회 구성원의 선호가 이질적으로 변할수록 합의제적인 성격을 강화하는 제도 개혁이 필요하다.

5장 3절에서는 대부분의 한국 정치제도가 다수제 모형에 가깝다는 사실을 보여 주었다. 그렇다면 다수제 편향적인 한국 정치제도는 시민사회와 조응하는가? 한국의 다수제 편향적인 정치제도는 인종적·언어적·문화적 동질성이 유지되고 경제적 양극화가 심화되지 않은 과거 한국 사회에 조응할 수 있다. 그러나 한국 시민사회는 점점 경제적으로 양극화되고 있고, 지역 및 세대 간 갈등이 심화되고 있다. 박찬욱(2013)에 따르면, 1987년 민주화 이후 지역 갈등이 대두되었고, 1997년 외환 위기 이후 소득과 부의 양극화로 말미암은 계층 갈등이 확대되었다. 이와 동시에 2002년 16대 대선부터 유권자들 사이에서 진보와 보수 이념 갈등이 심화되었으며 세대 균열이 부상했다. 그뿐만 아니라 다문화 가정이 증가하면서 문화적 다변화가 한국 사회의 이질성을 심화하고 있다. 강신구(2012)는 한국 국민의 의식 역시 합의제적 가치 체계를 형성시키고 있다는 사실을 발견했다.

시민사회가 이와 같은 변화를 겪고 있다면 정치제도 설계는 합의제적인 요소를 확대하는 방향으로 나아갈 필요가 있다. 그렇다면 새로운 정치제도는 합의제적 성격을 얼마나 강화해야 하는가? 달리 말해, 다수와 소수 가운데 누구의 이익을 얼마나 더 반영해야 하는가? 다수의 이해만 대변할 경우 소수의 권익이 침해될 가능성이 있는 반면, 소수를 지나치게 보호하면 입법적 교착이 발생하고 다수의 이해를 반영할 수 없게 된다. 따라서 다수 지배와 소수 보호라는 두 원리 사이에서 국민의 집합적 효용을 극대화할 정치제도를 설계할 필요가 있다. 8장에서는 이런 정치제도 설계 방안을 제시한다. 그에 앞서 6장에서는 먼저 한국에서는 누가 국민을 대표하는가라는 문제를 살펴보고, 7장에서는 서로 다른 정치제도가 다수와 소수 중 누구의 입장을 더 반영하는지를 분석한다.

6장

누가 국민을 대표하는가

1. 정당정치는 어떻게 변해 왔는가

캐츠와 메이어(Katz and Mair 1995)는 정당을 국가와 시민사회의 관계 속에서 이해했다. 이들에 따르면, 정당이 국가와 시민사회 사이에서 어떤 역할을 하는지에 따라 정당의 모형이 변모해 왔다. 19세기 말에 형성된 '엘리트 정당'elite party의 목표는 기득권 세력들의 특권을 서로 분배하는 것이었다. 정치 활동이 가능한 시민사회 집단은, 국가 구성원 및 이들과 개인적인 친분 관계나 가족 관계에 놓여 있는 사람들로 제한되었다. 〈그림 6-1〉이 보여 주듯이, 시민사회와 국가는 완전히 분리되지 않았으며, 정치 활동이 허용된 기득권 집단이 주로 국가를 구성했다. 엘리트 정당은 국가와 시민사회가 중첩된 영역에서 기득권 집단의 위원회 역할을 수행했다. 엘리트 정당의 역할은 국가에 참여한 기득권 집단들의 이익을 추구하는 것으로 이해되었다(Katz and Mair 1995).

20세기 초 산업화와 도시화가 진행되면서 투표권을 가진 사람들이 증가하고 투표권에 대한 제약 조건도 완화되었다(Katz and Mair 1995). 〈그림 6-2〉가 보여 주듯이 국가는 시민사회와 분리되었고, 국가와 시민사회의 연계를 담당하는 '대중정당'mass party이 출현했다. 엘리트 정당이 국가의 특권층으로 구성된 반면, 대중정당은 시민사회 집단들의 대리인 역할을 수행했다. 엘리트 정당이 지지자들의 사적인 후원에 의존하는 반면, 수적인 지지에 의존해야 하는 대중정당은 원외 정당 조직을 발전시키고 당 기관지 보급을 통해 지지자들의 결속력과 정체성을 유지하려 했다(Katz and Mair 1995). 대중정당은 자신을 지지하는 계급 또는 집단의 이익을 대변하는

그림 6-1 **엘리트 정당**

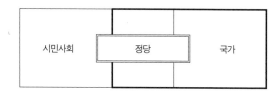

것을 목표로 했다. 대중정당은 자신들이 대표하는 시민사회 집단들을 국가와 연결하는 교량 역할을 담당했다.

대중정당의 등장으로 엘리트 정당들은 점차 선거 경쟁력을 상실했다(Katz and Mair 1995). 기존의 비공식적이고 사적인 네트워크로는 새롭게 유입된 수백만 유권자들을 동원하고 조직하는 기능을 담당할 수 없었다. 그러나 엘리트 정당 지도부는 대중정당의 모형을 받아들일 수 없었다. 시민사회 집단을 대변하는 기능을 하는 대중정당의 모형을 엘리트 정당이 따르기에는 지지 기반이 취약했다. 원외 정당 조직이 당을 지배하는 대중정당 모형을 원내 정당 지도부가 수용하기는 어려웠다. 그뿐만 아니라 중상류층이 제공하는 사적인 후원과 통치 정당으로서 국가 자원을 활용할 수 있는 엘리트 정당은 일반 유권자들이 제공하는 선거 자원에 전적으로 의존할 필요가 없었다. 따라서 엘리트 정당들은 형식적으로는 대중정당의 구성 요소(정규 당원, 지구당, 전당대회, 당 기관지)를 도입했으나, 실질적으로는 원내 정당의 독립성을 유지했다.

20세기 중반부터 진행된 기술의 발전은 전통적인 정당들이 '포괄 정당'catch-all party으로 변모하는 데 중요한 역할을 담당했다. 대중매체의 발달과 교육 수준의 향상으로 정치 정보에 대한 자급 자

그림 6-2 **대중정당**

족성이 향상되면서 유권자들은 정치 정보 수집을 위해 정당에 덜 의존하게 되었다. 이에 따라 당원들은 비정파적이고 자율적인 의사 표현을 할 수 있게 되었다(Inglehart 1990). 동시에 가가호호 방문을 통한 노동 집약적인 선거운동은 대중매체 중심의 자본 집약적 선거운동으로 바뀌어 갔다. 이와 같은 환경의 변화에 수반해, 이념적 선명성보다는 국가 전체의 이익과 같은 포괄적 가치에 호소하는 포괄 정당이 지지 세력을 점차 확장할 수 있었다. 〈그림 6-3〉이 보여 주듯이, 포괄 정당은 국가와 시민사회 사이에서 중개인 broker 역할을 담당하게 되었다(Katz and Mair 1995).

포괄 정당이 중개인의 역할을 담당하게 되었다는 사실은 정당 스스로의 이익이 존재하게 되었음을 의미한다(Katz and Mair 1995). 이런 이익은 관직이 가져다주는 물질적 혜택뿐만 아니라 정책을 수립하고 국가를 운영할 권한을 포함한다. 정당들의 독자적 이익 추구 동기는 이들이 점점 시민사회에서 이탈해 국가 내부로 진입하도록 했다. 시민들은 점점 정당 활동에 소극적이 되고, 정당 가입률은 현격하게 감소했다. 이처럼 정당과 시민사회의 연계가 약화되면서 물질적·인적 자원이 부족해진 정당은 생존을 위해 국가를 '포획'하는 전략을 구사했다(Ignazi 2014; van Biezen and Kopecký 2007).

그림 6-3 **포괄 정당**

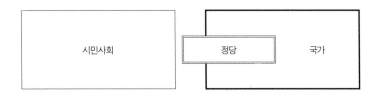

물질적·인적 자원 부족 문제에 당면한 정당은 국고 보조금을 통해 자원을 확보하는 방안을 마련했다. 원내에 이미 진입한 정당들은 신생 정당보다 자신들에 더 유리한 국고 보조금 제도와 방송 매체 활용 방안을 마련했다. 정당에 다양한 자원을 제공하는 국가는 원내 정당들의 존속을 유지해 주고 이들을 새로운 세력의 도전으로부터 보호하는 역할을 하게 되었다. 원내 정당들이 공동의 이해를 위해 서로 공조하게 되면서 '카르텔 정당'cartel party이 등장했다(Katz and Mair 1995). 카르텔 정당들은 외부의 잠재적 도전자들로부터 자신의 기득권을 지키기 위해 서로 협조했다.

〈그림 6-4〉가 보여 주듯이, 정당들은 시민사회와 국가의 중개인 역할을 하는 대신 자신의 기득권을 유지하기 위해 국가 내부로 침투해 국가 대리인에 준하는 역할을 담당하게 되었다(Katz and Mair 1995).[1] 카르텔 정당들은 승자가 되기 위해 겉으로는 서로 경쟁하

---

1 카르텔 정당은 정당 간 협조 전통이 강한 오스트리아·덴마크·독일·핀란드·노르웨이·스웨덴과 같은 국가에서 나타날 가능성이 높다(Katz and Mair 1995). 반면에 적대 정치의 전통이 있고(Finer 1975) 정당에 대한 지원이 제한적인 영국과 같은 국가에서 카르텔 정당이 발전할 가능성은 낮다(Katz and Mair, 1995).

그림 6-4 **카르텔 정당**

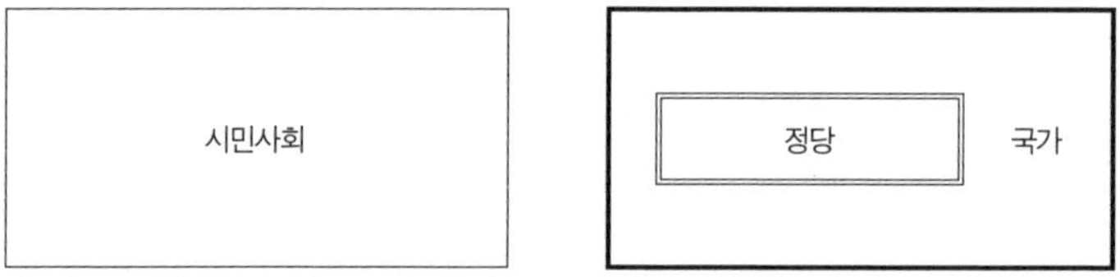

는 것 같지만, 이들은 여야 할 것 없이 국고 보조금이나 지역구 사업 예산과 같은 다양한 혜택을 얻을 수 있게 되었다. 카르텔 정당은 시민사회의 편에서 국가에 통제나 제한을 가하는 것이 아니라 국가의 입장에서 시민사회에 자원과 편익을 제공하는 국가의 대리인으로 바뀌었다(Krouwel 2008).

〈표 6-1〉은 네 정당 모형들의 차이에 대한 카츠와 메이어(Katz and Mair 1995)의 주장을 정리한 것이다. 엘리트 정당의 목표는 기득권 세력들이 자신들의 특권을 배분하는 것이고 정당들에 대한 지지는 지지자들의 귀속적 지위에 따라 달라진다. 대중정당은 사회 개혁reformation(또는 이에 대한 반대)을 목표로 경쟁하며, 정당에 대한 지지는 정당이 자신을 지지하는 시민사회 집단의 이익을 얼마나 성공적으로 대변하는지에 따라 달라진다. 포괄 정당은 전면적인 사회 개혁보다는 점진적인 사회 개선amelioration을 목표로 하며, 정당에 대한 지지는 정당들이 정책을 얼마나 성공적으로 수행하는지에 따라 달라진다. 이에 반해, 카르텔 정당에서는 직업으로서 정치 자체가 정당의 목적이 되고, 정당 간 경쟁은 효과적인 국가 경영을 중심으로 이루어진다.

네 정당 모형은 선거 경쟁 방식에서도 서로 다른 차이점을 보

표 6-1 네 정당 모형의 특성

	엘리트 정당	대중정당	포괄 정당	카르텔 정당
기간	19세기 말	1880~1960년	1945년~	1970년~
주요 목표	특권 배분	사회 개혁	사회 개선	직업으로서 정치
정당 간 경쟁 양식	특권층 내부 경쟁	계급 대변	성공적 정책 수행	효과적 국가 경영, 사회적 수요 관리
선거 경쟁	통제된 경쟁	지지 세력 동원	경쟁적	제한적
정당 역할 및 선거운동	중요치 않음	노동 집약적	노동·자본 집약적	자본 집약적
정당 자원	개인적 접촉	당비 및 당 기관지 구독	다양한 모금 출처	국고 보조금
당원-지도부 관계	당 지도부로 당원 구성	상향식, 당원 책임	하향식, 지지자들은 지도부 응원단	상호 독립적
이익 대변 유형	수탁자 trustee	위임자 delegate	사업가 entrepreneur	국가의 대리인 state agent
정당 위치	〈그림 6-1〉	〈그림 6-2〉	〈그림 6-3〉	〈그림 6-4〉

자료 : Katz and Mair(1995, 18).

여 준다(Katz and Mair 1995). 엘리트 정당들의 선거 경쟁은 제한적이었
던 반면, 대중정당의 선거 경쟁은 지지 계급의 동원을 중심으로
전개되었다. 이에 반해, 되도록 많은 유권자들의 지지를 얻기 위
한 포괄 정당의 선거 경쟁은 주요 쟁점보다는 정책적 효과를 중심
으로 전개되었다. 카르텔 정당들은 경쟁자와 이해를 공유한다는
인식하에 제한적인 경쟁을 하게 되었다. 예컨대 스위스 연방의회
에서는 네 정당이 의석을 서로 나눠 갖고 의장직을 번갈아 맡기도
한다. 네덜란드에서는 정당들이 시장 임명 권한을 나눠 갖기도 한
다. 이탈리아의 주요 정당들은 정치적 후원을 서로 나누어 행사한
다. 브라질 정당들은 '지역 선심'pork-barrel의 분배를 위해 서로 협력
한다(Ames 2001).

　네 정당 모형은 정당 자원을 확보하는 방식과 소통 방식에 서

로 차이를 보인다(Katz and Mair 1995). 엘리트 정당은 개인적인 접촉을 통해 정당 자원을 마련한다. 대중정당은 선거운동을 위해 노동 집약적인 조직을 건설하고 당비와 당 기관지 구독비를 걷어 재정 자원을 확보한다. 대중정당은 정치 정보 제공의 수단으로 당 기관지와 같은 독립적이고 고유한 소통의 경로를 발전시킨다. 포괄 정당은 당비뿐만 아니라 훨씬 더 다양한 출처에서 재원을 조달하고 자본 집약적인 선거운동을 한다. 포괄 정당은 정파적인 소통 방식에 집중하기보다는 비정파적인 소통 네트워크에 진입하기 위해 경쟁하고, 많은 재정을 미디어 전문가를 고용하는 데 할애한다. 카르텔 정당은 거의 전적으로 자본 집약적이고 전문적이고 중앙 집중적인 선거운동에 의존한다. 카르텔 정당은 국가 보조금과, 카르텔 정당에 제공되는 그 밖의 혜택과 특권을 통해 자원을 확보한다.

네 가지 정당 모형들은 당원-지도부 관계도 저마다 다르다(Katz and Mair 1995). 엘리트 정당에서는 정당 지도부가 유일한 당원들이다. 대중정당에서는 대규모의 동질적인 당원들이 정당 지도부를 통제할 권리를 주장하는 대신 당원으로서 상당한 책무를 감수해야 한다. 포괄 정당은 더 다양한 지지자들에게 당원의 자격을 부여하는 대신 더 낮은 수준의 의무를 부과한다. 이런 의미에서 포괄 정당의 당원들은 당 지도부의 응원단과 같은 역할을 한다. 카르텔 정당은 정당에 등록되지 않은 모든 지지자들까지 정당 활동과 의사 결정에 참여시킨다. 지지자들은 소속 집단의 대리인 자격이 아닌 개인 자격으로 권한을 행사한다. 이들은 지역구 조직에서 활동하지 않고도 개인 자격으로 중앙당에 가입할 수 있다. 분자화된 당원들은 당 지도부에 도전할 만한 동원 조직이 없고, 정당 지도부와 일반 당원들을 연결해 줄 만한 정당 활동가들이 부재하다. 중앙당 지도부는 지방 지도부의 도전을 받으면 개별 당원들에게 직접 호소할 수 있기 때문에 지방 지도부들은 무력화된다. 따라서 당 지도부의 자율성은 확대된다.

캐츠와 메이어(Katz and Mair 1995)에 따르면, 카르텔 모형에 조응하는 민주주의에 대한 규범적 시각이 형성되었다. 대의 민주주의에서 정당은 정부에 참가할 기회를 얻기 위해 경쟁하는 정치인 집단들이며, 이들은 정부의 국정 운영 결과에 따라 다음 선거에서 심판을 받는다. 민주주의는 대중이 정책 수립에 참여하기보다는 엘리트들이 대중의 환심을 사려고 노력하는 제도다. 정책은 전문가들의 영역에 있으며, 유권자들은 정책보다는 결과에 관심이 있다. 정당들은 전문가들의 동업 집단이지 시민들의 결속체가 아니다.

기존에는 정치인들이 정치권력을 상실하는 것에 대한 두려움 때문에 시민들에게 책임지기 위해 노력했다. 그러나 카르텔 모형에서는 어떤 원내 정당도 완전히 권력에서 제외되지 않는다. 카르텔 모형의 민주주의에서는 국민이 통치자를 통제하는 것이 아니라 통치자가 국민을 지배한다. 정당들은 서로 비슷한 강령들을 제시하고, 선거운동 역시 논쟁적인 이슈보다 공통된 목표를 공략한다. 카르텔 모형에서 민주주의는 사회의 변화보다 사회의 안정을 추구하는 수단이다. 즉, 민주주의는 시민사회가 국가를 통제하는 것이 아니라 국가가 시민사회를 위한 서비스를 제공하는 제도다.

민주주의에 대한 이런 시각은 이전에 바람직하지 않다고 여겨지던 것들을 수용하게 되었다(Katz and Mair 1995). 카르텔 정당 모형에서는 국고보조금과 그 밖의 혜택을 모든 원내 정당에 나누어 주거나, 원내 정당들이 연합 정부를 형성할 기회를 여러 수준(연방, 주, 지역)이나 여러 지역에 부여하는 제도를 통해, 선거 패배가 초래하는 비용을 축소하려 했다. 이런 결과는 정당 간 경쟁을 약화했다. 카르텔 정당들은 서로를 적으로 보기보다 직업에 대한 압박을 함께 느끼고 오랫동안 함께 일해야 하는 동료 집단으로 본다. 이들에게는 안정이 승리보다 더 중요하고, 정치는 소명vocation이 아니라 하나의 직업에 불과하다.

2. 한국 정당은 어떤 정당 모형과 가까운가

국내 학자들은 한국 정당을 서구의 정당 모형을 통해 설명하려 했다. 김병국(Kim 2000)에 따르면, 한국 정당은 제도화의 모든 측면(이념적 차별성, 조직적 연계, 제도적 안정성)에서 낮은 점수를 기록하는 '간부 정당'cadre parties의 특성을 가지고 있다. 박윤희(2010)에 따르면, 16대 대선부터 보스 중심의 정치가 약화되고 시각 중심의 대중매체가 발전하면서, 후보자 중심의 선거운동이 촉진되었다. 정당들은 체계적인 여론조사를 통해 민심의 향배를 파악할 수 있게 되고, 자본 집약적인 매체 중심 선거운동이 활성화되면서 캠페인 전문가와 여론조사 전문가의 역할이 중요해졌다. 한국 정당의 이런 특징은 안젤로 파네비앙코(Panebianco 1988)가 제시한 '선거 전문가 정당'electoral professional party 모형과 유사한 모습을 보인다(박윤희 2010).

숀 빈센트(Vincent 2017)는 1997년 대선과 2004년 총선 이후 한국의 주요 정당들이 포괄 정당화되었다고 주장했다. 그에 따르면,

1997년 대선과 2004년 총선에서 패한 한나라당(새누리당)은 중앙
당 조직, 후보 선발 방식 및 자금 운영 방식을 더 투명하고 민주적
인 방식으로 바꾸고, 중도 유권자의 지지를 얻기 위해 더 온건한
경제정책을 채택했다. 빈센트는 이런 정당 조직 개혁과 이념 온건
화 전략이 선거 승리를 목표로 하는 포괄 정당의 특징을 보여 준
다고 주장했다.

그러나 다른 학자들은 한국 정당이 카르텔 정당의 특성을 띤다
고 주장했다. 곽진영(2001)은 기존 정당들에 국고보조금 및 공영방
송의 독과점을 허용하는 〈정당법〉과 신규 세력이 진입하기 어려
운 선거제도가 한국 정당의 카르텔화에 기여한다고 주장했다. 한
정훈(Han 2020)은 한국 정당이 카르텔화된다는 사실을 뒷받침하는
경험적 증거로, '중앙 조직 정당'의 영향력이 약화되고 있고, 당원
기부금에 비해 국가 보조금에 대한 의존도가 증가했다는 사실을
발견했다.[2] 그러나 카르텔 정당처럼 '공직 정당'이 중앙 조직 정당
을 지배할 정도로 강하지는 않으며, 정당들의 이념이 서로 접근하
는 현상은 발견되지 않고 있다는 사실을 발견했다. 이를 근거로
한정훈은 한국 정당은 포괄 정당보다는 '느슨한 카르텔 정당'으로
변모하고 있다고 주장했다.

그러나 한국 정당은 카르텔 정당처럼 공적 정치자금에 의존하

---

2 카츠와 메이어(Katz and Mair 1993, 1995)는 정당 조직을 토대 정당party on the ground, 중앙 조직
정당party in central office과 공직 정당party in public office으로 구분했다. 토대 정당은 당원과
지구당을 포함한 하위 조직을, 중앙 조직 정당은 중앙당 조직을 포함한 정당 자체의 조
직을, 그리고 공직 정당은 원내 정당을 의미한다.

기보다, 미국의 정당처럼 사적 정치 자원에 의존한다. 한국 정당은 수입의 20~30% 정도만 국고보조금에 의존한다(Han 2020). 정당들은 개별 의원에게 국고보조금과 정당 지원금을 지원한다. 전용주(2019)에 따르면, 20대 총선 후보들 가운데 66.1%가 국고보조금을 받았고 30.5%가 정당 지원금을 받으며, 이는 후보의 선거 경쟁력과 상관없이 지원되었다. 그러나 정당이 후보에게 제공하는 정치자금은 선거 자금의 매우 작은 부분을 차지한다. 20대 총선 당시, 후보의 선거 자금을 출처별로 살펴보면 개인 재산, 후원회 기부금, 국고보조금, 정당 지원금의 비율이 각각 59.7%, 31.5%, 6.8%, 2.0%로 나타났다.

이상 국내 연구들의 평가를 종합하면, 한국 정당은 서구 학자들이 제시한 특정한 모형에 부합하기보다 간부 정당, 포괄 정당, 선거 전문가 정당과 카르텔 정당의 특성이 혼재되어 있다고 볼 수 있다. 이런 특징을 파악한 김용호(2008)는 한국 정당은 대중정당, 포괄 정당, 카르텔 정당, 그리고 선거 전문가 정당의 특성이 혼재된 '잡동사니 정당'hodge-podge party에 불과하다고 주장했다. 이런 맥락에서 강원택(2009)은 서구의 정당 모형이 보편적인 분석틀이 아님에도 이를 한국에 적용한다고 비판한다. 장훈(2009)도 한국 정당 연구는 유럽 중심주의 역사관에 갇혀 있고 한국 정당 체제를 설명하기 위한 개념과 분석틀을 제시하지 못하고 있다고 비판했다. 이동윤(2010) 역시 한국 정당 연구의 다수가 한국의 정치적·역사적 기반을 고려하지 않았다고 주장한다.

한국 정당을 서구의 정당 모형에 적용하기 어려운 이유는 한국의 우파 정당은 물론 좌파 정당도 대중정당의 과정을 거치지 않았기 때문이다. 서구에서는 정당의 황금시대라 불리는 1950년대와 1960년대에 대중정당이 시민사회에 깊숙이 자리 잡으면서 정당과 시민사회의 연계가 구축되었다(Rahat and Kenig 2018). 그러나 한국에서는 정당과 시민사회의 연계가 형성될 기회가 주어지지 않았다. 권위주의 정권은 노동 세력의 정치화를 막기 위한 다양한 제도적 장치들을 마련했다. 박정희 정권은 1963년에 〈노동조합법〉을 전부 개정(법률 제1329호)해 노동조합의 정치 활동을 금했고, 전두환 정권은 제3자가 노사분규에 개입하지 못하도록 했다. 이런 환경에서는 노동조합을 포함한 좌파 세력을 대변하는 정당을 설립하는 것은 물론, 기존 정당이 이들의 이해를 대변하거나 노동조합이 입법 절차에 영향을 미칠 여지가 없었다.

민주화 이전에 하향식으로 조직된 정당들이 민주화 이후 서로 다른 계급적·계층적 집단들을 대변하는 상향식 조직으로 변모하기에는 계급적 기반이 미약했다. 정당들은 이익집단을 대변하는 정책을 수립할 능력을 상실한 채 정치 엘리트들이 권력투쟁을 하는 수단으로 남게 되었다. 민주화 이전과 마찬가지로 한국 정당은 경제적·사회적·지역적 기득권 세력과 이에 맞서는 비기득권 엘리트 세력 간의 권력투쟁 수단이 되었다. 따라서 한국에서는 민주화 이후에도 정당과 시민사회의 연계가 형성되기 어려웠고, 대부분의 국회의원들은 시민사회 집단의 이익을 대변하기보다 자신의 이권을 추구하는, 비슷한 배경의 고학력 정치 엘리트들의 집단으로 볼 수 있다.

3. 서구 민주주의국가에서는 누가 대표하는가

서구 민주주의국가에서는 대중정당 시기에 정당과 시민사회의 연계가 구축되었다. 의회를 '정당 정부'party government 모형, '지역구 대표'district delegate 모형과 '사회 대표'social representation 모형으로 분류한 노리스에 따르면 대중정당은 사회 대표 모형을 추구했는데, 이 모형은 정당의 시민사회 연계 기능을 가장 충실하게 수행한다. 의원들의 사회적 배경과 경험은 이들의 정책적 우선순위, 태도 및 행태를 결정한다. 따라서 시민사회 집단들의 이익과 가치는 이 집단들 출신이 가장 잘 반영하며, 의원들의 사회 배경 구성이 사회집단들의 구성과 조응할수록 대의 민주주의는 성공적으로 작동한다(Norris 1996). 이럴 경우 의회는 시민사회의 축소판처럼 구성된다.

경험 연구들은 의원들의 사회 배경이 정당 모형과 밀접하게 연관되어 있다는 사실을 발견했다. 대중정당 시대에는 정당이 시민사회에 깊숙이 뿌리박고 있었고, 다양한 시민사회 집단의 대표들이 의회에 진입했다. 그러나 대중정당의 약화로 정치가 전문화되면서, 유럽 전반에서 정치 엘리트들의 비중이 증가하기 시작했다(Best and Cotta 2000). 예컨대 영국 노동당에서는 노동계급 출신 의원의 비율이 1960년대에 30%대에서 2010년에 10%대로 감소하면서 중산층 배경의 명문대 출신 직업 정치인의 비율이 증가했다(Heath 2015; Evans and Tilley 2017).

〈표 6-2〉는 1950년대 후반 유럽 6개국 의원들의 전직이 어떻게 구성되어 있는지를 보여 준다. 고위 공직자, 변호사·판사, 교수·교사 및 언론인·작가는 정치 엘리트 직업군으로 분류되었고, 다른

표 6-2 **1950년대 후반 서구 6개국 의원의 전직 구성 비율** (단위 : %)

국가(연도) 전직	영국 (1957년)	프랑스 (1959년)	독일 (1958년)	네덜란드 (1959년)	노르웨이 (1958년)	이탈리아 (1956년)	1950년대 후반 평균
고위 공직자		8	13	15	15	5	11.2
변호사·판사	18	16	9	8	4	23	13.0
교수·교사	8	8	7	10	5	17	9.2
언론인·작가	7	5	4	7	8	3	5.7
정치 엘리트	33	37	33	40	32	48	37.2
공공 부문 종사자		28	41	40	28	25	32.4
일차산업	3	14	9	3	33	4	11.0
노동자	18	12	4		10	3	9.4
경영인·사업가	32	23	6	9	10	8	14.7
소상공인		4					4.0
군인	7					2	4.5
종교인	1				3		2.0
직능 집단 대표	61	81	60	52	84	42	63.3
합	94	118	93	92	116	90	112
엘리트 : 직능 집단	1 : 1.9	1 : 2.2	1 : 1.8	1 : 1.3	1 : 2.6	1 : 0.9	1 : 2.0

주 : 직업 비율의 총합이 100%를 넘은 것으로 나타나는 국가에서는 일부 의원의 직업이 이중으로 집계된 것
    으로 추측된다. 예컨대 법조인이면서 공공 부문에 종사했던 의원의 직업은 이중으로 집계될 수 있다.
자료 : Best and Cotta(2000). 이하 〈표 6-5〉까지 출처 동일.

직업들은 직능 집단 직업군으로 분류되었다. 법조인과 교수를 정
치 엘리트로 분류한 이유는 법조인과 교수 출신이 의회에 진입하
면 자신이 속했던 직업군의 이익을 대표하는 역할을 하기보다 정
치인으로서 정책 수립이나 입법에 필요한 전문 지식을 제공하는
역할을 하기 때문이다. 이 표는 1950년대 유럽 6개국에서 정치
엘리트의 비율이 50%를 넘지 않았음을 보여 준다. 반면에 직능
집단 출신은 이탈리아를 제외하면 50%를 상회했다. 정치 엘리트
비율의 6개국 평균은 37.2%로 나타난 반면, 직능 집단 출신 비율
의 평균은 63.3%로 나타났다. 정치 엘리트 출신과 직능 집단 출

표 6-3　1990년대 후반 서구 6개국 의원의 전직 구성 비율 (단위 : %)

국가(연도) 전직	영국 (1996년)	프랑스 (1999년)	독일 (1999년)	네덜란드 (1999년)	노르웨이 (1998년)	이탈리아 (1999년)	1990년대 후반 평균
고위 공직자		10	10	18	13	3	10.8
변호사·판사	15	8	10	2	2	11	8.0
교수·교사	20	25	15	13	10	18	16.8
언론인·작가	12	2	3	6	3	5	5.2
정치 엘리트	47	45	38	39	28	37	39.0
공공 부문 종사자		42	47	56	33	33	42.2
일차산업	0	4	4	2	5	1	2.7
노동자	13	3	2		17	2	7.4
경영인·사업가	32	13	2	11	8	8	12.3
소상공인		2					2.0
군인	2					1	1.5
종교인	1				1		1.0
직능 집단 대표	48	64	55	69	64	45	57.5
합	95	109	93	108	92	82	96.5
엘리트 : 직능 집단	1 : 1	1 : 1.4	1 : 1.4	1 : 1.8	1 : 2.3	1 : 1.2	1 : 1.5

신의 상대적 비율을 보면, 영국과 독일에서는 각각 직능 집단 출신이 정치 엘리트 출신보다 1.8배에서 1.9배 정도로 더 많았고 프랑스와 노르웨이에서는 2배 이상이었다. 이탈리아에서만 정치 엘리트 출신의 비율이 직능 집단 출신보다 더 높았다. 정치 엘리트 출신과 직능 집단 출신의 상대적 비율의 6개국 평균은 1 대 2.0으로 나타났다.

〈표 6-3〉은 1990년대 후반 서구 6개국 의원의 전직 구성 비율을 보여 준다. 정치 엘리트 출신 비율의 6개국 평균은 39.0%인 반면, 직능 집단 출신 비율 평균은 57.5%였다. 단순 다수제를 채택한 영국과 결선 투표제를 채택한 프랑스에서 정치 엘리트 비율이 가장 높은 것으로 나타났다. 두 선거제도에서는 한 명의 후보

표 6-4   1950년 후반과 1990년대 후반 사이 서구 6개국 의원의 전직 구성 비율 변화 (단위 : %p)

국가(연도) 전직	영국 (1996년)	프랑스 (1999년)	독일 (1999년)	네덜란드 (1999년)	노르웨이 (1998년)	이탈리아 (1999년)	평균
고위 공직자		2	-3	3	-2	-2	-0.4
변호사·판사	-3	-8	1	-6	-2	-12	-5.0
교수·교사	12	17	8	3	5	1	7.7
언론인·작가	5	-3	-1	-1	-5	2	-0.5
정치 엘리트	14	8	5	-1	-4	-11	1.8
공공 부문 종사자		14	6	16	5	8	9.8
일차산업	-3	-10	-5	-1	-28	-3	-8.3
노동자	-5	-9	-2		7	-1	-2.0
경영인·사업가	0	-10	-4	2	-2	0	-2.3
소상공인							-2.0
군인	-5					-1	-3.0
종교인	0				-2		-1.0
직능 집단 대표	-13	-17	-5	17	-20	3	-5.8

만 당선되므로 특정 집단의 이해를 대변하기보다 폭넓은 지지에 호소하거나, 후보의 개인 배경이나 이미지에 의존하는 인물 중심의 선거 경쟁을 할 가능성이 높다. 이런 선거제도의 특성 때문에 두 국가에서 정치 엘리트 출신의 비율이 높은 것으로 해석된다. 1990년대 말 정치 엘리트 출신의 6개국 평균은 1950년대 말에 비해 1.8%p 증가한 반면, 직능 집단 출신 비율은 5.8%p 감소했다. 그럼에도 불구하고 1950년대 말과 마찬가지로 정치 엘리트 출신의 비율은 50%를 넘지 못했고, 모든 국가에서 직능 집단 출신의 비율이 정치 엘리트 출신 비율보다 더 높았다. 이런 관찰 결과는 1990년대 말에도 유럽 6개국에서 정당과 시민사회의 연계가 크게 약해지지 않았다는 사실을 의미한다.

〈표 6-4〉는 1950년대 후반과 1990년대 후반 사이 유럽 6개국

표 6-5 서구 6개국 의원의 여성 비율, 평균연령 및 교육 수준의 변화

학력·성별·연령	국가	영국	프랑스	독일	네덜란드	노르웨이	이탈리아	평균
여성 비율	1950년대 후반	4%	2%	9%	9%	5%	6%	5.8%
	1990년대 후반	18%	12%	30%	36%	36%	11%	23.8%
	차이	14%p	10%p	21%p	27%p	31%p	5%p	18.0%p
평균연령	1950년대 후반	51세	48세	51세	51세	54세	46세	50세
	1990년대 후반	46세	53세	50세	46세	48세	47세	48세
	차이	-5세	5세	-1세	-5세	-6세	1세	-2세
학사 비율	1950년대 후반	58%	51%	51%	51%	25%	74%	51.7%
	1990년대 후반	73%	84%	73%	68%	20%	62%	63.3%
	차이	15%p	33%p	22%p	17%p	-5%p	-12%p	12.0%p

의원들의 전직 구성 비율이 어떻게 변했는지를 보여 준다. 정치 엘리트 비율이 증가한 국가는 소선거구제를 통해 의원 전체를 선발하는 영국과 프랑스, 그리고 의원 일부를 선발하는 독일로 나타났다. 반면에 비례대표 선거제도의 전통을 가진 네덜란드·노르웨이·이탈리아에서는 정치 엘리트가 오히려 감소했다. 직능 집단 출신의 비율은 영국·프랑스·노르웨이에서는 줄어든 반면, 네덜란드와 이탈리아에서는 오히려 증가했다. 이런 관찰 결과는 정치 엘리트가 직능 집단 출신을 대체하는 현상이 보편적인 것은 아니라는 사실을 의미한다. 달리 말하면, 정당과 시민사회의 연계가 약화되는 현상은 나라마다 서로 다르게 나타난다.

〈표 6-5〉는 서구의 6개 민주주의국가에서 1950년대 후반과 1990년대 후반 사이에 여성 의원이 차지하는 비율, 평균연령 및 교육 수준이 어떻게 변했는지를 국가별로 보여 준다. 먼저 여성 비율은 평균 18%p 증가했다. 이런 증가 추세는 6개국에서 예외

없이 발견되었고, 특히 복지국가 수준이 높은 독일·네덜란드·노르웨이에서 높은 증가율을 보였다. 그럼에도 불구하고 1990년대 후반 6개국에서의 여성 의원 평균 비율은 23.8%에 그쳐, 여성이 과소 대표되는 현상은 여전한 것으로 나타났다. 평균연령의 변화를 살펴보면, 6개국 의원들의 연령은 평균 2세 정도 감소했다. 그러나 의원들의 연령 하락 현상은 보편적인 것은 아니었다. 영국·독일·네덜란드·노르웨이에서는 의원들의 평균연령이 감소한 반면, 프랑스와 이탈리아에서는 증가했다.

학력의 변화를 살펴보면, 학사 취득자가 차지하는 비율은 6개국 평균 12%p 증가했다. 그러나 의원들의 학력 수준이 모든 국가에서 향상된 것은 아니었다. 영국·프랑스·독일·네덜란드에서는 학사 취득자의 비율이 증가한 반면, 노르웨이와 이탈리아에서는 오히려 감소했다. 국제적 정치경제 분석 기관인 이코노미스트 인텔리전스 유닛EIU이 민주주의 수준을 6개국 가운데 가장 높게 평가한 노르웨이에서 학사 취득자의 비율이 가장 낮았으며 1990년대 후반에는 20%에 불과했다. 민주주의 수준이 가장 낮은 이탈리아 의원들의 학사 취득자 비율이 6개국 중 가장 높게 나타났다. 1950년대 후반에 비해 민주주의 수준이 더 나아진 1990년대 후반 이탈리아 의원들의 학사 취득자 비율은 12%p나 감소했다. 노르웨이와 이탈리아의 사례는 의원들의 학력과 민주주의 수준은 서로 상관이 없다는 사실을 보여 준다.

4. 한국에서는 누가 대표하는가

1) 어떤 직업 출신이 국회의원이 되는가

이 절에서는 먼저 어떤 사회적 배경과 신상을 가진 사람들이
국회의원 후보로 출마하는지 살펴본 뒤, 이들 가운데 어떤 후보가
의원으로 선발되는지를 분석한다. 〈그림 6-5〉는 1대부터 21대까
지 지역구 국회의원 후보의 직업 구성 비율을 보여 준다. 앞서 3
절에서 살펴본 서구 6개국에서는 공공 부문 종사자, 노동자, 경영
인·사업가 출신이 의원의 50% 이상을 차지한 반면, 한국에서는
이 비율이 1%도 안 되기 때문에 〈그림 6-5〉에 포함되지 않았다.
일차산업 종사자는 농업·축산업·광공업·수산업 종사자를 포함하
며, 상공인은 상업·운수업·건설업·출판업 종사자를 포함한다.

〈그림 6-5〉는 제헌 국회 당시 일차산업 종사자, 상공인과 회
사원 같은 직능 집단 후보의 비율이 압도적으로 높았으나 점차 그
비율이 줄어들어 16대 총선부터 변호사나 교수의 비율보다 더 낮
아졌음을 보여 준다. 전체 후보들 가운데 현직 의원이 차지하는 비
율은 6대 국회부터 등락을 반복하면서 증가하다가 13대 총선부터
15%에서 20% 사이의 비율을 유지했다. 정치인의 비율이 가장 폭
발적으로 증가했으며, 13대 국회부터는 35%에서 40% 사이를 유
지했다. 16대 총선부터는 정치인, 현직 의원, 변호사, 교수 출신 순
으로 높은 비율을 나타낸다. 일차산업, 회사원, 상공인, 약사·의사
를 직능 집단으로 분류할 경우, 민주화 이후 직능 집단 출신 후보
의 비율은 평균적으로 14% 정도를 차지했다. 이에 반해 민주화

그림 6-5 **지역구 국회의원 후보의 직업 구성 비율** (단위 : %)

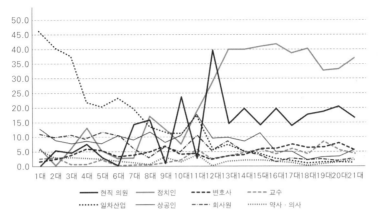

자료 : 중앙선거관리위원회 선거 통계 시스템 당선인 통계자료. 〈그림 6-5〉는 이 자료를 바탕으로 필자가 비율을 계산해 작성함. 이하 〈그림 6-12〉까지 출처 동일.

이후 정치 엘리트 후보의 비율은 평균적으로 67% 정도를 점해, 기능 대표 출신과 정치 엘리트 후보의 상대적 비율은 1 대 5 정도를 유지하고 있다.

그렇다면 국회의원 후보들 가운데 어떤 직업 배경의 후보들이 의원이 되는가? 〈그림 6-6〉은 1대 총선부터 21대 총선까지 지역구 당선인의 전직 비율을 보여 준다. 산업화 이전의 1대 국회에서는 농축산업 종사자의 비율이 40%를 넘었다. 그러나 산업화가 진행되면서 이들의 비율은 점점 감소해 21대 국회에서는 0.6%까지 낮아졌다. 반면에 현직 의원이 차지하는 비율은 민주화 이후 40%에서 55% 사이에서 등락을 거듭하며 조금씩 증가하고 있다. 이런 사실은 현직자의 선거 경쟁력이 조금씩 증가하고 있음을 의미한다. 정치인의 비율은 11대 국회부터 지속적으로 30% 내외를 등락하

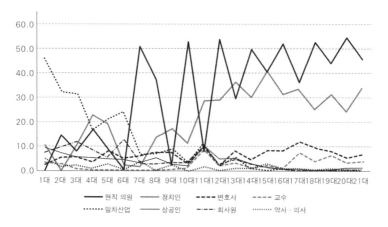

그림 6-6 **지역구 국회의원의 전직 구성 비율** (단위 : %)

현직 의원　　정치인　　변호사　　교수
일차산업　　상공인　　회사원　　약사·의사

고 있다. 13대 총선부터 변호사 집단은 세 번째로 높은 비율을 기록하고 있고, 교수는 16대 총선부터 네 번째로 비율이 높은 집단을 유지하고 있다. 현직 의원, 정치인, 변호사, 교수로 대표되는 정치 엘리트 집단의 비율은 민주화 이후 88%에 달한다. 반면에 직능 집단 출신의 비율은 민주화 이후 평균 5%에도 못 미쳐, 직능 집단 출신 의원과 정치 엘리트 의원의 비율은 평균적으로 1 대 38 정도를 유지하고 있다. 이런 결과는 민주화 이후 정치 엘리트가 한국의 지역구 국회의원을 지배하고 있다는 사실을 의미한다.

〈그림 6-5〉와 〈그림 6-6〉을 비교하면, 13대 국회 이후 지역구 후보 가운데 현직 의원 출신의 비율은 20%를 넘지 못했음에도, 지역구 당선자들 가운데 현직 의원이 차지하는 비율은 40%에서 50% 사이에 달했다. 이는 현직 의원이 다른 후보들에 비해 경쟁력이 더 강하다는 사실을 의미한다. 반면에 상공인 출신은 지역

그림 6-7 **지역구 국회의원 후보의 직업별 당선율** (단위 : %)

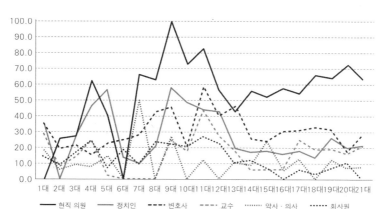

구 후보의 5% 정도를 차지하지만 지역구 의원의 2%에도 못 미친다. 즉, 성공인 출신은 다른 후보에 비해 경쟁력이 약하다는 사실을 알 수 있다.

〈그림 6-7〉은 직업별 당선율(후보 수 대비 당선인 수의 비율)이 가장 높은 상위 6개 직종을 보여 준다. 당선율을 나타내는 선들의, 선거에 따른 등락은 선거 당시 경쟁 정도의 변화를 나타낸다. 예컨대 9대 총선에서 6개 직종의 당선율이 모두 높았다는 사실은 9대 총선에서 경쟁이 치열하지 않았음을 의미한다. 특정 직업 선의 추세적인 상승 또는 하락은 이 직업 출신의 선거 경쟁력이 증가 또는 감소하고 있음을 의미한다. 〈그림 6-7〉은 현직 의원의 당선율이 가장 높으며 민주화 이후 점점 증가하고 있음을 보여 준다. 이런 결과는 현직자가 누리는 인지도·경험·정치자금과 같은 현직자의 이점의 중요성이 증가하고 있기 때문이라고 해석될 수 있다.

그림 6-8 **비례대표 국회의원 후보의 국회별·정당별 직업 구성비** (단위 : %)

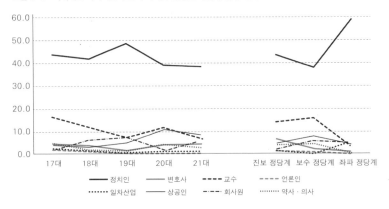

그림은 또한 정치인·변호사·교수와 같은 정치 엘리트 집단이 직능 집단 출신보다 당선율이 높다는 사실을 보여 준다. 특히 변호사의 당선율은 정치인보다 높았다. 반면에 약사·의사 및 회사원 같은 직능 집단 출신의 당선율이 가장 낮게 나타났다.

　민주화 이후 지역구 의원은 단순 다수제로 선발했으므로 인지도가 높은 정치 엘리트들이 의회에 진입할 가능성이 높다. 그렇다면 직능 대표를 충원하기 위한 비례대표직의 후보들은 직능 집단 출신으로 채워지는가? 〈그림 6-8〉의 좌측 부분은 17대 국회 이후 비례대표 후보의 직업 구성 비율을 국회별로 보여 준다.[3] 비례대표 후보의 경우, 현직 의원의 비율은 1%에도 못 미치기 때문에, 현직 의원은 따로 분류하지 않고 정치인에 포함했다. 대신에 아나

---

3 선거관리위원회는 비례대표 후보의 직업을 17대 총선부터 기록했다.

운서나 앵커 출신이 인지도를 통해 비례대표 후보로 충원되는 경우가 있기 때문에, 이들을 정치 엘리트 집단에 포함했다. 〈그림 6-8〉은 비례대표 의석의 취지와는 달리 정치인과 교수가 비례대표 후보의 대부분을 차지한다는 사실을 보여 준다. 후보들 가운데 세 번째로 비율이 높은 집단은 상공인 출신이며, 변호사 출신의 비율이 점점 높아지고 있는 것으로 나타났다. 17대에서 21대까지 총선에 출마한 비례대표 후보 가운데 직능 집단 출신은 23.8%에 불과했으나 정치 엘리트 출신은 58.4%를 차지해 두 집단의 상대적 비율은 1 대 2.5로 나타났다.

〈그림 6-8〉의 우측 부분은 비례대표 후보의 직업 구성 비율을 정당 계열별로 보여 준다. 진보 정당 계열은 열린우리당(17대), 민주당(18대), 민주통합당(19대)과 더불어민주당(20~21대)을 의미하고, 보수 정당 계열은 한나라당(17 18대), 새누리당(19~20대), 미래통합당과 국민의힘(21대)을 의미한다. 좌파 정당 계열은 민주노동당(17~18대), 통합진보당(19대)과 정의당(20~21대)을 의미한다. 이 그림은 세 정당 계열 모두에서 정치인 출신의 비율이 가장 높다는 것을 보여 준다. 진보 정당 계열이나 보수 정당 계열에서는 교수가 두 번째로 비율이 높았다. 세 번째로 비율이 높은 직종은 진보 정당 계열에서는 변호사, 보수 정당 계열에서는 상공인이었다. 좌파 정당 계열에서는 일차산업 종사자의 비율이 교수 및 변호사 비율과 거의 같았다. 정치 엘리트 집단의 비율은 진보 정당 계열에서 가장 높은 반면, 보수 정당 계열에서 가장 낮았다. 직능 집단 후보의 비율은 세 정당 계열 모두 15%를 넘지 않았고, 이들 간의 비율 차이는 거의 없었다. 이런 결과는 두 주요 정당뿐만 아

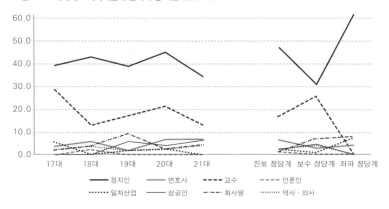

그림 6-9 **비례대표 국회의원의 전직 구성 비율** (단위 : %)

정치인 　 변호사 　 교수 　 언론인
일차산업 　 상공인 　 회사원 　 약사·의사

니라 대중정당 모형을 추구하는 좌파 정당도 직능 대표 충원에 충
실하지 않았다는 사실을 보여 준다.

　그렇다면 어떤 비례대표 후보들이 당선되었는가? 〈그림 6-9〉
의 좌측 부분은 17대 국회 이후 비례대표 국회의원의 전직 구성
비율을 국회별로 보여 준다. 여기서 비례대표 의석의 취지와는 달
리 정치인·교수·변호사로 대표되는 정치 엘리트 집단이 비례대표
의석을 장악했음을 알 수 있다. 직능 집단들 가운데 그나마 비례
대표 의석을 배정받은 회사원, 농축산업 종사자, 약사·의사 출신
을 모두 합해도 다섯 국회의 평균이 9% 정도에 불과했다. 반면에
단일 직종으로는 규모가 가장 작은 변호사가 차지하는 비율이 다
섯 국회 평균 5%에 달했다. 17대부터 21대 국회까지 비례대표 의
원들 가운데 직능 집단 출신의 비율은 12.5%에 불과한 반면에 정
치 엘리트 출신의 비율은 63.5%를 차지해, 직능 집단 의원과 정치
엘리트 의원의 비율은 1 대 5.1로 나타났다.

〈그림 6-9〉의 우측 부분은 17대 국회 이후 비례대표 의원의 전직 구성 비율을 정당별로 보여 준다. 정당 계열과 상관없이 정치인 출신의 비율이 가장 높다는 것을 알 수 있다. 진보 정당 계열과 좌파 정당 계열이 보수 정당 계열 정당보다 더 높은 비율로 정치인 출신을 비례대표 의원으로 충원했다. 교수 집단은 비례대표 의원 가운데 두 번째로 비율이 높았는데, 특히 보수 정당을 통해 충원되었다. 변호사의 비율은 20대와 21대 국회에서 증가했으며, 진보 정당 계열과 좌파 정당 계열이 보수 정당 계열보다 변호사를 더 선호하는 것으로 나타났다. 직능 대표들의 구성을 정당 계열별로 비교해 보면, 보수 정당 계열이 직능 대표를 가장 많이 충원했다. 진보 정당 계열에서는 일차산업 종사자 및 상공인 출신이 각각 2.1%씩을, 보수 정당 계열에서는 회사원과 상공인 출신이 각각 6.8%와 2.5%를 차지했다. 노동계를 대변하는 좌파 계열 정당은 회사원과 일차산업 종사자만 7.7%씩 충원했다. 〈그림 6-9〉가 종합적으로 보여 주는 사실은 직능 대표라는 취지와 달리 비례대표 의원들도 대부분 정치 엘리트로 구성되어 있다는 것이다.

2) 어떤 성별, 연령 및 학력을 가진 사람이 국회의원이 되는가

3절에서는 1990년대 말, 유럽 6개국 의원들의 여성 비율과 학력 수준이 1950년대 말에 비해 증가한 반면, 평균연령은 약간 감소했다는 사실을 보여 주었다. 한국도 이런 추세를 따르고 있는가? 이에 답하기 전에 먼저 지역구 후보부터 살펴보자.

〈그림 6-10〉은 지역구 후보의 여성 비율, 평균연령 및 학력

그림 6-10　지역구 국회의원 후보의 여성 비율, 평균연령 및 학력 변화

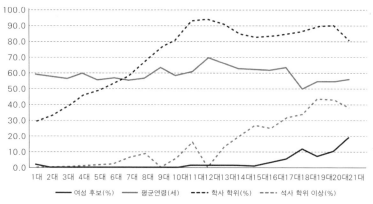

변화를 보여 준다. 여성 후보의 비율을 살펴보면, 16대 총선부터 조금씩 증가해 21대 총선에는 거의 20% 수준까지 도달했다. 후보의 평균연령은 민주화 이후 점차 낮아지다가 55세 정도에 수렴하고 있다. 후보의 학력을 살펴보면, 학사 학위 취득자의 비율은 12대 총선까지 빠르게 증가하다가 그 이후 80%를 지속적으로 상회하고 있다. 민주화 이후에는 석사 이상의 학위 취득자들이 급격히 증가하고 있다. 16대 총선 유권자 의식조사에 따르면, 응답자의 59.85%가 후보를 결정할 때 학력, 능력, 정치 경력, 도덕성과 같은 개인적 자질을 중요시한다고 대답했다. 유권자의 이런 태도가 고학력자들에 대한 지지로 이어진 것으로 해석된다.

　〈그림 6-11〉은 지역구 국회의원의 여성 비율, 평균연령 및 학력 변화를 나타낸다. 여성 비율을 먼저 살펴보면, 16대 총선부터 조금씩 증가하고 있으나, 20대 국회 이후 10%를 가까스로 넘기고 있다. 지역구 여성 후보의 비율은 20%임에도 여성 지역구 당

그림 6-11 지역구 국회의원의 여성 비율, 평균연령 및 학력 변화

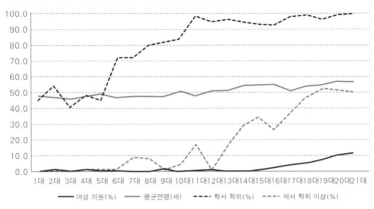

선자의 비율이 10%라는 사실은 여성의 지역구 선거 경쟁력이 남성보다 낮다는 것을 의미한다. 1990년대 말 유럽 6개국에서의 여성 의원 비율 평균(23.6%)과 비슷한 시기의 여성 지역구 의원 비율(16대 총선 당시 2.2%)을 비교하면 한국에서의 여성 의원 비율은 서구 국가의 10분의 1 수준에 불과했다. 평균연령을 살펴보면, 민주화 이후 지역구 의원의 평균연령은 54.5세로 1990년대 말 유럽 6개국 의원의 평균연령(48세)보다 6.5세 정도 많았다. 유럽 6개국 의원들의 평균연령은 줄어들고 있으나 한국 지역구 의원의 연령은 미세한 증가 추세를 보였다.

학력 변화를 보면, 11대 국회 이후 거의 대부분의 의원이 학사 취득자이며, 석사 취득자의 비율이 점점 증가해 19내 국회에서 50%를 넘어섰다. 16대 국회의 한국 지역구 의원들과 1990년대 말 유럽 6개국 의원들의 학사 비율을 비교하면, 한국 의원들의 학사 비율이 유럽 의원보다 30%p 정도 더 높았다. 한국 지역구 의

그림 6-12 **지역구 국회의원의 성별·연령별·학력별 당선율** (단위 : %)

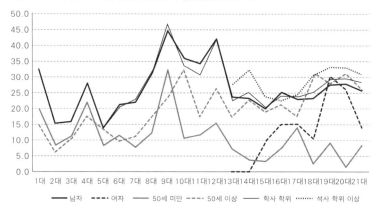

원의 학사 비율은 민주주의 수준이 가장 높은 노르웨이 의원의 학사 비율에 비해 70%p 이상 높은 것으로 나타났다. 2018년 한국행정연구원의 사회 통합 실태 조사에서 국가기관의 청렴성과 신뢰도를 묻는 질문에서 국회가 가장 낮은 점수를 받았다는 사실을 감안하면, 의원들의 학력과 국민대표로서의 자질은 서로 무관해 보인다(한국행정연구원 2018).

다음은 후보들의 성별, 연령 및 학력별로 당선 가능성 변화를 살폈다. 〈그림 6-12〉는 지역구 국회의원의 성별·연령별·학력별 당선율 차이를 보여 준다. 짙고 굵은 실선과 점선은 각각 남성과 여성의 당선율을 보여 준다. 민주화 이전에 여성 후보가 출마하거나 당선된 사례는 거의 없으므로, 여성 당선율은 민주화 이후에만 표시되었다. 짙고 굵은 실선과 점선의 상대적인 위치를 비교하면, 19대 총선을 제외하면 남성의 당선율이 여성보다 항상 높았다는 사실을 알 수 있다. 짙고 굵은 점선이 추세적으로 상승하고 있다는 사실은 여성의 경쟁력이 상승하고 있다는 것을 의미한다.

다음으로 50세 미만 후보의 당선율을 나타내는 회색 실선과 50세 이상 후보의 당선율을 나타내는 회색 점선을 비교해 보자. 10대 총선 이후 실선이 점선보다 위에 놓인 경우는 한 번도 없었다. 그뿐만 아니라 실선과 점선은 점점 벌어지는 추세에 있다. 이는 50세 이하 후보들의 경쟁력이 상대적으로 하락하고 있음을 의미한다. 이런 결과는 〈그림 6-10〉에서 후보들의 평균연령이 낮아지고 있음에도 〈그림 6-11〉에서 의원들의 평균연령은 높아지고 있는 이유를 설명한다. 마지막으로, 후보의 학력에 따른 경쟁력 차이를 비교하기 위해, 학사 학위 후보의 당선율을 나타내는 가는 실선과, 석사 학위 이상 후보의 당선율을 나타내는 점선을 비교해 보자. 민주화 이전에는 석사 이상 후보들과 당선자가 거의 없으므로 가는 점선은 민주화 이후만 표시되었다. 16대 총선을 제외하면 점선이 실선보다 항상 위쪽에 있는 것을 확인할 수 있다. 이는 석사 취득과 높은 당선율 간에 상관관계가 있음을 보여 준다. 이런 결과는 학벌과 능력을 동일시하는 학벌 중심 사회의 단면이 반영된 결과로 해석된다.

5. 정치 엘리트 중심의 인물 대결은 어떤 문제를 발생시키는가

이상과 같이 국회의원의 직업 및 학력을 분석한 결과를 요약하면, 한국의 국회의원들은 점점 시민사회를 구성하는 집단의 대표자들이 아니라 배경이 비슷한 고학력 정치 엘리트 집단이 되고 있다. 즉, 한국의 국회는 시민사회와의 연계가 취약하다. 물론 자신이 추구하는 가치를 실현하기 위해 의정 활동을 하는 국회의원들도 있겠지만 이들의 공통적인 지상 목표는 선거에서 승리하는 것이다. 특히 단순 다수제로 후보를 선발하는 한국의 선거제도에서는 지역구 의원들이 시민사회 집단들을 정책적으로 대변하기보다 상대를 공략할 프레임 개발과 정치 공세에 집중한다.

이런 행태에 지친 유권자들은 국회의원들과 기성 정치인들을 점점 불신하게 되고, 비주류 정치인에게 더 호감을 느끼게 되었다. 유권자들은 어느 정당에 소속되어 있는가보다 감동적인 인생 역정을 가진 정치인에게 열광하고, 노사모·박사모 또는 '친문' 집단들과 같은 팬덤 정치가 나타났다. 이와 동시에 유권자들은 정당에 기반한 정치인보다 비정치인 출신 유명 인사를 선호하게 되었다. 대선 후보 선호도 조사에서 안철수·반기문·윤석열과 같은 비정치인 출신이 기성 정치인을 앞지르는 현상이 일어나고 있다. 유권자들은 정당 정책을 보고 후보를 선택하기보다 자신이 매력을 느끼는 후보를 먼저 선택하고 이 후보가 소속된 정당을 지지하게 되었다.

이런 '정당정치의 개인화' 현상은 '정서적 정치 양극화'를 촉진한다. 언론은 유권자들이 이해하기 어려운 정책 내용을 전달하기보다 시청률과 구독률을 높이기 위해 후보의 이미지나 후보와 관련된 스캔들을 부각한다. SNS 역시 지루한 정책적인 내용을 다루기보다 조회 수를 늘리기 위해 후보와 관련된 자극적인 내용에 집중한다. 지지 후보를 중심으로 양극화된 유권자들은 자신이 좋아하는 인물을 옹호하는 내용과 싫어하는 인물을 비판하는 내용을 골라 들으면서 자신의 생각을 더욱 강화한다. 이처럼 정치가 개인화된 환경에서 과거의 정당 정체성과는 다른 형태의 강렬한 정서적 유대감이 유권자와 후보 간에 형성되었고, 이념 갈등은 비타협적인 감정 대립으로 변해 갔다.

정당정치 연구들은 정당정치의 개인화 현상이 민주주의에 부정적인 영향을 미칠 것을 우려했다(Dalton and Wattenberg 2000; Poguntke and Webb 2007; Mair 2013; Lobo and Curtis 2015; Passarelli 2015; Renwick and Pilet 2016; Cross, Katz, and Pruysers 2018; Rahat and Kenig 2018). 비슷한 관점에서 스티븐 레비츠키와 대니얼 지블랫(Levitsky and Ziblatt 2018)은 정당 기반이 없는 트럼프의 부상과, 트럼프 지지 세력과 반대 세력 사이에 전개되는 감정적 대치 상황을 미국 민주주의의 위기로 진단했다. 미국의 퀴니피액 대학이 2021년 1월 11일에 발표한 여론조사 결과에 따르면, 미국의 민주주의가 위험에 처했다고 생각하는 사람들의 비율이 74%가 넘게 나타났다(Quinnipiac University/Poll 2021/01/11). 이런 일련의 사태를 경험한 노리스는 미국이 정당성의 위기에 처했다는 글을 『워싱턴 포스트』에 기고했다(Norris 2020/12/11).

한국에서도 정치의 팬덤화 현상이 심화되면서 정당정치가 개인화되고 인물 대결 중심의 선거 경쟁이 더욱더 심화되고 있다. 정당정치가 개인화되면 유권자들은 후보의 실체 없는 이미지에 현혹되어 실제로는 자신의 이념적·정책적 선호에 반하는 후보를 지지할 수 있다. 예컨대 2016년 20대 총선에서 안철수 대표는 진보적인 입장을 취하면서 "호남 사위 안철수에게 힘을 실어 달라"고 지지를 호소했고(〈연합뉴스〉 2017/04/30), 다수의 진보적인 호남 유권자들의 표를 얻을 수 있었다. 그러나 불과 1년 뒤인 19대 대통령 선

거에서 그는 자신이 "부산을 발전시킬 부산의 아들"임을 내세웠
다(《시빅뉴스》 2017/04/21). 2021년 보궐선거에서는 보수 정당인 국민
의힘의 오세훈 후보와 서울시장 후보 단일화를 시도했고, 부산 합
동 유세에서 강한 부산 사투리 억양으로 박형준 후보의 지지를 호
소했다. 그러자 유세장에 있던 지지자들은 "부산 사람이네." 하면
서 손뼉을 쳤다(『조선일보』 2021/04/01).

　정당정치가 개인화되면 정책 대결이 인물 대결로 둔갑해 유권
자의 정책적 선택을 바꿀 수 있다. 예컨대 2020년 검찰 개혁 이슈
를 추미애 장관과 윤석열 검찰총장 간의 갈등 문제로 전환했던 사
례는 정당정치의 개인화가 유권자의 정책적 선택에 어떤 영향을
미치는지를 보여 준다. 추-윤 갈등 프레임은 유권자들로 하여금
검찰 개혁의 본질적인 문제를 뒤로하고 두 개인에 대한 호불호에
따라 검찰 개혁에 대한 찬반 입장을 결정하게 만들었다. 인물 중
심의 정서적 정치 양극화가 심화될수록 유권자들은 정당에 뿌리
를 두지 않은 정치인들의 실체 없는 이미지에 현혹될 가능성이 높
고 자신에게 정책적으로 해를 끼치는 후보를 지지할 가능성이 커
진다.

　대의 민주주의가 정상적으로 작동하기 위한 전제 조건은 유권
자들이 자신에게 정책적 혜택을 줄 정당을 선택할 수 있어야 한다
는 것이다. 그러나 후보의 실체 없는 이미지에 현혹되어 자신에게
해를 끼칠 후보를 지지한다면 대의 민주주의는 정상적으로 작동
할 수 없다. 대의 민주주의에서 정당의 기능은 자신을 지지하는
유권자의 입장을 정책적으로 대변해 유권자들로 하여금 자신에게
정책적 혜택을 주는 정당을 믿고 지지할 수 있도록 정책적인 '브

랜드 네임'을 제공하는 것이다. 정당정치의 개인화 현상은 기성정당이 이런 기능을 수행하지 않아 발생한다. 정당에 실망한 유권자들은 기성 정치인과는 달리 참신한 인물이 유권자들에게 봉사할 것으로 기대한다. 그러나 정당에 기반하지 않은 유명 인사가 공공정책을 수립하고 자신이 대변하는 집단의 이익과 가치를 입법적으로 실현하기 위한 정책 대변 기능을 정당보다 성공적으로 수행할 가능성은 희박하다.

정당정치의 개인화로 말미암은 정서적 정치 양극화를 억제하는 방법은 정당과 시민사회의 연계를 복원해 정당의 정책 대변 기능을 강화하는 것이다. 정당과 시민사회의 연계는 1950년대 대중정당 시대에 가장 성공적으로 구축되었다. 그러나 20세기 중반에 활성화되었던 대중정당은 21세기 4차 산업혁명 시대에 적합하지 않다. 한국 정당이 캐츠와 메이어(Katz and Mair 1995)가 제시한 네 모형 가운데 특정한 모형을 따르지 않듯이, 한국 정당이 나아갈 방향 역시 서구의 특정 모형에 국한될 필요는 없다. 무엇보다 정당들에 시민사회 집단의 대리인 역할을 담당할 동기를 부여하는 제도적 장치를 마련하는 것이 중요하다. 이 책에서는 이런 제도적 장치를 8장에서 제안한다.

7장

민주주의는 누구를 대표하는가

1. 다수결 의사 결정과 단순 다수 선거제도에서는 어떤 입장이 승리하는가

던컨 블랙(Black 1948)은 '단봉형 선호'single-peaked preference를 가진 의사 결정자들이 일차원적 정책 공간에서 두 개의 대안에 대한 다수결 선택을 하면 중위 투표자(중간에 위치한 투표자)의 입장이 항상 선택된다는 '중위 투표자 이론'median voter theorem을 제시했다.[1] 우리는 일상생활에서 중위 투표자 이론에 부합하는 의사 결정을 내리는 경우가 많다. 예컨대 매운맛, 중간 맛, 순한 맛을 각각 좋아하는 세 명의 회사 동료가 점심 식사를 함께하기 위해, 동일한 음식을 팔지만 매운 정도만 다른 세 음식점 가운데 하나를 선택하는 경우를 생각해 보자. 세 사람이 순한 맛, 중간 맛, 매운맛 음식점 중 하나를 다수결로 선택해야 한다면 이들은 중간 맛 음식점을 선택할 것이다. 왜냐하면 중간 맛 음식점이 매운맛 또는 순한 맛 음식점과 경쟁한다면, 중간 맛 음식점이 항상 2명의 선택을 받기 때문이다. 중간 맛과 순한 맛이 경쟁하면 중간 맛과 매운맛을 원하는 사람이 중간 맛을 선택한다. 중간 맛과 매운맛이 경쟁하면 중간 맛과 순한 맛을 원하는 사람이 중간 맛을 선택한다. 일반적으로 다수결 선택에서 중간 입장은 다른 입장과 일대일 경쟁을 하면 항상 승리한다.

---

1 단봉형 선호란 유권자가 가장 원하는 정책에서 가장 큰 효용을 느끼며 이로부터 멀어질 수록 효용이 줄어드는 상태를 말한다.

다운스(Downs 1957)는 일차원적 정책 공간에서 선거 승리를 목표로 경쟁하는 두 정당은 중간에 위치한 투표자(중위 투표자)의 입장으로 수렴한다는 결론을 도출했다. 예컨대 한 정당은 중도 입장을 취하고 다른 정당은 좌파 입장을 취하면 좌파 유권자는 좌파 정당을 지지하는 반면, 중도 유권자들과 우파 유권자는 중도 정당을 지지한다. 일반적으로, 중도 입장을 취하는 정당이 극단적인 입장을 취하는 정당에 항상 승리한다. 중도 입장이 선거에 유리하다는 사실을 아는 정당들은 점점 온건한 입장으로 움직이고 결국 두 정당 모두 중위 투표자와 같은 입장을 취하게 된다. 이 이론에 따르면 양당제 국가에서 정당들은 모두 중위 투표자 입장을 채택해야 한다.

그러나 두 정당이 모두 중위 투표자 입장을 갖는 양당제 국가는 현실 세계에서 존재하지 않는다. 그렇다면 다운스의 중위 투표자 이론은 무엇이 잘못된 것인가? 다운스의 이론은 경제학자 해럴드 호텔링(Hotelling 1929)의 모형을 선거 경쟁에 접목한 것이다. 호텔링은 일차원적 거리에서 두 가게가 어떤 곳에 개점해야 가장 많은 소비자를 유치할 수 있는지를 분석했다. 호텔링은 소비자들의 선택에 유일하게 영향을 미치는 변수는 이들의 집과 가게와의 거리이고, 상품과 서비스의 질에는 차이가 없다고 가정했다. 호텔링은 이런 조건에서 두 가게가 소비자들 집의 중간에 위치할 때 가장 많은 소비자들을 유치할 수 있다는 결과를 도출했다. 호텔링의 모형은 앞에서 이야기한, 직장인들이 식당을 선택하는 경우에도 적용될 수 있다. 직장인들이 식당을 선택하는 유일한 기준은 음식의 매운 정도이고, 매운맛에 대한 직장인들의 선호를 좌우 선상에 일렬로 배열할 수 있다고 가정하자. 이럴 경우 두 식당은 되도록 더 많은 손님을 유치하기 위해 중간 맛의 음식을 팔아야 한다.

그러나 항상 중간 맛의 음식만 먹어야 하는 상황에 만족하지 못하는 직장인은 자신이 원하는 맛의 음식을 먹기 위해 수동적인 소비자 이상의 역할을 할 수 있다. 예컨대 매운맛을 원하는 직장인이 다른 동료에게 매운맛을 선택하도록 설득하거나 매수할 수도 있다. 또는 한 식당에 투자해 더 신선한 재료를 사용하거나 더 나은 서비스를 제공하는 대신 음식을 좀 더 맵게 만들도록 요구할 수 있다. 이때 식당에 투자하는 직장인들은 식당이 자신이 원하는 맛의 음식을 팔도록 할 수 있다. 매운맛과 순한 맛을 좋아하는 직장인이 각각 다른 식당에 투자하면 두 식당은 매운맛과 순한 맛의 음식을 판매할 것이다.

직원들이 식당을 선택하는 문제는 다운스 이론에서 유권자가 정당을 선택하는 문제와 크게 다르지 않다. 위 사례에서 직장인, 식당, 음식은 각각 선거 경쟁에서 유권자, 정당, 정책에 해당한다. 직장인들이 수동적인 소비자 역할만 한다면 두 식당은 모두 중간 맛의 음식을 판매한다. 다수결로 회식을 결정하는 직장인들은 항상 중간 맛의 식당을 선택하므로, 만약 한 식당이 순한 맛이나 매운맛 음식을 팔면 손님들은 이 식당을 찾지 않을 것이다. 따라서 두 식당은 모두 중간 맛의 음식을 팔아야 한다. 다운스(Downs 1957)의 중위 투표자 이론은 같은 논리에서 두 정당이 모두 중위 투표자의 입장을 취할 것으로 예측한다. 그러나 직장인들이 능동적인 투자자의 역할을 한다면, 매운맛이나 순한 맛을 원하는 직장인이 각각 한 식당에 투자해 음식을 좀 더 맵거나 좀 더 순하게 만들 수 있다. 동시에 이들은 중간 맛을 원하는 동료를 설득하거나 매수해서 매운맛 식당이나 순한 맛 식당을 선택하도록 할 수 있다. 다수가 최종적으로 어떤 식당을 선택하는지는 매운맛 또는 순한 맛을 원하는 직장인이 식당에 투자할 수 있는 재력과 다른 동료를 설득할 수 있는 능력에 따라 결정된다.

현실 세계에서 소비자들이 자신이 원하는 맛을 얻기 위해 식당에 투자할 가능성은 높지 않다. 왜냐하면 원치 않는 맛의 음식을 먹어야 할 경우 치를 순응 비용은 크지 않기 때문이다. 반면에 유권자들이 원치 않는 정책을 따라야 할 때 치를 순응 비용은 매우 크다. 예컨대 원치 않는 조세정책, 부동산 정책, 교육정책은 상당한 경제적 손실을 초래한다. 따라서 유권자들은 소비자처럼 소극적인 선택만 하는 것이 아니다. 이들은 자신이 원치 않는 정책 때문에 입게 되는 손해를 피하기 위해 적극적으로 정치 활동을 한다. 다른 사람의 생각을 바꾸려고 SNS 활동을 하거나, 정당에 가입하고 정치자금을 제공하기도 한다.

정치 활동을 적극적으로 하는 유권자들은 주로 급진적인 유권자들이다. 지지 정당이 자신의 급진적인 입장으로부터 멀어지는 것을 막기 위해 다양한 정치 활동을 한다. 정당들은 급진적인 정치 활동가들이 제공한 인적·물적 자원을 이용해 자신의 유인 가치를 가공 생산하고 홍보한다. 정당들이 더 많은 유권자의 지지를 얻기 위해 지나치게 온건한 입장을 취하면, 정치 활동가들이 제공하는 선거 자원을 잃게 되고 정치광고를 하기 어려워신다. 따라서 지나치게 온건한 입장을 취하면 오히려 표를 잃을 수도 있다. 그렇다고 선거 자원을 얻기 위해 지나치게 극단적인 입장을 취하면 중도에 있는 유권자의 표를 얻기 어렵다. 따라서 좌파 정당은 중도와 극좌의 중간인 중도좌파의 입장을 취하고, 우파 정당은 중도 우파의 입장을 취하게 된다. 즉, 유권자들이 정치 투자자의 역할을 한다면 두 정당은 중위 투표자 입장으로 수렴하지 않고 서로 다른 입장을 취한다(Moon 2004; 문우진 2013b).

2. 어떤 유권자의 입장이 국민 전체의 효용을 극대화하는가

식당을 선택하는 사례에서 핵심 가정은 식당들이 다양한 음식을 팔지 않는다는 것과 직장인들은 모여서 같은 음식을 먹어야 한다는 것이다. 이런 가정을 하지 않으면 직장인들은 한 식당에서 각자 자신이 원하는 음식을 먹거나, 각자 다른 식당에서 자신이 원하는 음식을 먹으면 된다. 이럴 경우 직장인들은 자신이 원하는 음식을 먹으므로 이들 효용의 합은 극대화된다. 그러나 정치에서는 한 정당이 모든 유권자에게 맞춤형 정책을 제시할 수 없으며, 유권자들은 각자 자신의 입맛에 맞는 정책을 가질 수 없다. 정치는 모든 구성원이 다수가 선택한 공공 정책을 따라야 하는 집합적 의사 결정이다.

식당의 사례에서 직장인들의 효용은 어떻게 결정되는가? 매운맛을 원하는 직장인이 돈을 투자해, 매운 음식을 파는 식당 음식의 질을 상당 정도 향상한다면, 이 직장인은 자신이 원하는 매운 음식을 먹을 수 있을 뿐만 아니라 질 좋은 음식을 먹을 수 있다. 매운맛을 좋아하지 않는 직장인의 경우 자신이 원하지 않던 음식이긴 하지만 고품질의 음식을 먹을 수 있다. 그러나 식당이 지원

받은 자금을 음식의 질을 향상하는 데 사용하지 않고 경쟁 식당을 비방하는 광고를 제작해 다수 직장인의 선택을 받는다면, 직장인들의 집합적인 효용은 감소한다. 투자자는 자신이 원하는 맛의 음식을 먹을 수 있지만 자신이 투자한 돈만큼 질이 향상된 음식을 먹을 수는 없다. 매운맛을 원하지 않았음에도, 순한 맛 식당에 대한 흑색선전에 현혹되어 매운맛 식당을 선택한 사람들은 원치 않는 맛의 질 낮은 음식을 먹어야 한다. 이럴 경우 가장 큰 이익을 보는 사람은 식당 주인이다.

정당들의 선거 경쟁도 이와 크게 다르지 않다. 식당 사례에서 직장인이 자신이 원하는 맛의 음식을 먹기 위해 식당에 투자하듯이, 선거에서 유권자들은 자신이 원하는 정책을 얻기 위해 정당에 인적·물적 자원을 투자한다. 정당이 지원받은 자원을 공공의 이익을 위한 정책을 개발하는 데 사용해 선거에서 승리한다면, 정치 투자자는 자신이 원하는 정책과 공공의 이익을 얻게 되므로 가장 큰 이익을 본다. 다른 정책을 선호하는 유권자도 공공의 이익으로부터 어느 정도 효용을 얻을 수 있다. 반면에 정당이 선거 승리만을 위해, 유권자들이 제공하는 인적·물적 자원을 실체 없는 유인 가치 광고나 상대를 비난하기 위한 네거티브 광고에 사용할 수 있다. 이럴 경우 광고에 현혹되어, 자신이 원치 않는 정책을 표방하는 정당을 지지하는 유권자는 가장 큰 손실을 보게 된다. 그뿐만 아니라 특정 정치 투자자가 막강한 재력을 행사해 자신이 원하는 정책을 얻을 수 있다면 수동적인 정치 소비자들은 자신이 원하지 않는 정책을 항상 소비해야 한다.

정치 자원을 투자해 발생한 이익이 모든 유권자에게 똑같이 돌아간다고 가정할 경우, 좌-우 사이의 어떤 입장이 국민 전체에 가장 높은 효용을 가져다주는가? 좌파 정책과 우파 정책이 번갈아 채택되는 결과와, 항상 중도 유권자의 입장이 채택되는 결과는 국민 전체에게 어떤 효용의 차이를 유발하는가? 예컨대 다수가 매운맛(좌파 정책)을 선택한다면, 순한 맛(우파 정책)을 원하는 사람은 큰 손해를 본다. 반대로 다수가 순한 맛(우파 정책)을 선택한다면, 매운맛(좌파 정책)을 원하는 사람이 큰 손해를 본다. 중간 맛(중도 정책)을 원하는 사람은 매운맛과 순한 맛 음식을 번갈아 먹어야 한다. 반면에 중간 맛이 항상 선택되면, 중간 맛을 원하는 사람은 항상 자신이 가장 좋아하는 음식을 먹게 된다. 매운맛이나 순한 맛을 원하는 사람이 중간 맛 음식을 먹을 때 얻는 효용은 이들이 각각 순한 맛과 매운맛 음식을 먹을 때 얻는 효용보다 크다. 따라서 중도 입장이 항상 선택되는 것이 좌와 우의 입장이 번갈아 선택되는 것보다 결과적으로 국민 전체에 더 큰 효용을 제공한다.

앞의 예는 중위 투표자 입장을 대변하는 정책 결과가 사회 전체의 효용을 극대화한다는 사실을 보여 준다. 그렇다고 항상 중위 투표자의 입장이 채택되면 중위 투표자는 아무런 노력을 하지 않아도 자신이 원하는 정책 결과를 얻게 된다. 반면에 좌우의 유권자는 자신이 원하는 정책을 얻기 위한 노력과 상관없이 항상 중위 투표자의 입장을 대변하는 정책을 따라야 한다. 이런 딜레마에 봉착해, 어떤 결과가 더 공정한가라는 질문에 대한 규범적 판단이 필요하다. 8장에서는 이런 규범적 판단을 제시할 것이다. 여기에서는 먼저 정치제도에 따라 국민의 뜻이 어떻게 서로 다른 정책 결과로 귀결되는지를 살펴보자.

3. 국민의 뜻은 어떻게 모아지는가

1) 국민의 뜻을 모으는 첫 번째 단계 : 선거 경쟁

　선거는 국민의 뜻을 모으는 첫 번째 단계다. 단순 다수제에서는 지역구에서 일등을 차지한 후보만 당선된다. 단순 다수제에서는 군소 정당 후보를 선호하는 유권자가 당선 가능한 차선의 후보를 지지할 가능성이 높다. 따라서 단순 다수제는 지역구에서 선거 경쟁력이 있는 두 정당만 남게 된다(Duverger 1959). 이에 반해, 비례대표 선거제도에서는 군소 정당도 지지 기반이 확고하면 득표율만큼의 의석을 확보할 수 있다. 따라서 다당제가 형성될 가능성이 높다. 그렇다면 두 선거제도는 어떻게 국민의 뜻을 모을까?

　이 질문에 답하기 위해 ① 매우 순한 맛, ② 순한 맛, ③ 약간 순한 맛, ④ 중간 맛, ⑤ 약간 매운 맛, ⑥ 매운맛, ⑦ 매우 매운 맛을 각각 선호하는 동일한 규모의 7개 집단이 전국에 골고루 분포되어 있다고 가정하자. 〈그림 7-1〉의 왼쪽 부분은 이런 분포를 보여 준다. 이 국가가 전국구 비례대표제를 채택한다면, 7개 집단은 각각 자신이 원하는 맛을 대변하는 정당을 만든다. 이들이 선거를 치른다면 일곱 가지 맛을 각각 대변하는 7개 정당이 각각 14.3%(100%/7)의 지지를 얻게 된다. 이럴 경우 일곱 가지 맛을 각각 대변하는 정당의 후보들이 의회를 구성해, 시민사회 집단들의 선호와 의원들의 선호가 서로 조응하게 된다. 따라서 의회에 다양한 국민들의 뜻이 골고루 반영된다.

　단순 다수제에서는 집단의 선호가 아닌 행정구역에 따라 지역

그림 7-1 **전국구 비례대표제의 민의 수렴 방식**

	국민							의회	
①	②	③	④	⑤	⑥	⑦		정당 A	①
②	③	④	⑤	⑥	⑦	①		정당 B	②
③	④	⑤	⑥	⑦	①	②		정당 C	③
④	⑤	⑥	⑦	①	②	③		정당 D	④
⑤	⑥	⑦	①	②	③	④		정당 E	⑤
⑥	⑦	①	②	③	④	⑤		정당 F	⑥
⑦	①	②	③	④	⑤	⑥		정당 G	⑦

구를 구성한다. 따라서 지역구가 어떻게 획정되는지에 따라 선거 결과가 달라진다. 일곱 가지 맛을 선호하는 유권자들이 전국에 골고루 분포되어 있으므로, 〈그림 7-2〉와 같이 각 지역구에도 일곱 가지 맛을 선호하는 유권자들이 골고루 분포되어 있다고 가정하자. 만약 다운스가 가정한 바와 같이, 유권자들이 수동적인 정치 소비자의 역할만 한다면, 두 정당의 모든 지역구 후보들은 중위 투표자의 입장인 중간 맛을 표방해야 선거에서 승리한다. 이럴 경우 중간 맛을 대변하는 의원 7인으로 의회가 구성된다. 따라서 단순 다수제에서는 ④의 뜻만 반영된다.

유권자들이 정치 투자자의 역할을 한다고 가정하면 결과는 달라진다. 매우 순한 맛이나 매우 매운 맛을 원하는 유권자들이 중간 맛이 선택되는 것을 방지하기 위해 정치 활동을 한다고 가정하자. 매우 순한 맛을 원하는 유권자들이 자신의 후보에게 정치자금을 제공해 이 후보가 ②를 선택하도록 하고, 매우 매운 맛을 원하는 유권자들은 자신의 후보가 ⑥을 선택하도록 만들었다고 가정하자. 3개 지역구에서는 순한 맛 정당 후보가 정치광고를 더 효과

그림 7-2 **단순 다수제의 민의 수렴 방식** (국민이 수동적인 정치 소비자인 경우)

	7개 지역구									의회
1	①	②	③	④	⑤	⑥	⑦			④
2	②	③	④	⑤	⑥	⑦	①		정당 A	④
3	③	④	⑤	⑥	⑦	①	②			④
4	④	⑤	⑥	⑦	①	②	③	⇨		④
5	⑤	⑥	⑦	①	②	③	④			④
6	⑥	⑦	①	②	③	④	⑤		정당 B	④
7	⑦	①	②	③	④	⑤	⑥			④

적으로 해 선거에서 승리하는 반면, 4개 지역구에서는 매운맛 정당 후보가 선거에서 승리한다고 가정하자(물론 다른 가정도 가능하다). 이럴 경우 순한 맛을 대변하는 3인의 의원과, 매운맛을 대변하는 4인의 의원으로 의회가 구성된다. 따라서 의회는 다수의 뜻(ⓖ)을 내변하는 의원들과 소수의 뜻(ⓗ)을 대변하는 의원들로 구성된다(〈그림 7-3〉 참고).

사회 구성원의 선호가 다양해질 경우, 두 선거제도는 이런 변화를 어떻게 반영하는가? 예컨대 국민의 일부분이 중식과 양식을 선호하게 되었고, 이들이 자신이 원하는 음식을 먹기 위해 각각 정당을 만든다고 가정하자. 한식의 일곱 가지 매운맛을 대변하는 기존 정당들과, 중식과 양식을 대변하는 신생 정당이 각각 11.1%(100%/9)의 지지를 얻는다고 가정하자. 이럴 경우 비례대표제에서는 한식의 일곱 가지 맛을 대변하는 7개 징당과, 중식과 양식을 대변하는 두 정당이 동일한 수의 의석을 확보하게 된다. 반면에 단순 다수제에서는 중식과 양식을 대변하는 군소 정당 후보의 출현이 선거 결과에 영향을 미치지 못한다. 두 정당은 여전히 한식

그림 7-3 **단순 다수제의 민의 수렴 방식** (일부 국민이 적극적인 정치 투자자인 경우)

7개 지역구								의회	
1	①	②	③	④	⑤	⑥	⑦		②
2	②	③	④	⑤	⑥	⑦	①	정당 A	②
3	③	④	⑤	⑥	⑦	①	②		②
4	④	⑤	⑥	⑦	①	②	③		⑥
5	⑤	⑥	⑦	①	②	③	④		⑥
6	⑥	⑦	①	②	③	④	⑤	정당 B	⑥
7	⑦	①	②	③	④	⑤	⑥		⑥

의 맛을 중심으로 경쟁하고, 군소 정당 후보는 지역구 의석을 1석도 얻지 못한다. 따라서 두 군소 정당의 출현은 의회의 구성에 아무런 영향을 미치지 못한다. 지역구민은 여전히 다수당이 선택한 한식만 먹어야 한다.

이 사례는 단순 다수제에서는 국민들의 선호와 조응하는 의회를 구성하기 어렵다는 사실을 보여 준다. 달리 말해, 단순 다수제에서는 국민들이 다양한 선호를 가졌을 경우에도 이런 선호가 정당을 통해 표출되기가 어렵다. 한식의 다양한 맛을 선호하는 국민들이 있음에도 특정 입맛만 대변하는 의원들로 의회가 구성된다. 그뿐만 아니라 중식과 양식을 원하는 유권자들이 생겨도 기존의 주요 정당은 여전히 한식을 중심으로 매운맛 대결을 전개하고, 중식과 양식에 대한 선호가 선거 결과에 반영될 기회는 주어지지 않는다. 즉, 사회의 변화에 따라 새로운 선호를 가진 집단이나 새로운 이슈가 출현해도, 단순 다수제에서는 이들을 기존의 진영 대결 속으로 흡수시켜, 새로운 집단의 입장이나 이슈는 입법 결과로 반영되지 못한다. 반면에 비례대표제에서는 중식과 양식을 원하는 유권자들의 선호가 군소 정당을 통해 표출될 기회가 주어진다. 선거 경쟁은 한식의 매운맛 대결을 뛰어넘어 한식, 중식, 양식 간 대결이 이루어진다. 국민들은 다양한 메뉴를 제공하는 정당들을 선택할 수 있다.

2) 국민의 뜻을 모으는 두 번째 단계 : 입법 경쟁

선거 경쟁을 통해 의회를 구성하면 두 번째 단계에서 입법 경쟁을 통해 국민의 뜻을 모은다. 동일한 의원들로 구성된 의회도 정부 형태와 입법 규칙에 따라 서로 다른 입법 결과를 산출한다. 선거제도, 정부 형태, 입법 규칙을 서로 조합하면 다음과 같이 8개의 정치체제가 산출된다(대통령제는 미국과 같은 삼권분립의 순수한 대통령제를 의미한다).

Ⓐ 단순 다수제 + 의회제 + 다수결 입법 규칙

Ⓑ 단순 다수제 + 대통령제 + 다수결 입법 규칙

Ⓒ 단순 다수제 + 대통령제 + 초다수결 입법 규칙

Ⓓ 비례대표제 + 의회제 + 다수결 입법 규칙

Ⓔ 비례대표제 + 대통령제 + 다수결 입법 규칙

Ⓕ 비례대표제 + 대통령제 + 초다수결 입법 규칙

Ⓖ 단순 다수제 + 의회제 + 초다수결 입법 규칙

Ⓗ 비례대표제 + 의회제 + 초다수결 입법 규칙

모든 정부 형태에서, 입법부와 행정부가 합의할 때 법이 통과된다. 입법부와 행정부가 서로 동의하려면 양방의 이견 조율이 필요하다. 양방이 거래를 할 경우 보통은 흥정을 통해 상대의 제안을 조정해 간다. 반면에 일방의 제안에 대해 상대가 수정을 제시할 수 없고, 받을지 말지만 결정할 수 있는 거래 방식이 있다. 가격을 상점 주인이 결정하고 손님은 구매 여부만 결정할 수 있는 정찰제가 대표적이다. 이 경우 제안자를 '의제 설정자'agenda setter라고 부른다 (Tsebelis 2002). 예컨대 정찰제 거래에서는 상점이 의제 설정자다.

의제 설정자는 의사 결정을 자신에게 유리하게 끌어올 수 있다. 왜냐하면 정찰제 거래에서 상품 가격을 깎지 못하듯이, 의제 설정자의 제안에 수정을 가할 수 없기 때문이다. 의제 설정자는 상대가 자신의 제안을 어느 정도까지 수용할 수 있는지를 알면, 상대가 수용할 수 있는 입장들 가운데 자신에게 가장 유리한 바를 제시할 수 있다. 예컨대 상인은 손님과 거래할 때 예산이 어느 정도인지를 물어본다. 손님이 자신의 예산에 대해 정보를 제공하면, 상인은 손님이 구입하고자 하는 상품들 가운데 자신이 가장 큰 이익을 볼 수 있는 상품을 제안한다.

입법 과정은 법안을 발의하는 의제 설정 기관과, 이에 대해 거부권을 행사하는 기관 간의 게임이다. 순수한 대통령제에서는 의회가 법안을 발의하고, 대통령이 이를 수용할지 또는 거부할지를 결정한다. 따라서 순수한 대통령제에서는 의회가 의제 설정자이고 대통령이 거부권 행사자다. 이럴 경우 의제 설정자인 의회에 유리한 결과가 초래된다. 따라서 통념과는 달리 대통령제에서는 의회의 입법적 권한이 대통령보다 강하다. 반면에 의회제에서는 행정부가 법안을 발의하고 의회는 이를 수용할지 또는 거부할지를 결정한다. 이럴 경우 의제 설정자인 행정부에 유리한 입법 결과가 초래된다. 따라서 통념과는 달리 의회제에서는 행정부의 입법적 권한이 의회보다 강하다. 즉, 정부 형태의 이름과는 정반대로 대통령제에서는 의회의 권한이 더 강하고, 의회제에서는 행정부의 권한이 더 강하다.

단순 다수제, 의회제와 다수결 입법 규칙은 각각 다수 지배에 유리한 반면, 비례대표제, 대통령제와 초다수결 입법 규칙은 각각 소수 보호에 유리하다. 따라서 단순 다수제, 의회제와 다수결 입법 규칙이 조합된 체제 ⒜는 다수가 소수를 가장 효율적으로 지배할 수 있는 제도다. 영국과 같은 양당 의회제 국가가 여기에 속한다. 선진 민주주의국가 가운데 단순 다수제, 대통령제와 다수결 입법 규칙의 조합인 체제 ⒝를 채택한 국가는 없다. 그나마 국회 선진화법 이전의 한국 정치체제가 체제 ⒟에 가깝다고 볼 수 있다. 이 시기의 한국 정치체제는 전체 의석의 80% 이상을 단순 다수제로 선발하는 단순 다수제 중심의 병립형 선거제도와 대통령제, 그리고 다수결 입법 제도의 조합을 선택한 바 있다.

그러나 5장 3절에서 자세히 설명했듯이 한국 대통령제는 순수한 대통령제로 보기 어렵다. 한국에서는 국회뿐만 아니라 행정부도 법안을 발의한다. 만약 대통령이 다수 여당을 장악할 수 있다면 국회는 행정부안을 거부하기 어렵다. 따라서 대통령이 여당을 장악하는 여대야소 상황은 행정부가 법안을 발의하고 국회가 정부안에 동의하는 의회제와 비슷하다. 그뿐만 아니라 행정부는 독점적인 예산편성 권한을 가지고 있다. 국회는 정부 예산안을 수정할 수 없으며 이를 받을지 말지만 결정해야 한다. 따라서 한국에서는 (의회제에서처럼) 행정부가 예산안에 대한 의제 설정자다.

단순 다수제, 대통령제와 초다수결 입법 규칙이 조합된 체제 ⓒ의 전형은 미국이다. 미국 상원에서는 소수당이 무제한 토론을 할 수 있으며, 무제한 토론을 종결하려면 5분의 3의 동의가 필요하다. 따라서 소수당도 다수당을 견제할 수 있다. 국회선진화법 이후의 한국 정치체제는 변형된 체제 ⓒ에 가깝다. 쟁점 법안을 본회의에 상정하기 위해서는 5분의 3의 동의를 필요로 하므로 소수당도 다수당을 견제할 수 있다. 국회선진화법이 적용된 19대와 20대 국회에서는 다수 여당도 소수당의 동의 없이 입법적 의제를 실현할 수 없었다. 21대 국회에서와 같이 여당이 180석을 확보할 수 있을 때에만 여당은 입법적 의제를 실현할 수 있다.

대부분의 선진 민주주의국가는 비례대표제, 의회제와 다수결 입법 규칙이 조합된 체제 ⓓ를 채택했다. 네덜란드·노르웨이·덴마크·독일·룩셈부르크·벨기에·스웨덴·스위스·오스트리아·이탈리아·핀란드 등이 여기에 속한다. 체제 ⓓ는 의회제의 효율성을 추구하면서 소수를 보호할 수 있는 체제다. 대통령제의 경우 행정부와 의회 다수가 서로 의견이 다르면 입법적 교착이 발생한다. 의회제는 대통령제와 달리 견제보다 효율성을 중시하는 제도다. 그러나 양당 의회제는 소수를 보호하기 어렵다. 이런 문제를 해결하기 위해 의회제에서는 비례대표제를 채택해 한 정당이 다수를 차지하기 어렵게 만든다. 이럴 경우 여러 정당이 연합 정부를 구성해야 하며, 연정에 참여한 정당들이 서로 동의할 때만 법이 만들어진다. 따라서 군소 정당들도 연정에 참가해 큰 정당으로부터 소수 입장을 보호할 수 있다.

체제 ⓔ는 비례대표제, 대통령제와 다수결 입법 규칙이 조합된 체제다. 중남미 국가들이 이런 체제와 비슷하지만 이 국가들의 강력한 대통령제는 미국의 삼권분립 체제와 다르기 때문에 체제 ⓔ와 같다고 보기 어렵다. 체제 ⓕ는 비례대표제, 대통령제와 초다수결 입법 규칙이 조합된 체제다. 이 체제는 선진 민주주의국가에서 발견되지 않는다.

체제 ⓖ와 체제 ⓗ는 현실 세계뿐만 아니라 이론적으로도 존재할 수 없다. 두 체제는 초다수결 입법 규칙을 사용하는 의회제다. 의회제에서는 행정부가 의회의 지지를 얻지 못하면 실각한다. 의회제에서 초다수결을 사용하면, 행정부를 유지하기 위해 초다수의 지지를 확보해야 한다. 다수당 또는 다수 연합이 초다수를 확보하지 못할 경우 소수당 또는 소수 연합도 행정부를 실각시킬 수 있으므로 행정부가 불안정해질 가능성이 높다. 따라서 초다수결 입법 규칙을 사용하는 의회제는 존재하지 않는다.

의회제와 대통령제는 서로 다른 방식으로 다양한 국민의 뜻을 모은다. 의회제에서는 국민의 뜻이 모여 정책으로 산출되는 과정이 간접적이고 직렬적이다. 국민들은 총선에서 다수당 또는 다수 연합을 결정하고, 다수당(연합)은 정부를 형성해 자신들을 지지한 다수를 대변하는 정책을 만든다. 의회제에서는 국민 대신 의회가 행정부 수반을 선발한다. 〈그림 7-4〉의 좌측 그림이 보여 주는 것처럼 의회제에서는 국민들의 뜻이 건전지의 직렬연결처럼 효율적으로 행정부에 전달된다. 정당들이 지지자들의 정책적 선호를 충실하게 반영하지 않거나, 의회 다수가 다수 여론을 반영하지 않거나, 의회 다수를 반영하는 정부가 형성되지 않으면, 다수의 뜻

그림 7-4 의회제와 대통령제의 여론 대변 방식

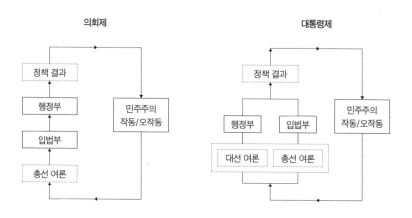

이 정책 결과로 산출되는 과정에서 왜곡이 발생하고, 민주주의가 정상적으로 작동하지 않는다.

　의회제와는 달리 대통령제에서는 국민의 뜻이 정책 결과로 산출되는 과정이 직접적이고 병렬적이다. 〈그림 7-4〉의 우측 그림이 보여 주는 것처럼, 대통령제에서는 국민들의 뜻이 건전지의 병렬연결처럼 대선과 총선을 통해 행정부와 입법부로 전달된다. 총선에서 승리한 의회 다수가 자신을 선발한 다수의 입장을 반영하지 않으면 여론을 대표하는 과정에 왜곡이 발생한다. 이럴 경우 대선에서 형성된 다수를 대표하는 대통령이 의회를 견제한다. 마찬가지로 대선에서 승리한 대통령이 자신을 선발한 다수를 대변하지 않으면, 총선 당시 형성된 유권자 다수가 지지한 의회의 다수당(연합)이 대통령을 견제한다. 총선에서 형성되는 다수가 입법부와 행정부를 모두 지배하는 의회제와 달리, 대통령제에서는 대선에서 형성된 다수와 총선에서 형성된 다수가 서로 견제한다.

대통령제에서는 총선과 대선에서의 다수가 서로 일치할 만큼 지배적인 여론이 형성되었을 때에만, 같은 정당이 행정부와 입법부를 지배한다. 대통령제에서는 이런 경우에만 다수가 소수를 지배한다. 대선과 총선에서 대통령과 의회의 다수당이 서로 다른 유권자 다수로부터 지지를 얻은 경우, 행정부와 의회에서 다수를 형성한 정당(들)이 서로 동의하는 영역이 존재할 때에만 정책 결과가 산출된다. 이럴 경우 대통령제에서는 의회 다수당에 의제 설정 권한이 있기에 행정부의 입장보다 의회 다수당의 입장을 더 반영하는 정책이 만들어진다. 즉, 대선 당시에 형성된 다수보다 총선 당시에 형성된 다수에게 더 유리한 결과가 나타난다. 그러나 행정부와 의회 다수당이 서로 동의하는 영역이 존재하지 않으면 입법적 교착이 발생한다. 따라서 대통령제에서는 현 상태의 변화가 시급할 때에도 대선에서의 다수와 총선에서의 다수가 일치할 정도로 지배적인 다수가 형성되지 않으면 변화는 일어나기 어렵다.

미국 헌법은 소수를 보호하기 위해 초다수결 입법 규칙이라는 또 다른 제도적 장치를 마련했다. 의회 다수가 통과시킨 법안에 대통령이 거부권을 행사하면 의회의 초다수인 3분의 2가 동의해야 대통령 거부권을 기각할 수 있도록 했다. 그뿐만 아니라 소수당은 무제한 토론을 통해 다수당을 견제할 수 있도록 했다. 무제한 토론을 종료하기 위해서는 초다수인 5분의 3이 동의해야 한다. 이런 입법 규칙은 초다수가 동의할 정도로 지배적인 여론이 형성될 때만 소수의 반대를 거슬러 현행 상태를 바꿀 수 있다는 생각을 반영한 것이다.

4. 서로 다른 정치체제는 누구를 대변하는가

입법 과정은 법안을 발의하는 정당과 이에 대한 거부권을 행사하는 정당 간의 게임이다. 앞의 3절에서 제시한 6개 정치체제에서는 서로 다른 행위자들이 법안을 발의하고 거부권을 행사한다. 체제 Ⓐ는 단순 다수제 및 의회제와 다수결 입법 규칙이 조합된 체제다. 단순 다수제는 양당 체제를 창출할 가능성이 높으므로 체제 Ⓐ에서는 의회 과반수를 차지한 정당이 정부를 형성하고 다수당 정부가 법안을 발의한다. 의회에서 다수당은 이에 동의하고 정부안은 채택된다.

3절의 〈그림 7-3〉이 보여 준 유권자 선호가 어떻게 입법 결과로 초래되는지 살펴보자. 단순 다수 선거제도에서 ②가 3개 지역구에서 당선되고 ⑥이 4개 지역구에서 당선된 경우, 의회는 3명의 ②와 4명의 ⑥으로 구성된다. 따라서 다수당 B가 행정부를 구성하고, 행정부는 ⑥의 입장을 대변하는 정책을 만든다. 〈그림 7-5〉의 좌측 그림은 체제 Ⓐ에서의 이런 입법 과정을 요약한 것이다.

체제 Ⓓ는 비례대표제 및 의회제와 다수결 입법 규칙이 조합된 체제다. 비례대표제는 다당 체제를 산출할 가능성이 높으므로, 한 정당이 의회 과반수 의석을 확보하기 어렵다. 이럴 경우 연합 정부를 구성해야 한다. 연합 정부에 참가한 정당들은 의회에서 과반수를 차지할 수 있고 그렇지 않을 수도 있다. 그뿐만 아니라 어떤 정당들이 연합 정부에 참가할지는 불분명하다. 따라서 체제 Ⓓ에서 초래될 입법 결과를 예측하기 어렵다. 〈그림 7-5〉의 우측 그림은 체제 Ⓓ에서의 이런 입법 과정을 요약한 것이다.

그림 7-5 의회제에서의 입법 결과

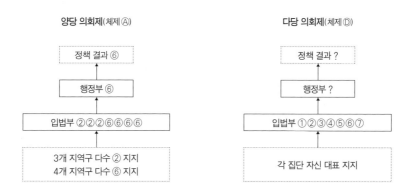

연합 정부에 참여한 정당들이 의회 다수를 차지할 경우 연합 정부 입장이 채택된다. 입법 경쟁이 일차원적인 정책 공간에서 이루어질 경우 연정 참가 정당들 가운데 중간 입장을 취하는 정당의 입장이 채택될 가능성이 높다. 예컨대 3개 정당이 최저임금 인상 정책을 만들 때 중간에 있는 정당이 원하는 인상안이 채택될 가능성이 높다. 〈그림 7-5〉에서 만약 ④, ⑤, ⑥, ⑦이 연합 정부를 형성하면 ⑤와 ⑥의 중간 입장이 채택될 가능성이 높다.

연합 정부에 참여한 정당들이 과반수 의석을 차지하지 못한 경우 소수 정부가 형성된다. 이럴 경우 소수 정부가 제출한 법안을 의회 다수가 반대할 수 있다. 따라서 소수 정부는 의회 다수가 수용할 수 있는 입장 가운데 자신의 입장과 가장 가까운 법안을 발의하고, 의회 다수는 이를 통과시킨다. 〈그림 7-5〉에서 만약 ⑤, ⑥, ⑦이 소수 정부를 형성한다면, 소수 정부는 4개 야당 ①, ②, ③, ④ 모두를 충족하는 법안만 통과시킬 수 있다. 만약 현행법이

④의 입장이라면 소수 연합 정부는 이 현행법을 자신과 가까운 입장으로 바꿀 수 없다. 반면에 현행법이 ⑥의 입장일 경우, 소수 연합 정부 ⑤⑥⑦이 ⑤의 입장을 제안하면, 4개 야당 모두 ⑥보다 ⑤를 선호하므로 ⑤는 통과된다. 그러나 소수 연합 정부가 ⑤를 채택하기 위해서는 ⑥의 동의를 얻어야 한다. ⑥이 동의하지 않으면 정부는 ⑤를 채택할 수 없으므로 현행법을 바꿀 수 없다.

체제 Ⓑ, Ⓒ, Ⓔ, Ⓕ는 대통령제다. 앞에서 이야기한 것처럼, 미국식 대통령제에서는 다수당이 법안을 발의하면 소수당이 무제한 토론을 할 수 있고, 다수당이 야당인 경우 대통령이 거부권을 행사할 수 있다. 대통령제의 입법 절차가 이처럼 복잡함에도 의회제에 비해 입법 결과를 더 분명하게 예측할 수 있다. 모든 입법 절차에서는 의제 설정자가 법안을 발의하고 거부권 행사자는 이를 받을지 말지를 결정한다. 이런 결정에서 캐스팅보트를 쥔 결정권자가 누구인지를 알면 입법 결과를 예측할 수 있다. 이때 캐스팅보트를 쥔 결정권자를 실질적인 거부권 행사자라고 부른다(문우진 2014b). 실질적 거부권 행사자가 현행 상태보다 더 선호하는 법안을 의제 설정자가 제안하면 이 제안은 통과된다. 의제 설정자는 실질적 거부권 행사자가 받을 수 있는 대안들 가운데 자신에게 가장 유리한 대안을 제시하고 이 대안은 통과된다. 따라서 대통령제에서는 의제 설정자와 실질적 거부권 행사자가 누구인지만 알면 입법 결과를 예측할 수 있다(문우진 2014b).

체제 Ⓑ는 단순 다수제와 다수결 입법 규칙이 조합된 대통령제다. 대통령제에서는 대통령 거부권을 초다수의 찬성으로 기각할 수 있다. 이때 대통령 거부권 기각에 필요한 초다수를 충족하기 위해 캐스팅보트를 쥔 의원, 즉 대통령 거부권을 기각하기 위한 캐스팅보트를 쥔 의원을 '거부 중추'veto pivot라 부른다(Krehbiel 1998). 한국에서는 "재적 의원 과반수의 출석과 출석 의원 3분의 2 이상의 찬성으로 전과 같은 의결을 하면 그 법률안은 법률로서 확정된다"(〈헌법〉 제53조 4항). 따라서 한국에서 대통령의 거부권을 기각하기 위해서는 재적 의원 300명의 3분의 2인 200명의 의원이 필요하다. 대통령이 진보적일 경우, 199명의 보수적인 의원들과 200번째로 보수적인(101번째로 진보적인) 의원이 거부권을 기각할 수 있다. 진보적인 대통령의 거부권을 기각하기 위해 101번째로 진보적인 의원의 동의가 필요하므로, 이 의원이 거부 중추다.

　미국처럼 의원 자율성이 높은 국가에서는 거부 중추 의원이 여당에 속하더라도 대통령 거부권을 기각할 수 있으므로 거부 중추 의원이 실질적인 거부권 행사자다. 정당 규율성이 강한 국가에서는 당론으로 주요 법안에 대한 입장을 결정하므로, 거부 중추 의원은 당론을 따라야 한다. 따라서 거부 중추 의원이 소속된 정당이 거부 중추의 역할을 담당하게 된다. 따라서 한국처럼 정당 규율성이 강한 국가에서 진보적인 대통령의 거부권을 기각하기 위한 캐스팅보트를 쥔 거부 중추 정당은 101번째로 진보적인 의원이 소속된 정당이다.

　체제 ⓑ에서 의제 설정자와 실질적 거부권 행사자의 지위는 단점 정부(여대야소)와 분점 정부(여소야대) 상황에 따라 달라진다. 대통령이 여당을 장악하지 못한 경우, 단점 정부에서 다수 여당이 법안을 발의하고 대통령이 거부권을 행사하면 여당이 이를 기각할 수 있다. 대통령은 자신이 여당안에 거부권을 행사하면 여당이 거부권을 기각할 것임을 안다. 따라서 대통령은 거부권을 행사하지 않고 여당안이 통과된다. 반면에 대통령이 다수 여당을 장악한 경우, 여당이 거부 중추 정당이라고 하더라도 여당은 대통령 거부권을 기각하기 어렵다. 이때 여당이 대통령 거부권을 기각할 실질적인 권한을 가지고 있지 않으므로 대통령이 실질적 거부권 행사자가 된다. 다수 여당은 대통령이 선호하는 안을 제안하고 대통령은 이를 수용한다. 따라서 대통령이 여당을 장악하지 못하면 여당안이 채택되는 반면, 대통령이 여당을 장악하면 대통령 입장이 채택된다.

체제 ⑧의 분점 정부에서 의제 설정자는 다수 야당이고 실질적 거부권 행사자는 거부 중추 정당이다. 대통령이 여당을 장악하지 못하고 야당이 의석의 3분의 2 이상을 얻지 못하면, 거부 중추 정당은 소수 여당이다. 다수 야당은 소수 여당이 수용할 수 있는 법안들 가운데 자신의 입장과 가장 가까운 법안을 발의하고 이는 통과된다. 반면에 대통령이 여당을 장악하면 여당은 대통령의 뜻을 따른다. 따라서 실질적 거부권 행사자는 대통령이다. 다수 야당은 대통령이 수용할 수 있는 법안들 가운데 자신의 입장과 가장 가까운 법안을 발의하고 대통령은 이를 수용한다. 분점 정부 상황은 여당이 행정부 권력을 차지하고 다수 야당이 입법부 권력을 차지한 경우다. 행정부와 입법부의 권력이 서로 동등하다면 행정부의 입장과 다수 야당의 중간에 있는 법안이 통과될 것이다. 그러나 앞에서 서술한 분석 결과는 입법부를 장악한 정당에 더 유리한 결과가 초래된다는 사실을 보여 준다. 순수한 대통령제에서는 입법부가 의제를 설정하기 때문이다.

그림 7-6 양당 대통령제의 다수결 의회에서의 입법 결과

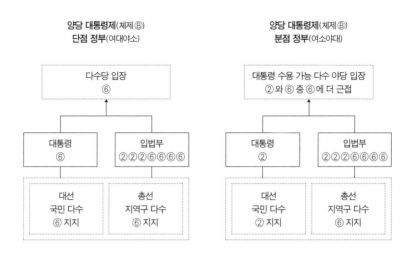

〈그림 7-6〉은 〈그림 7-3〉이 보여 준 단순 다수제 선거 결과가 체제 ⑧의 단점 정부와 분점 정부에서 어떤 입법 결과로 도출되는 지를 보여 준다. 단점 정부에서는 ⑥을 대변하는 다수 여당 B와 대통령이 각각 의회와 행정부를 장악한다. 따라서 〈그림 7-6〉의 좌측 그림이 보여 주듯이, 단점 정부에서는 다수당 입장(⑥)이 정책 결과로 채택된다. 분점 정부에서는 의회 다수당과 대통령 정당이 일치하지 않는다. 정당 B가 의회 다수를 차지하고 ②를 대변하는 정당 A의 후보가 대선에서 승리한다면, 정당 B가 발의한 법안 ⑥은 대통령이 거부권을 행사하지 않을 경우에만 제정된다. 만약 현행법이 ②와 ⑥ 사이에 놓여 있다면, 현행법을 ⑥ 쪽으로 개정하려는 정당 B의 어떤 시도도 대통령이 거부한다. 반면에 현행법이 ②와 ⑥ 사이에 놓여 있지 않다면, 다수 야당은 대통령이 수용

하는 법안들 가운데 ⑥에 가장 가까운 법안을 통과시킬 수 있다. 이럴 경우 현행법의 위치에 따라 ⑥ 또는 ②와 ⑥ 사이의 법안들이 통과된다. 즉, 분점 정부에서는 대통령 입장과 다수 야당 입장 중 다수 야당과 더 가까운 입법 결과가 초래된다.

체제 ⓒ는 단순 다수제와 초다수결 입법 규칙이 조합된 대통령제다. 이 체제에서는 소수당도 무제한 토론을 통해 다수당을 견제할 수 있다. 미국에서는 다수당이 5분의 3 이상의 의석을 얻지 못하면 소수당의 무제한 토론을 종료할 수 없다. 무제한 토론 종료 투표에서 캐스팅보트를 쥔 의원, 즉 무제한 토론 종료 결정권자를 '무제한 토론 중추'filibuster pivot라고 부른다(Krehbiel 1998). 정당의 규율이 강한 경우 무제한 토론 중추 의원이 속한 정당이 무제한 토론 중추 정당이다. 다수당이 소수당의 무제한 토론을 종결하고 자신의 법안을 통과시키기 위해서는 무제한 토론 중추 정당의 동의가 필요하다. 따라서 체제 ⓒ에서 의제 설정자는 다수당이고 실질적 거부권 행사자는 소수당의 무제한 토론을 종료할 수 있는 무제한 토론 중추 정당이다.

한국의 국회선진화법은 "재적 의원 5분의 3 이상 또는 안건의 소관 위원회 재적 위원 5분의 3 이상의 찬성"이 있는 경우, 법안을 신속 처리 안건으로 지정해 본회의에 상정할 수 있도록 했다(〈국회법〉 제85조의2의 1항). 국회선진화법은 또한 무제한 토론 제도를 도입하고, 재적 의원 5분의 3 이상의 찬성으로 무제한 토론을 종결할 수 있도록 했다(〈국회법〉 제106조의2의 6항). 따라서 쟁점 법안을 신속 처리 안건으로 상정하거나 소수당의 의사 진행 방해를 종료하기 위해서는 재적 의원 300명의 5분의 3인 180명의 의원이 필요하다. 예컨대 다수당이 진보 정당이면 179명의 진보적인 의원과 180번째로 진보적인(121번째로 보수적인) 의원의 찬성을 얻어야 다수당은 원하는 법안을 통과시킬 수 있다. 따라서 121번째로 보수적인 의원을 포함한 정당이 무제한 토론 중추 정당이다.

체제 ⓒ의 단점 정부에서 여당이 의석의 5분의 3 이상을 얻는 경우, 여당이 의제 설정자이면서 무제한 토론 중추 정당이다. 이 경우 여당은 자신이 가장 선호하는 입장을 발의하고 이는 통과된다. 반면에 여당이 의석의 5분의 3 이상을 얻지 못하는 경우 여당이 의제 설정자이고 야당이 무제한 토론 중추 정당이다. 여당은 야당이 수용할 수 있는 법안들 가운데 자신이 가장 선호하는 법안을 제안하고 이는 통과된다. 다수결 입법 규칙을 사용하는 체제 ⓑ에서는 단점 정부에서 여당의 법안이 채택되는 반면, 초다수결 입법 규칙을 사용하는 체제 ⓒ에서는 여당이 의석의 5분의 3 이상을 얻지 못하면 단점 정부에서도 야당의 입장을 어느 정도 반영한 여당안이 채택된다. 체제 ⓒ의 분점 정부에서 다수 야당은 여당이 수용할 수 있는 법안들 가운데 자신의 입장과 가장 가까운 입장을 선택한다. 종합하면, 체제 ⓒ에서는 단점 정부 및 분점 정부 모두 다수당에 더 가깝지만 소수당 쪽으로 약간 이동한 정책이 채택된다.

체제 ⓒ의 단점 정부에서는 〈그림 7-7〉의 좌측 그림과 같이 여당이 다수 의석을 얻어도 초다수 의석을 확보하지 못하고 현행법이 다수당과 소수당 사이(ⓐ와 ⓑ 사이)에 있는 경우, 현행법을 바꿀 수 없다. 그러나 현행법이 ⓐ와 ⓑ 사이에 있지 않다면, 다수 여당은 소수 야당이 허락하는 법안들 가운데 ⓑ에 가장 가까운 법

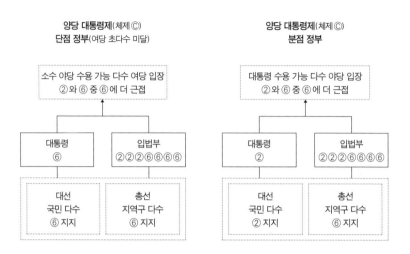

그림 7-7 **양당 대통령제의 초다수결 의회에서의 입법 결과**

양당 대통령제(체제ⓒ)
단점 정부(여당 초다수 미달)

소수 야당 수용 가능 다수 여당 입장
②와 ⑥ 중 ⑥에 더 근접

대통령
⑥

입법부
②②②⑥⑥⑥⑥

대선
국민 다수
⑥ 지지

총선
지역구 다수
⑥ 지지

양당 대통령제(체제ⓒ)
분점 정부

대통령 수용 가능 다수 야당 입장
②와 ⑥ 중 ⑥에 더 근접

대통령
②

입법부
②②②⑥⑥⑥⑥

대선
국민 다수
② 지지

총선
지역구 다수
⑥ 지지

안을 통과시킬 수 있다. 이럴 경우 현행법의 위치에 따라 ⑥ 또는 ②와 ⑥ 사이의 법안이 통과된다. 이런 입법 결과는 체제 Ⓑ의 분점 정부에서의 입법 결과와 동일하다. 〈그림 7-7〉의 우측 그림이 보여 준 체제 ⓒ의 분점 정부는 단점 정부와 마찬가지 결과를 낳는다. 다수 야당은 대통령이 허락하는 법안들 가운데 ⑥에 가장 가까운 법안을 통과시킬 수 있다. 즉, 체제 ⓒ에서는 다수 여당이 초다수 의석을 확보하지 못하면 단점 정부와 분점 정부의 입법 결과에 차이가 발생하지 않는다.

체제 Ⓔ는 비례대표제와 다수결 입법 규칙이 조합된 대통령제다. 비례대표제는 다당제를 산출할 가능성이 높으므로 체제 Ⓔ에서는 한 정당이 과반수를 차지하기 어렵다. 이럴 경우 중위(중간에 위치한) 의원이 소속된 정당, 즉 중위 정당이 의제 설정자가 된다.

중위 정당이 제안한 법안은 다른 어느 정당의 법안과 다수결로 대결해도 항상 승리한다. 중위 정당 법안이 좌파(우파) 정당 법안과 경쟁하면, 중위 정당과 우파(좌파) 정당이 중위 정당 안에 찬성하므로 중위 정당 안이 채택된다. 중위 정당이 법안을 발의하면 이에 대한 수정안은 항상 패배한다. 즉, 다른 정당은 중위 정당 안에 수정을 가할 수 없고 이를 받을지 말지만 선택할 수 있다. 따라서 중위 정당이 실질적인 의제 설정자다.

체제 Ⓔ에서 대통령으로부터 자유로운 여당이 중위 정당인 경우, 여당이 의제 설정자이면서 실질적 거부권 행사자다. 따라서 여당안이 통과된다. 대통령이 여당을 장악한 경우, 여당은 대통령이 원하는 안을 발의하고 대통령은 이를 수용한다. 따라서 대통령이 선호하는 안이 통과된다. 반면에 체제 Ⓔ에서 야당이 중위 정당의 지위를 유지하는 경우, 야당은 거부 중추 정당이 수용할 수 있는 법안들 중에서 자신의 입장과 가장 가까운 법안을 발의한다. 대통령이 이 안에 거부권을 행사해도 거부 중추 정당이 거부권을 기각할 것이므로 대통령은 거부권을 행사하지 않는다. 따라서 거부 중추 정당 쪽으로 약간 이동한 야당(중위 정당)에 가까운 정책이 채택된다.

양당 체제 ⒝와 다당 체제 Ⓔ는 의제 설정자와 실질적 거부권 행사자가 서로 다른 경우, 저마다 다른 결과를 산출한다. 예컨대 다당 체제에서 출현한 온건한 정당이 중위 정당의 지위를 얻게 되는 경우 이 당이 의제 설정자가 된다. 이 체제(편의상 ⓒ로 표기)에서 온건한 정당은 거부 중추 정당이 수용할 수 있는 정책들 가운데 자신과 가장 가까운 법안을 발의하고 이는 통과된다. 이런 입법 결과는 거부 중추 정당과 중위 정당 사이에 있다. 양당 체제 ⑧에서는 단점 정부에서 여당 또는 대통령 입장이 채택된다. 분점 정부에서는 야당 입장으로부터 여당 쪽으로 약간 이동한 입장이 채택된다. 다당 체제 ⑥에서는 온건한 제3정당 입장으로부터 여당 쪽으로 약간 이동한 입장이 채택된다. 따라서 다수결 입법 규칙을 사용하는 양당 체제 대통령제에서 비례대표제를 도입하면, 온건한 제3정당이 출현할 경우 더 온건한 입법 결과를 산출할 수 있다.

그러나 비례대표제의 도입으로 급진 정당들이 출현해도 양당 체제에서의 입법 결과는 변하지 않는다(문우진 2018b). 왜냐하면 급진적인 정당은 의제 설정자나 실질적 거부권 행사자의 지위를 얻기 어렵기 때문이다. 그뿐만 아니라 급진적인 정당은 중위 정당의 지위나 거부 중추 정당의 지위도 확보하기 어렵다. 거부 중추 정당의 지위는, 여당과 같은 진영의 입장을 가진 의원들 가운데 가장 급진적인 의원으로부터 덜 급진적인 방향으로 순서를 셌을 때 전체 의원의 3분의 1 더하기 1명의 의원이 소속된 정당이다. 예컨대 대통령이 진보적이고 전체 의석이 300석인 경우, 101번째 진보적인 의원이 소속된 정당이 거부 중추 정당이다. 급진적인 정당이 거부 중추 정당의 지위를 얻으려면 101석 이상을 얻어야 한다. 그러나 그럴 가능성은 희박하다.

〈그림 7-8〉은 〈그림 7-1〉이 보여 준 비례대표제 선거 결과가 체제 ⑥에서 어떤 입법 결과로 산출되는지를 보여 준다. 〈그림 7-8〉의 좌측 그림이 보여 주듯이, 여당이 중위 정당의 지위를 확보하고 대통령과 여당의 입장이 서로 같은 경우, 여당은 자신의 입장(④)을 정책 결과로 산출할 수 있다. 그러나 우측 그림과 같이

그림 7-8 **다당 대통령제의 다수결 의회에서의 입법 결과**

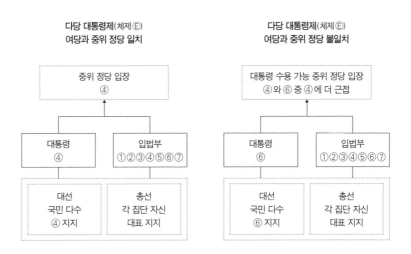

숭위 정당과 의딩이 서로 다르고 현행법이 중위 정당과 여당 사이 (④와 ⑥ 사이)에 있으면 현행법을 바꿀 수 없다. 현행법이 ④와 ⑥ 사이에 있지 않은 경우, 중위 정당은 대통령이 수용하는 법안들 가운데 자신의 법안에 가장 가까운 법안을 통과시킬 수 있다. 이릴 경우 현행법의 위치에 따라 중위 정당 입장(④) 또는 중위 정당 입장과 대통령 입장(④와 ⑥) 사이의 법안들이 통과된다.

체제 ⑥는 비례대표제와 초다수결 입법 규칙이 조합된 대통령제다. 여당이 중위 정당의 지위를 차지하고 야당이 무제한 토론 중추 정당의 지위를 차지한 경우, 여당은 야당이 수용할 수 있는 법안들 가운데 자신의 입장과 가장 가까운 안을 발의하고 이 법안은 통과된다. 따라서 무제한 토론 중추 정당 쪽으로 약간 이동한 여당안이 채택된다. 야당이 중위 정당의 지위를 차지했으나 거부 중추 정당의 지위를 차지하지 못한 경우, 야당은 거부 중추 정당의 동의를 필요로 한다. 야당은 거부 중추 정당이 수용할 수 있는 법안들 가운데 자신의 입장과 가장 가까운 법안을 발의하고 이 안은 채택된다. 따라서 거부 중추 정당 쪽으로 약간 이동한 야당 안이 채택된다.

체제 ⓒ와 체제 ⓕ는 모두 초다수결 입법 규칙을 사용하지만 두 체제는 각각 단순 다수제와 비례대표제를 사용한다. 체제 ⓒ와 체제 ⓕ의 이런 차이는 어떤 입법 결과를 낳는가? 비례대표제 도입으로 출현한 군소 정당들이 체제 ⓒ의 두 주요 정당이 차지했던 중위 정당과 두 중추 정당의 지위를 바꾸지 않으면, 체제 ⓒ와 체제 ⓕ는 동일한 입법 결과를 산출한다. 반면에 체제 ⓕ에서 여당과 야당 사이에 온건한 정당이 출현해 중위 정당이 되면, 이 정당은 거부 중추 정당과 무제한 토론 중추 정당이 모두 수용할 수 있는 법안들 가운데 자신이 가장 선호하는 법안을 발의하고 이는 통과된다. 이런 체제(편의상 ⓕ로 표기)에서는 중위 정당 입장이 채택될 가능성이 높다.

〈그림 7-9〉는 〈그림 7-1〉이 보여 준 비례대표제 선거 결과가 체제 ⓕ에서 어떤 입법 결과로 산출되는지를 보여 준다. 좌측 그림이 보여 주듯이, 체제 ⓕ에서는 여당이 중위 정당의 지위를 확보해도 무제한 토론 중추(③ 또는 ⑤)가 반대하면 법을 통과시킬 수 없다. 현행법이 ③과 ⑤ 사이에 있는 경우, 현행법을 우측이나 좌측으로 이동시키려는 중위 정당의 시도는 각각 ③과 ⑤의 반대에 부딪친다. 현행법이 ③과 ⑤ 사이에 놓여 있지 않은 경우, 중위 정당은 현행법을 ③과 ⑤가 수용하는 법 가운데 자신에 가까운 법으

그림 7-9 다당 대통령제의 초다수결 의회에서의 입법 결과

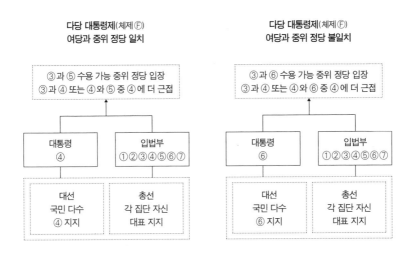

로 개정할 수 있다. 〈그림 7-9〉의 우측 그림이 보여 주듯이, 중위 정당과 여당이 서로 다른 경우, 중위 정당은 무제한 토론 중추와 대통령이 반대하면 법을 통과시킬 수 없다. 현행법이 ③과 ⑥ 사이에 있는 경우, 현행법을 우측이나 좌측으로 이동시키려는 중위 정당의 시도는 각각 ③과 ⑥의 반대에 부딪친다. 현행법이 ③과 ⑥ 사이에 있지 않은 경우, 중위 정당은 현행법을 ③과 ⑥이 수용하는 법 가운데 자신에 가까운 법으로 개정할 수 있다.

〈표 7-1〉은 앞서 서술한 분석 결과들을 요약한 것이다. 6개 체제들 가운데 다수결 입법 규칙을 사용하는 의회에서 여당이 중위 정당 지위를 확보하는 경우(Ⓐ, Ⓑ, Ⓔ), 여당이 가장 선호하는 정책이 채택된다. 이런 경우에 행정부가 여당을 장악하면 행정부 수반이 가장 선호하는 정책이 채택된다. 반면에 입법부와 행정부를 지

표 7-1 **정치체제에 따른 입법 결과**

의회제

정부 유형 / 체제	다수 정부	소수 정부
Ⓐ 양당 다수결	여당(행정부) 입장	소수 정부 발생 불가
Ⓓ 다당 다수결	연정 참여 정당 중 중위 정당 입장	야당 쪽으로 약간 이동한 정부 입장

양당 대통령제

정부 유형 / 체제	단점 정부	분점 정부
Ⓑ 양당 다수결	여당(대통령) 입장	여당 쪽으로 약간 이동한 야당 입장
Ⓒ 양당 초다수결	야당 쪽으로 약간 이동한 여당 입장	여당 쪽으로 약간 이동한 야당 입장

다당 대통령제

중위 정당 / 체제	여당	야당
Ⓔ 다당 다수결	여당(대통령) 입장	여당 쪽으로 약간 이동한 야당 입장
Ⓕ 다당 초다수결	야당 쪽으로 약간 이동한 여당 입장	여당 쪽으로 약간 이동한 야당 입장

중위 정당 / 체제	여당과 제1야당 사이 중도 정당
ⓔ 다당 다수결	대통령 쪽으로 약간 이동한 중도 정당 입장
ⓕ 다당 초다수결	중도 정당 입장

배하는 정당이 서로 다른 경우, 실질적 거부권 행사자가 수용할 수 있는 범위에서 의제 설정자가 원하는 정책이 선택된다. 따라서 의제 설정자에 더 유리한 결과가 초래된다. 의회제에서는 행정부가 의제 설정자이므로 행정부에 유리한 입장이 채택된다. 반면에 대통령제에서는 의회의 중위 정당이 의제 설정자이므로 중위 정당에 유리한 입장이 채택된다.

초다수결제는 입법부와 행정부를 모두 지배하는 정당의 권한을 축소한다. 다수당이 초다수를 확보한 경우에만 입법부와 행정부

그림 7-10　중위 정당, 거부 중추 정당과 무제한 토론 중추 정당

20대 총선 직후(무소속 제외 총 289석)

정의당	민주당	국민의당	새누리당(여당)
6석	123석	38석	122석
	무제한 토론 중추	중위 정당	거부 중추

20대 국회 중반(무소속 제외 총 289석)

정의당	민주당(여당)	민주평화당	바른미래당	자유한국당
6석	123석	18석	30석	112석
	거부 중추	중위 정당	무제한 토론 중추	

21대 총선 직후(무소속 제외 총 295석)

정의당	열린민주당	민주당(여당)	국민의당	미래통합당
6석	3석	180석	3석	103석
		중위 정당 + 거부 중추 + 무제한 토론 중추		

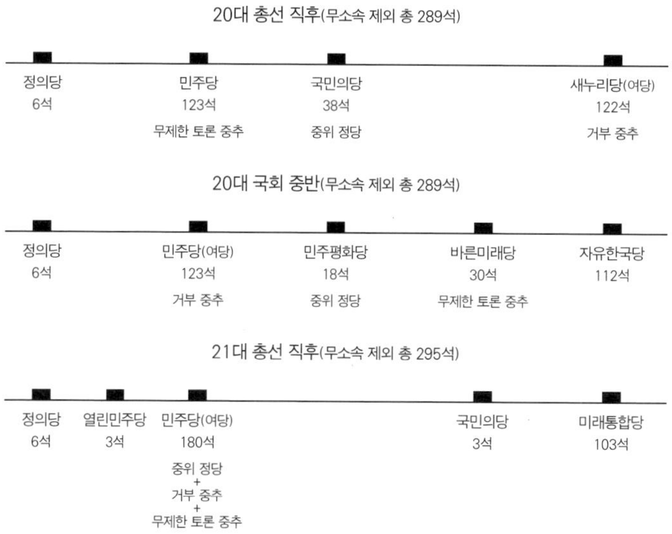

를 모두 지배하는 정당이 원하는 입법 의제를 실현할 수 있다. 그렇지 못한 경우, 다수당이 입법부와 행정부를 모두 지배해도 소수당이 수용할 수 있는 범위에서만 자신이 원하는 것을 선택할 수 있다(체제 ⓒ 단점 정부). 다당 체제는 온건한 군소 정당들이 각각 중위 정당, 거부 중추 정당과 무제한 토론 중추 정당의 지위를 확보할 수 있을 때, 양당 체제보다 더 온건한 입법 결과를 초래한다.

〈그림 7-10〉은 2016년 20대 총선 직후, 2018년 2월 국민의당 해산 직후, 그리고 2020년 21대 총선 직후, 정당들의 거부권 행사자 지위를 보여 준다. 20대 총선 직후 여당인 새누리당이 다수당의 지위를 상실했고 국민의당이 중위 정당의 지위를 차지했다. 2018년 2월에는 15인의 국민의당 의원들이 민주평화당을 창

당했고, 국민의당 합당파와 바른정당이 창당한 바른미래당이 33석을 확보했다. 그러나 합당을 반대했던 국민의당 비례대표 의원 3인의 출당 요구를 안철수 대표가 거부하면서, 이들은 의정 활동을 민주평화당과 함께할 것을 천명했다. 따라서 〈그림 7-10〉에서 바른미래당 의석을, 이들 의석 3석을 뺀 30석으로 표시했다. 21대 총선 직후 여당인 민주당은 180석을 얻었다.

20대 총선 직후 무소속 의원 11명을 제외한 289명을 좌우로 배열하면, 중위 의원은 145번째 의원이다. 중위 의원을 포함한 국민의당이 중위 정당이며, 다수결로 법을 통과시켜야 한다면 민주당과 새누리당은 국민의당의 동의 없이 원하는 법을 통과시킬 수 없다. 따라서 다수결 의회에서 국민의당은 캐스팅보트를 행사한다. 그러나 초다수결에서는 289석의 5분의 3 이상을 얻어야 하므로 174명의 의원이 필요하다. 여당인 새누리당이 국민의당과 연합해도 174석에 못 미쳐 법안을 통과시킬 수 없다. 법을 통과시키기 위해서는 민주당과 새누리당이 협조해야 한다.

현행법이 민주당과 새누리당 사이에 놓여 있는 경우, 민주당과 새누리당은 서로 협조할 동기가 없다. 새누리당이 현행법보다 자신에 더 가까운 개정안을 발의하면 민주당이 반대하는 반면, 민주당이 현행법보다 자신에 더 가까운 개정안을 발의하면 새누리당이 반대한다. 따라서 현행법이 민주당과 새누리당 사이에 있을 경우, 입법적 교착이 일어난다. 그러나 현행법이 민주당과 새누리당 모두로부터 멀리 있다면, 두 정당은 협조한다. 예컨대 현행법이 정의당 입장에 놓여 있다면, 민주당과 새누리당 사이에 있는 법으로 개정할 경우, 두 정당 모두 이익을 본다. 따라서 두 정당은 현행법을 개정한다. 국민의당이 가장 원하는 법안을 발의할 경우, 민주당과 새누리당 모두 현행법보다 국민의당 법안을 선호하므로 국민의당은 자신이 원하는 법안을 통과시킬 수 있다. 이런 상황은 체제 ⓕ에서 초래되는 입법 결과와 비슷하다. 이 체제에서는 두 거부권 행사자 정당 사이에 놓여 있는 중위 정당이 원하는 법안을 통과시킬 수 있다.

〈그림 7-10〉이 보여 준 20대 국회 중반은 문재인 정부가 들어선 이후 새누리당 탈당 의원들이 창당한 바른정당과 국민의당 의원들이 합당해 바른미래당을 창당한 직후의 상황이다. 이 상황에서 민주당이 법을 통과시키려면 174석이 필요하므로 바른미래당의 협조 없이 어떤 법도 통과시킬 수 없다. 그러나 민주당은 새누리당이 122석을 유지한 20대 총선 직후에 비해 이 상황에서 법을 통과시기기가 더 유리하다. 왜냐하면 20대 총선 직후에는 바른미래당보다 더 보수적인 새누리당의 협조가 필요하기 때문이다. 그럼에도 불구하고 민주당은 바른미래당의 협조를 얻는 데 실패했고, 문재인 정부는 20대 국회 내내 심각한 입법적 교착을 겪어야 했다.

20대 국회 후반에는 선거법(《공직선거법》) 개정 문제를 둘러싸고 바른미래당이 분열되면서 국민의당 출신의 바른미래당 당권파, 민주평화당 및 대안신당이 연합해 무제한 토론 중추 정당이 바른미래당에서 이들 연합 세력으로 바뀌었다. 민주당은 공수처법 통과를 위해, 연합 세력이 수용할 수 있는 선거법 개정안 가운데 자신과 가장 가까운 준연동형 선거제도를 통과시켰다(문우진 2020b). 이런 사례는 기존 야당에 비해 더 온건한 군소 정당이 무제한 토론 중추 정당의 지위를 차지할 경우, 무제한 토론 중추 정당이 수용할 수 있는 영역에서 여당안이 통과될 가능성이 증가한다는 사실을 보여 준다. 즉, 다당 체제에서 기존 야당보다 더 온건한 입장을 취하는 정당이 무제한 토론 중추 정당의 지위를 얻으면, 양당 체제 ⓒ에서보다 더 온건한 입법 결과가 초래된다.

〈그림 7-10〉이 보여 준 21대 총선 직후의 국회는 민주당이 중위 정당, 거부 중추 정당, 무제한 토론 중추 정당의 지위를 모두 얻은 경우다. 이럴 경우 여당은 유일한 실질적 거부권 행사자가 된다. 미래통합당은 295석의 5분의 2인 118석을 얻는 데 실패해 무제한 토론 중추 정당의 지위를 얻지 못했다. 따라서 민주당 법안에 대한 무제한 토론을 행사한다고 해도, 무제한 토론 중추 정당의 지위를 확보한 민주당은 이를 종료할 수 있다. 실제로 민주당이 법제사법위원장을 자신에게 배분할 때나 미래통합당이 반대하는 쟁점 법안을 통과시킬 때, 미래통합당은 무제한 토론을 통해 민주당의 독주를 견제할 수 없었다.

5. 어떤 정치제도가 더 효율적인가

현행 상태가 의제 설정 정당과 거부권 행사 정당의 입장으로부터 멀리 떨어져 있는 경우, 현행 상태를 바꿀 수 있다. 예컨대 의제 설정 정당과 거부권 행사 정당이 각각 촉법소년 나이를 11세와 12세 미만으로 하향하기를 원하면 14세 미만으로 규정한 현행법을 개정할 수 있다. 그러나 현행 상태가 의제 설정 정당과 거부권 행사 정당들 사이에 놓여 있으면 이런 현행 상태는 바꿀 수 없다. 예컨대 현행법이 규정한 최저임금이 8000원이고, 의제 설정 정당이 최저임금을 1만 원으로 인상하려는 반면, 거부권 행사 정당은 7000원으로 낮추려 한다면 현행법을 바꿀 수 없다. 왜냐하면 의제 설정 정당은 거부권 행사 정당이 수용할 수 있는 임금 인상안을 제안할 수 없기 때문이다. 이럴 경우 입법적 교착이 발생한다.

의제 설정 정당, 거부 중추 정당, 무제한 토론 중추 정당 가운데 바깥쪽에 위치한 정당 간 입장 차이를 '입법적 교착 영역' 또는 '중핵'core이라고 부른다. 이 영역 안에 있는 어떤 현행법도 바꿀 수 없다. 예컨대 거부 중추 정당, 의제 설정 정당, 무제한 토론 중추 정당이 각각 9000원, 1만 원, 1만 2000원이 적정 최저임금이라고 생각한다면, 9000원과 1만 2000원 사이에 있는 어떤 최저임금도 수정할 수 없다. 중핵의 크기가 증가할수록 현행 상태를 바꾸기 어려워진다. 현행 최저임금이 8000원인 경우, 입법적 교착 영역이 9000원에서 1만 2000원 사이라면 최저임금을 인상할 수 있다. 그러나 입법적 교착 영역이 7000원에서 1만 2000원 사이라면, 현행법을 바꿀 수 없다. 즉, 의제 설정 정당과 두 중추 정당 중 양극단에 있는 정당 간 입장 차이가 증가할수록 현행법을 꾸기 어려워진다.

〈표 7-2〉는 정치체제에 따른 입법적 교착 영역의 차이를 보여준다. 체제 Ⓐ는 가장 효율적인 체제다. 정부가 법안을 발의하면 다수당은 이를 지지한다. 체제 Ⓓ에서 다수 연합 정부가 형성될 경우, 연정 참여 정당들은 의회에서 정부안을 지지한다. 그러나 연

표 7-2 **정치체제에 따른 입법적 교착 영역**

의회제

체제 ＼ 정부 유형	다수 정부	소수 정부
Ⓐ 양당 다수결	교착 영역 없음	소수 정부 발생 불가
Ⓓ 다당 다수결	연정 참여 정당들 중 양극에 있는 정당 간 입장 차	정부안 통과에 캐스팅보트를 쥔 야당과 정부의 입장 차

양당 대통령제

체제 ＼ 정부 유형	단점 정부	분점 정부
Ⓑ 양당 다수결	대통령 여당 장악 : 교착 영역 없음 자율적 여당 : 대통령과 여당의 입장 차	여당(대통령)과 야당의 입장 차
Ⓒ 양당 초다수결	여당(대통령)과 야당의 입장 차	여당(대통령)과 야당의 입장 차

다당 대통령제

체제 ＼ 중위 정당	여당	야당
Ⓔ 다당 다수결	대통령 여당 장악 : 교착 영역 없음 자율적 여당 : 대통령과 여당의 입장 차	여당(대통령)과 야당의 입장 차
Ⓕ 다당 초다수결	여당(대통령)과 무제한 토론 중추 정당의 입장 차	거부 중추 정당과 야당의 입장 차

체제 ＼ 중위 정당	여당과 제1야당 사이 군소 정당
ⓔ 다당 다수결	거부 중추 정당과 중도 정당의 입장 차
ⓕ 다당 초다수결	거부 중추 정당과 무제한 토론 중추 정당의 입장 차

정 참여 정당들이 서로 동의하지 않는 법안은 통과시킬 수 없다. 체제 Ⓓ의 소수 정부에서는 연정 참여 정당들이 서로 동의해야 할 뿐만 아니라 다수 야당이 동의하는 법안만 통과시킬 수 있다.

체제 Ⓑ의 단점 정부에서 대통령이 여당을 장악하면, 대통령이 원하는 법안이 견제 없이 통과된다. 반면에 여당이 대통령으로부터 자율적인 경우, 여당과 대통령이 서로 반대하는 법안은 통과될 수 없다. 분점 정부에서 다수 야당은 대통령이 반대하는 법안을 통과시킬 수 없다. 따라서 단점 정부에서는 효율적인 입법이 가능하나 분점 정부에서는 여야 견제로 입법적 교착이 심화된다. 체제 ⓒ에서는 단점 정부에서도 소수당이 다수당을 견제할 수 있으므로 분점 정부뿐만 아니라 단점 정부에서도 여야 간 입법적 교착이 초래된다.

체제 ⓔ에서는 여당 또는 야당이 중위 정당일 경우 체제 ⓑ와 같은 결과가 나타난다. 여당이 중위 정당일 때 여당안은 어떤 대안과 경쟁해도 승리한다. 야당이 중위 정당일 경우, 야당이 자신과 대통령 사이에 있는 법안을 발의하면 입법적 교착이 일어난다. 체제 ⓔ에서 온건한 제3정당이 중위 정당의 지위를 차지하면, 이 정당과 거부 중추 정당의 입장 차가 입법적 교착 영역이 된다. 따라서 입법 효율성은 체제 ⓑ의 단점 정부보다는 증가하고, 분점 정부보다는 감소한다.

체제 ⓕ에서는 거부 중추 정당과 무제한 토론 중추 정당의 입장 차가 입법적 교착 영역이다. 체제 ⓒ의 두 주요 정당이 체제 ⓕ에서도 거부 중추 정당과 무제한 토론 중추 정당의 지위를 유지할 경우, 체제 ⓒ에서와 같은 입법적 교착이 일어난다. 따라서 비례대표제가 산출하는 다당 체제가 항상 입법 효율성을 증가시키는 것은 아니다. 반면에 체제 ⓒ의 두 주요 정당보다 온건한 정당들이 체제 ⓕ에서 거부 중추 정당과 무제한 토론 중추 정당의 지위를 차지하게 되면, 체제 ⓒ에 비해 입법적 교착이 줄어든다.

〈표 7-2〉가 보여 주는 바를 요약하면, 체제 ⓐ에서는 입법적 교착이 발행하지 않는다. 체제 ⓓ의 다수 연합 정부에서는 입법적

교착이 여야 간에는 발생하지 않으나 연정 참가 정당 간에는 발생할 수 있다. 소수 정부에서는 여야 간 교착이 발생한다. 체제 ⑧의 단점 정부에서는 입법적 교착이 발생하지 않으나 분점 정부에서는 여야 간 교착이 발생한다. 체제 ⓒ, ⑪와 ⓕ에서는 여당이 중위 정당의 지위를 차지했을 때도 입법적 교착이 발생한다. 체제 ⓔ와 ⓔ에서는 유권자의 입장 분포에 따라 입법적 교착 정도가 달라진다. 여당이 중위 정당의 지위를 차지할 정도로 유권자들이 여당 진영 정당들에 강한 지지를 몰아주면, 여당은 야당의 견제 없이 자신의 의제를 실현할 수 있다. 반면에 여당 반대 진영의 정당이 중위 정당 지위를 가질 정도로 유권자들이 야당 진영에 지지를 몰아주면 여야 모두 상대의 동의 없이 자신의 입법 의제를 실현하기 어려워진다. 그러나 군소 중도 정당이 중위 정당의 지위를 얻을 정도로 유권자들의 입장이 좌우 한쪽에 치우치지 않는다면, 입법적 교착 영역은 여당과 중도 정당의 입장 사이로 줄어든다.

8장

누가 누구를 대표해야 하는가

1. 한국 민주주의가 극복해야 할 문제와 해법은 무엇인가

학자들은 권력 집중과 부정부패, 지역주의 및 정책 대결의 부재와 같은 정치적 현상들을 한국 민주주의가 극복해야 할 문제들로 지적했다. 일부 학자들은 대통령에 권한이 과다하게 집중된 제왕적 대통령제를 대통령 측근 비리를 야기하는 제도적 기원이라고 보았다. 다른 학자들은 혈연·지연·학연을 중시하는 정체성 중심의 정치 문화가 지역주의 및 인물 투표를 촉진하고, 지역주의와 인물 투표는 차례로 정책 대결의 부재를 초래한다고 주장했다. 여야의 비타협적인 적대 정치는 동물 국회나 식물 국회를 초래해 국민을 양분하고 정치 혐오를 부추기는 것으로 지적되었다.

이런 고질적인 문제를 해결하려는 다양한 미시적·국지적 해법이 대안으로 제시되었다. 일부 학자들은 권력 집중 문제를 해결하려 다양한 권력 분산형 정치제도들을 제안했다(강원택 2003b; 김욱 2002; 박찬욱 2004; 장훈 2001; 정진민 2004; 최진욱 1996; 황태연 2005). 다른 학자들은 지역주의를 약화하기 위해 비례성 높은 선거제도를 제안했다(신명순·김재호·정상화 2000; 정준표 2014; 정준표·정영재 2005). 정치권이나 시민사회 단체에서도 다양한 제도적 개혁 방안을 내놓았다. 권력형 비리 문제를 해결하고자 〈정치자금법〉, 〈청탁금지법〉(〈부정청탁 및 금품 등 수수의 금지에 관한 법률〉), 이해 충돌 방지 규정 등 다양한 부정부패 방지 방안과 검경 개혁 방안이 제시되었다. 인물 투표를 약화하고 정책 대결을 강화하고자 메니페스토 운동이 전개되었다. 동물 국회 방지를 위해 국회선진화법이 만들어졌고, 비례대표제는 협치를 촉진해 여야 간 적대 정치를 억제할 것으로 전망되었다.

이들 가운데 〈정치자금법〉과 〈청탁금지법〉 같은 제도는 선거 비리나 청탁 비리를 억제하는 데 어느 정도 효과가 있었다. 그러나 최순실 사태가 보여 주었듯이 대통령 권한 집중과 측근 비리는 여전히 한국 민주주의를 위협하고 있으며, 지역주의 투표나 정책 대결의 부재를 해결하려는 해법은 거의 효력을 발휘하지 못하고 있다. 그뿐만 아니라 20대 총선이 초래한 다당 체제가 권력을 분산해 대통령 권한 집중 문제를 해소하리라고 기대되었으나, 20대 국회는 진영 간 극단적인 적대 정치와 입법적 교착을 초래했다.

정치권에서의 정치제도 개혁 논의는 민주주의의 작동 원리에 대한 이론적 고려 없이 선진국의 정치제도를 당리당략에 따라 변경하는 수준에서 이루어지고 있다. 국회선진화법과 같은 초다수결 입법 제도는 소수당의 동의 없이 법안이 통과되기 어려운 입법 환경을 소성해 입법적 교착을 심화하고 책임정치를 약화했다. 준연동형 선거제도 개혁을 주도한 정당들은 이 제도가 거대 양당의 독주를 막고 다당 체제를 촉진할 것이라 기대했다. 그러나 21대 총선에서 민주당과 미래통합당은 위성 정당을 만들었으며, 그 결과 군소 정당들은 기대했던 의석을 얻을 수 없었다. 국회선진화법과 준연동형 제도의 경험은 정당들의 당리당략에 따라 설계된 정치제도가 얼마나 부실한 결과를 초래할 수 있는지를 보여 준다.[1]

---

1 19대 국회에서 새누리당이 위헌이라고 주장하며 무력화하려 한 국회선진화법은, 이명박 대통령의 실정으로 19대 총선에서 과반 의석을 차지하지 못할 것으로 예상한 새누리당이 18대 국회 때 주도해 제정한 당리당략의 결과물이었다.

정치제도는 한 국가의 백년대계를 결정하는 중요한 의사 결정 규칙이다. 정치제도 설계는 정파적·이념적 동기가 개입되어서는 안 되며, 철저하게 객관적이고 분석적인 시각에서 접근되어야 한다. 그뿐만 아니라 정치제도 설계는 한국 정치의 병리학적 문제 해결을 뛰어넘어, 한국 민주주의 발전을 위한 종합적이고 심층적인 고려를 필요로 한다. 이 장에서는 한국 민주주의에서 발견되는 문제들은 단지 한국 정치에 국한된 문제가 아니라 대리인 문제와 정치의 시장 거래화라는 대의 민주주의의 구조적인 문제라는 점을 지적한다. 바꿔 말해, 한국 민주주의 발전을 위한 개혁 방안들은 한국 정치의 고질적인 문제 해결을 위한 국지적인 처방보다, 대리인 문제 및 정치의 시장 거래화라는 대의 민주주의의 구조적인 문제 해결을 위한 종합적 처방이 필요하다는 것이다.

2. 권력 분산형 정치제도와 직접민주주의는 민주주의의 질을 향상하는가

1) 권력 분산형 정치제도

비교 정치학자들은 권력 집중형과 권력 분산형 중 어떤 정치제도가 더 바람직한 정치·경제·사회적 결과를 산출하는지를 분석했다. 레이파트(Lijphart 1999)는 36개 민주주의국가들을 분석해, 합의제 국가가 다수제 국가에 비해 대부분의 측면(물가 상승, 실업률, 소득 불평등, 민주주의 수준 등)에서 우월하다는 사실을 발견했다. 그러나 레이파트의 분석은 다른 변수를 통제하지 않았고, 대부분의 분석 결과가 통계적 신뢰도가 낮은 편이기 때문에 여러 통제 변수들을 포함한 다중 회귀분석을 통해 다시 확인될 필요가 있다. 문우진(2020a)은 44개 민주주의국가를 분석한 결과, 거부권 행사자의 수를 증가시키거나, 비례대표성이 높은 선거제도를 통해 정당의 수를 증가시키거나, 지방분권을 실현한다고 해서 민주주의의 질이 향상되거나 자유가 더 보장되거나 부정부패가 줄어드는 것은 아니라는 사실을 발견했다.

개발도상국들을 분석한 연구들은 권력 분산형 정치체제가 바람직한 결과를 낳는지에 대해 의견을 달리한다. 남미 권위주의 국가들을 관찰한 학자들은 대통령제와 다당제를 조합한 권력 분산형 정치체제가 정치 불안정을 초래할 가능성이 높다는 사실을 발견했나(Mainwaring 1993; Stephan and Skach 1993).[2] 반면에 티머시 파워와 마크 가시오로스키(Power and Gasiorowski 1997)는 1930년에서 1995년 사이의 개발도상국 56개국을 분석한 결과, 정부 형태는 민주주의 체제의 존속 기간과 무관하며, 대통령제와 다당 체제의 조합이 민주주의의 공고화에 부정적인 영향을 미치지 않는다는 사실을 발견했다. 대니얼 트리스먼(Treisman 2000)은 154개국을 대상으로 분권화 정도와 부패의 관계를 분석했다. 그 결과 분권화 수준이 높은 국

---

2 조지 체벨리스는 지나친 권력 분산이 정치 불안정을 초래하는 이유에 대한 이론적 근거를 제시했다. 그에 따르면 거부권 행사자의 수가 지나치게 많을 경우 입법적 교착이 초래되므로 사회에서 발생하는 갈등을 입법적으로 해소하기 어렵다(Tsebelis 2002).

가일수록 부패가 심하고, 정부의 질을 나타내는 공공재들이 덜 제공된다는 사실을 발견했다. 거부점veto point이 많은 제도에서는 재분배 정책에 대한 우파 정당들의 반대를 극복하기 어렵기 때문에 소득 불평등이 심화된다는 주장이 제기되었다(Iversen and Soskice 2006).

경험 연구들이 권력 분산과 민주주의 간의 유의미한 상관관계를 발견하지 못했다면, 이들 사이에는 어떤 이론적인 관계가 성립하는가? 권위주의 국가에서는 독재자의 권력을 분산하고 견제하는 것이 민주주의를 발전시킨다. 그러나 민주주의국가에서 권력을 분산하는 것은 다른 문제다. 예컨대 대통령은 도덕적이고 의회는 부패한 민주주의국가에서 대통령 권력을 의회에 분산하면 민주주의는 후퇴한다. 지방분권의 경우, 중앙정부가 합리적이고 지방정부가 부패했다면 지방분권은 부패를 심화한다. 권력 분산 기관들이 서로를 견제할 수 없다면 권력 분산은 권력을 서로 나눠 갖는 것이다. 이럴 경우 권력 분산 기관들은 자신의 영역에서 권력을 독점하고 부정부패를 일삼을 수 있다. 정리하면, 상호 견제 없는 권력분립은 민주주의나 부정부패와 무관하게 보인다.

2) 직접 민주주의

직접민주주의 옹호론자들은 국민이 직접 의사 결정을 하면, 권력을 통치자로부터 국민에게 분산할 수 있으므로 민주주의에 더 부합하는 결과가 산출된다고 믿는다. 장-자크 루소는 이런 입장을 잘 대변했다. 루소는 국민주권은 양도될 수 없고 대표될 수도 없는 것이며, 국민의 대리인은 국민이 아닌 정부를 대변할 수밖에 없다고 주장한다. 직접민주주의 옹호론자들은 직접민주주의의 두 가지 장점을 제시한다(Tsebelis 2002). 첫째, 국민의 선호와 더 부합하는 결과를 산출한다. 둘째, 직접민주주의를 통해 국민들은 자유에 더 다가갈 수 있고, 자유를 활용하고 즐기는 방법을 배운다.

그러나 다수의 학자들은 적어도 세 가지 시각에서 직접민주주의를 비판해 왔다. 첫째, 플라톤, 존 스튜어트 밀과 조반니 사르토리는 국민은 누가 자신의 이해를 가장 잘 대변하는지를 판단할 만한 정보와 전문성이 없다고 주장한다. 둘째, 국민투표가 실시될 때 누가 의제를 통제하는지에 따라 직접민주주의의 투표 결과가 달라질 수 있다(Riker 1982). 셋째, 국민투표에 의한 입법은 소수의 권리를 침해할 수 있다(Gamble 1997).

체벨리스(Tsebelis 2002)는 직접민주주의가 정책 결과에 미치는 영향을 분석했다. 그에 따르면 국민투표 제도는 의사 결정 과정에서 기존 거부권 행사자들(의회 다수, 행정부)에 국민이라는 거부권 행사자를 추가하는 효과를 갖는다. 그 효과는 두 가지다. 첫째, 현행법의 변경을 어렵게 할 수 있다. 둘째, 국민투표의 가능성만 존재해도 최종적인 결과는 중위 투표자의 선호에 더 근접한다. 이런 두 효과는 어떤 방식의 국민투표 제도를 채택하는지에 따라 달라진다. 국민투표 발안권이 누구에게 주어지는지, 그리고 누가 투표안을 마련하는지에 따라 결과가 달라질 수 있다. 체벨리스는 국민이 직접 투표안을 작성하고 발안하면,[3] 기존 거부권 행사자들은 무력

---

[3] 국민투표는 국회나 대통령과 같은 기존의 거부권 행사자 외에 국민도 발안할 수 있다.

화되고 중위 투표자의 입장이 채택된다는 사실을 보여 주었다.

행정부는 의회를 우회해 자신의 입장을 관철하는 데 국민투표를 이용할 수 있다. 행정부가 국민투표안을 마련하고 발동할 수 있는 경우, 행정부는 자신에 유리한 결과를 이끌어 낼 수 있다. 한국에서는 박정희 대통령이 1969년 대통령 3선 연임을 위해, 1972년 유신헌법을 통과시키기 위해, 1975년에는 종신 집권을 위해 국민투표를 실시했다. 일반적으로 대통령의 국민투표 발의권은 대통령의 권한을 강화한다(Shugart and Carey 1992).

에이큰과 바르텔즈(Achen and Bartels 2016)는 미국의 주민 투표와 주민 발안 제도가 입법적 권한을 특권층으로부터 일반 유권자로 확대하는 효과가 없다고 주장한다. 오히려 상업, 산업, 종교단체를 대표하는 압력단체들은 자신들의 입장을 대변하기 위해 직접민주주의 제도를 이용했다. 에이큰과 바르텔즈는 1904년에서 1912년 사이 직접민주주의 확대(주민 투표, 주민 발안 및 주민 소환) 법안들에 대한 투표에서 주민들이 강한 지지를 보내지 않았다는 사실을 보여 주었다.

데이비드 브로더(Broder 2000)는 『탈선된 민주주의』Democracy Derailed 라는 책에서 백만장자와 이익 단체들이 자신의 정책 목표를 달성하기 위해 국민투표 및 국민 발안 제도를 이용했다는 사실을 보여 주었다. 스티븐 니콜스(Nichols 1998)는 1992년부터 1996년까지 미국

유신헌법 이전에는 국민 50만 명 이상이 요구하면 국민투표에 부칠 수 있는 국민발안권 제도가 있었다.

켄터키주에서 이루어진 주민 투표의 경우 일반 유권자의 25% 정도가 투표안에 대해 의사 표현을 하지 않았다는 사실을 확인했다. 그뿐만 아니라 사회경제적 지위가 높은 유권자들이 압도적으로 투표안에 의사 표현을 했음을 발견했다.

3. 대의 민주주의는 어떤 문제를 안고 있는가

1) 대리인 문제

권력 분산과 직접 민주주의가 민주주의의 질을 향상할 수 없다면, 대의 민주주의가 정상적으로 작동하기 위한 조건은 무엇인가? 대의 민주주의에서는 주인인 국민이 대리인인 정치인에게 자신의 이해를 대변할 권한을 위임하고, 대리인은 주인의 이해를 대변하기 위한 정책 대결을 한다. 그러나 대리인이 주인의 이해를 대변하지 않고 자신의 이익을 대변하거나, 유권자가 실제로는 자신에게 정책적인 해를 끼칠 수 있는 후보를 지지하면 대의 민주주의는 정상적으로 작동하지 않는다. 대의 민주주의의 정상적인 작동은 국민과 정치인의 관계인 '대리인 문제'의 해결을 전제로 한다. 주인과 대리인의 이해관계가 상충하거나 대리인이 주인보다 지식이 더 많을 때, 대리인 문제가 발생한다. 달리 말하면, 대리인 문제는 대리인이 자신의 이익을 추구함에도 대리인을 통제할 수 없을 때 나타난다. 이럴 경우 '대리 손실'agency loss 비용이 발생한다.

한국 민주주의의 문제로 지적된 권력 집중, 부정부패, 지역주의, 인물 투표, 입법적 교착 및 책임정치의 부재와 같은 현상들은 본질적으로 대리인 문제와 관련된 것이다. 첫째, 권력 집중과 부정부패는 대리인이 자신에게 위임된 권력을 주인을 위해 사용하지 않고 자신을 위해 사용하기에 발생하는 문제이다. 둘째, 지역주의와 인물 투표는 대리인 문제를 초래한다. 유권자들이 혈연·지연·학연이나 후보의 이미지 같은 유인 가치를 기준으로 후보를 선발할 경우, 자신의 이익을 정책적으로 대변하는 후보를 선발하지 않고 자신에게 손해를 끼칠지 모를 후보를 선발할 수 있다. 셋째, 입법적 교착 및 책임정치의 부재 역시 대리인 문제와 밀접한 관련이 있다. 입법적 교착이 발생하면 시민사회에서의 입법 요구를 반영할 수 없게 된다. 따라서 대리인이 주인의 이익을 효과적으로 대변하지 못하는 대리인 문제가 발생한다. 책임정치가 이루어지지 않으면, 대리인이 맡은 임무를 성공적으로 수행했는지를 심판하기 어려워 자신의 이익을 추구하는 대리인을 교체하기 힘들어진다.

2) 정치의 시장 거래화

1장에서 이야기한 바와 같이, 정치가 시장 거래화되면 소수 재력가들이 자신들이 지지하는 후보들에게 유인 가치 광고에 필요한 선거 자원을 제공하고, 이들이 집권할 경우 자신이 원하는 정책을 얻게 된다. 정치가 시장 거래화된 국가에서는 국가 자원이 비정책적인 방법으로 분배된다. 정당들이 정책 대결을 하는 경우, 선거기간 중 자신들이 표방하는 정책을 실현하기 위해 어떤 방법을 통해 자원을 조달하고 누구에게 그 혜택이 얼마나 돌아가는지에 대한 규칙들을 구체적으로 제시하므로, 국가 자원의 분배는 법안에 명시된 규칙에 따라 집행된다. 반면에 비정책적인 정치에서는 공적인 분배 규칙이 없거나, 공적인 분배 규칙이 존재하더라도 이에 따라 국가 자원이 분배되지 않고 비효율적으로 분배된다(Stokes et al. 2013).

국가 자원이 비정책적으로 배분되면 민주주의에 부정적인 결과가 초래된다. '지역 선심'과 '개인 선심'은 그렇지 않았으면 받을 수 있었을 유권자들에게 공공 정책의 혜택을 박탈한다(Stokes et al. 2013). '후견주의'clientelism는 유권자들의 자율적인 투표 결정권을 침해할 수 있기 때문에, 민주주의의 정상적인 작동을 방해한다. 후견주의적 자원 배분을 통한 표의 매수는 주로 저소득층을 대상으로 이루어지고, 후견주의적 혜택을 받은 저소득층이 공공 정책을 수립하는 입법자들에게 자신들의 이해를 촉구하지 못하도록 만든다(Stokes et al. 2013).

한국 민주주의의 여러 문제들은 정치의 시장 거래화 현상이라는 관점에서 이해될 수 있다. 첫째, 권력형 비리는 유력 정치인들과 결탁 세력 간의 후견적 관계에서 발생하는 전형적인 정치의 시장 거래화 현상이다. 정치인들은 후견 세력이 지원한 인적·재정적 자원을 통해 권력을 확보하고 후견 세력은 자신이 원하는 비정책적 특혜를 구입한다. 둘째, 지역주의 투표와 인물 투표는 혈연·지연·학연 및 후보의 이미지에 의존하는 일종의 유인 가치 투표다. 선거가 유인 가치를 중심으로 전개될 경우, 후보들이 얼마나 효과적으로 자신의 긍정적인 유인 가치와 상대 후보의 부정적인 유인 가치를 가공 생산하고 광고하는지에 따라 선거 결과가 달라진다. 결국 유인 가치 광고에 선거 자원을 제공하는 집단들에 유리한 선거 결과가 초래되며 이런 결과는 이들에 유리한 정책을 제공할 가능성을 증가시킨다.

3) 정치제도가 대리인 문제와 정치의 시장 거래화에 미치는 영향

① 정부 형태

대리인 문제를 해결하기 위한 제도적 방법에는 두 종류가 있다(Strøm 2000). 첫 번째 방법은 가치를 공유하거나 신뢰할 만한 대리인을 엄밀한 심사를 통해 사전적으로 선정하는 것이다. 예를 들면, 회사에서 신입사원을 선발하기 전에 서류와 면접 심사를 엄밀하게 수행한다. 정당은 공천위원회에서 공직 선거 출마 후보를 심사하고 국회는 인사 청문회를 통해 장관 후보들을 심사한다. 두 번째 방법은 사후적으로 대리인이 임무 수행을 제대로 하는지를 감시하고 임무 성과를 보고받는 것이다. 예를 들면, 회사에서는 고과 제도를 두어 직원들의 업무 수행 능력을 평가한다. 의회는 국정감사나 정부 예산안 감사를 통해 행정부를 감시 감독한다.

사전적 방법은 주인의 이해를 대변할 능력이 없는 대리인을 선택하는 '역선택'에 유용한 반면, 사후적 방법은 대리인이 주인의 이해를 대변하지 않는 '도덕적 해이'에 효과적이다. 대리인 문제 해결을 위한 두 방식은 각자 장단점이 있다(Strøm 2000). 사전적 방법을 채택해 대리인을 성공적으로 선택한 경우, 대리인은 자신의 관할 영역에서 더 큰 자율권을 누리고 책임을 지게 되며 여러 주인의 상충된 요구에 대처할 필요가 없으므로 위임 업무를 효율적으로 수행할 수 있다. 반면에 대리인들 사이의 경쟁과 견제를 유도하는 사후적 방법은 각 대리인들이 경쟁 대리인의 업무 수행에 대한 정보를 주인에게 제공할 동기를 부여해 주인이 대리인을 더 효과적으로 감시할 수 있게 한다.

코레 스트룀(Strøm 2000)에 따르면, 대통령제와 의회제는 서로 다른 방식으로 대리인 문제를 해결한다. 7장에서 논의한 바와 같이, 의회제는 간접적·다층적·직렬적인 권한 위임 구조를 가진 반면, 대통령제에서 위임 관계는 직접적·다면적·병렬적이다. 대통령제에서는 다양한 수준의 정책 책임자들(대통령·의원·주지사·검사·교육감 등)을 직접 선출하는 반면, 의회제에서는 의원을 제외하면 정책 책임자들을 시민이 직접적으로 선출하는 경우는 별로 없다. 대리인 문제를 해결하기 위해 대통령제는 사후적 방법에 더 의존하는 반면, 의회제는 사전적 방법에 더 의존한다. 의회제에서 사전적 방법이 더 선호되는 이유는 대리인을 심사하고 선정하는 역할을 담당하는 정당이 발달했기 때문이다. 정당과 시민사회 집단들 간의 연계가 잘 구축되어 있을수록 자신들의 대리인을 사후적으로 상호 견제하는 장치보다 내부에서 신뢰할 만한 대리인을 사전적으로 선정하는 방법이 더 효과적이다.

의회제의 다층적이고 직렬적인 위임 관계는 효율적이라는 이점이 있지만 대리인의 관계가 상충으로 전달되는 과정에서 왜곡이 일어날 경우 이를 해결할 장치가 부재하다. 반면에 대통령제에서는 병렬적인 위임 관계를 통해 한쪽에서 왜곡될 수 있는 위임 관계를 다른 쪽에서 회복해 주는 구조를 가지고 있다. 따라서 의회제는 대리인과 주인의 이해관계가 일치하고 대리인의 선정 과정이 투명하고 신뢰할 만한 환경에서 효과적으로 작동한다. 반면에 대리인과 주인의 이해관계가 유동적이고 대리인의 선정 과정이 사적이고 불투명한 환경에서는 사후적 제도가 잘 정비된 대통령제가 대리인 문제를 효과적으로 해결한다.

② 선거제도

선거제도는 어떤 유형의 대리인이 선발되는지를 규정하는 제도이므로 대리인 문제에 직접적인 영향을 미친다. 비례대표제를 채택한 국가에서 정당들은 지지 집단의 규모만큼의 지지를 확보할 수 있다. 따라서 단순 다수제에 비해 비례대표제에서 정당은 비조직적인 유권자 일반의 이해보다 조직된 집단의 이해를 대변할 동기가 강하다(Bawn and Thies 2003). 반면에 최다 득표자만 당선되는 단순 다수제에서는 후보들이 되도록 많은 유권자의 지지를 얻어야 한다. 후보들은 특정 집단을 정책적으로 대변할 경우 다른 집단의 표를 잃을 수 있다. 따라서 단순 다수제에서 의원들은 정책 대결을 전개하기보다 지역구민이 모두 선호하는 지역개발 사업이나 지역구 사업에 치중하게 된다.

선거제도의 명부 유형list types은 어떤 유형의 정치인이 의회에 진입하는지에 영향을 미친다(Siavelis and Morgenstern 2008). '완전 개방 명부' unordered open list에서는 유권자가 후보에 투표하고 후보는 득표수에 따라 당선된다. 따라서 완전 개방 명부를 사용할 경우, 단순 다수제에서와 같이 후보의 개인적인 특성이 당락에 영향을 미친다. 완전 개방형 명부가 작은 선거구와 결합되면 '지역구 사업형'district servant이 산출된다. 다수의 후보를 선발하는 큰 선거구에서는 적은 수의 득표로도 당선이 가능하므로 당에 충성하기보다 특정 집단과의 사적 관계를 통해 표를 얻는 '사업가형'entrepreneur이 산출된다.

정당 지도부나 중앙당 기관이 후보를 공천하고 명부 순위를 결정하는 '폐쇄 명부'closed list에서는 공천자에게 충성하는 의원들이 의회에 진입할 가능성이 높다. 상향식 정당에서는 정책 대변 역할에 충실한 '정당 충성형'party loyalist이 산출되는 반면, 하향식 정당에서 의원들은 당 전체의 이익보다 정당 지도부나 계파 수장과 같은 공천자에 충성한다. 당내 결정이 제도화되지 않은 정당에서는 공천권자가 자신에게 충성하는 의원들에게 높은 순위를 배정하거나 자신의 '지대 추구'rent-seeking 권한의 일부를 배분해 의원들의 충성을 확보한다. 의원들은 자신에게 권한을 위임한 유권자를 정책적으로 대변하지 않고, 공천권을 행사하는 지도부에 충성한다.

'부분 개방'ordered open list 명부는 완전 개방 명부와 폐쇄 명부의 단점을 보완하기 위해 만든 제도다. 유권자는 명부에 표시된 정당 또는 후보를 선택해 투표할 수 있으며, 당선에 필요한 최소 득표 기준을 통과한 후보는 명부에서의 순위가 낮더라도 자력으로 당선된다. 당선 최소 득표 기준 이상을 얻은 후보의 잉여 표는 정당 표와 합산되어 명부의 후보 순위에 따라 차례로 이양된다. 부분 개방 명부는 후보들이 개인 표만 추구하거나 정당에만 충성할 동기를 억제한다. 부분 개방 명부에서는 정당이 대변하는 집단이 당내 영향력을 행사할 수 있을 경우 이런 집단을 위해 일하는 후보들이 높은 순위를 얻을 수 있다. 동시에 자력 당선도 가능하므로, 기능 단체나 지역단체의 조직 표를 얻어 당선될 수도 있다. 이럴 경우 '집단 대리인형'group delegates이 산출될 수 있다.

선거제도는 정치의 시장 거래화에도 영향을 미친다(문우진 2019a). 단순 다수제는 정책 대결을 억제하고 정치의 시장 거래화를 촉진한다. 후보들은 모든 유권자들이 좋아할 만한 유인 가치를 가공 생산하고 상대 후보에 대한 네거티브 캠페인을 전개한다. 단순 다수제에서 선거 결과는 후보들이 얼마나 자신의 유인 가치를 효과적으로 광고하고 상대 후보의 약점을 공략하는지에 따라 크게 달라진다. 시장 거래에서 상품을 얼마나 효과적으로 광고하는지에 따라 매출이 결정되듯이, 정치에서도 얼마나 많은 정치자금을 사용해 후보의 긍정적인 이미지와 능력을 광고하고 네거티브 캠페인을 효과적으로 하는지가 득표에 중요한 역할을 한다. 경제적으로 유력한 집단은 유인 가치 광고에 필요한 선거 자원을 제공하고 자신들에게 유리한 정책적 혜택을 얻는다.

4. 대통령제와 의회제 중 어떤 정부 형태가 한국에 더 적합한가

정치권과 학계는 한국의 제왕적 대통령 권한을 약화하기 위한 정부 형태 개혁 방안들을 제시했다. 현행 대통령제에 대한 대안으로 미국식 대통령제, 의회제(내각책임제), 그리고 이원집정제라는 비학술적인 용어로 불리는 준대통령제 등이 대안으로 제시되었다. 그러나 정치권의 주장들은 주로 경험이나 정파적인 입장에서 비롯된 것으로 이론적인 근거를 찾기 어렵다. 예컨대 대통령으로의 권력 집중을 해소할 방안으로 의회제가 자주 거론된다. 그러나 7장에서 자세히 다루었듯이, 의회제에서는 행정부가 다수당 또는 다수 연합의 지도부로 구성되기 때문에, 행정부가 만든 법을 입법부의 다수가 거부하기 어렵다. 특히 견제 장치가 없는 양당 의회제에서 총리의 권력은 대통령보다 막강하다.

정부 형태의 명칭만 보면 대통령제에서는 대통령이, 의회제에서는 의회가 더 큰 권력을 가지고 있을 듯하지만 실제는 정반대이다. 7장에서 설명한 바와 같이, 의회제에서는 행정부가 의제 설정자이고, 대통령제에서는 의회가 의제 설정자이다. 따라서 의회제에서는 행정부가, 대통령제에서는 의회가 자신에게 유리한 입법 결과를 확보한다. 이런 작동 원리를 모르는 시각에서는 한국 대통령제에서 대통령 권한이 강한 반면, 독일과 같은 의회제에서는 권력이 분산되었으므로 의회제로 바꾸면 행정부 권한이 약화된다고 생각한다.

5장에서 설명한 바와 같이, 한국의 대통령제에서 대통령에게 권력이 집중된 이유는 한국이 대통령제를 채택해서가 아니라 한국의 대통령제가 의회제의 요소를 가지고 있기 때문이다. 한국에서는 의회제와 같이 행정부가 입법 발의를 할 수 있고 가장 막강한 입법 권한인 예산 편성권을 가지고 있다. 특히 대통령이 다수 여당을 지배하는 경우, 의회는 행정부안에 수정을 가할 수 없다. 이럴 경우 대통령은 의회제하에서의 일당 다수 정부의 총리와 같은 권한을 갖게 된다. 한국 대통령의 권한은 의회제의 특성인 행정부의 의제 설정권과 대통령이 여당을 장악할 수 있는 다양한 제도적 무기들로부터 비롯되는 것이다.

의회제를 권력 분산형 체제로 오해하는 이유는 대부분의 의회제 국가들이 비례대표 선거제도를 채택하기 때문이다. 이처럼 의회제와 비례대표제를 조합하는 이유는 양당제와 의회제가 조합될 경우 다수당을 견제할 제도적 장치가 없기 때문이다. 대통령제에서는 입법부, 사법부, 행정부가 서로 견제하는 반면, 의회제에서는 비례대표제를 통해 다당제를 산출해 정당들끼리 견제하게 만드는 것이다. 피상적으로 보았을 때 의회제가 권력 분산형처럼 보이나 사실은 의회제와 조합된 비례대표 선거제도 때문에 권력이 분산되는 것이다.

대의 민주주의에서는 대리인이 주인보다 전문성이 더 많고 대리인과 주인의 이해가 서로 다를 경우, 대리인 문제가 발생한다. 상향식 정당이 발달하지 않은 국가에서는 전문 정치인이나 법조인과 같은 정치 엘리트를 대리인으로 선발한다. 이들은 주인보다 전문성이 높고 주인과 이해관계도 다르므로 자신의 이해를 추구하기 쉽다. 이런 환경에서는 대리인을 사후적으로 감독할 장치가 필요하다. 대통령제는 다수의 대리인들(행정부, 사법부, 입법부)이 서로를 사후적으로 견제할 수 있도록 만든 제도다. 반면에 대리인을 성공적으로 선발할 수 있는 상향식 정당이 발달한 국가에서는 의회제가 가장 효율적인 체제다. 따라서 의회제의 도입은 민주적인 정당 제도가 구비되어 있는 국가에서 도입되어야 한다. 그렇지 않을 경우, 주인과 이해를 달리하는 대리인을 견제할 제도적 방법이 부재하다.

한국처럼 정당 민주주의가 확립되지 않은 국가에서 의회제를 채택하면 현행 대통령제보다 권력이 행정부 수반에 더 집중된다. 그렇다고 의회제에서의 권력 집중을 방지하기 위해 정책 대결을 촉진할 제도적 장치 없이 비례대표제를 채택하면 여러 부작용이 발생할 수 있다. 정책 대결보다는 혈연·학연·지연에 의한 인물 대결 중심의 선거 경쟁이 이루어지는 한국에서 비례대표제를 채택한다면, 수많은 인물 중심 정당과 소지역주의 군소 정당들이 출현할 것이다. 이런 상황에서 의회제를 채택한다면 군소 정당들의 합종연횡으로 연합 정부가 생겨나고, 이들의 이해가 변동하는 데 따라 연합 정부가 와해되는 정치 불안정이 예측된다.

정부 형태의 개혁에는 정부 형태와 다른 정치제도들 간의 상호 조응성에 대한 고려가 필요하다. 예컨대 대통령제에서 입법부, 행정부, 사법부 간의 상호 견제가 제대로 작동하려면 이들이 자율적이어야 한다. 따라서 내통령제는 대리인의 자율성과 독립성을 보장하는 제도들과 조응한다. 그뿐만 아니라 미국 의회의 초다수결 입법 규칙에서는 초당적인 입법 연합을 통해 입법적 교착을 타개할 수 있다. 따라서 초다수결 입법 규칙은 의원 자율성을 보장할 수 있는 약한 대통령제와 조응한다. 반면에 의회제에서는 행정부와 입법부가 자신들의 생존을 서로에게 의존하므로, 의회 다수는 자신의 입장을 충실히 대변할 행정부를 구성해야 하며 행정부를 결속력 있게 지지해야 한다. 다수결 입법 규칙을 사용하는 의회제에서는 다수 여당이 결속해 법안을 통과시키는 것이 가장 효율적인 입법 방법이다. 따라서 의회제는 의원들을 결속할 수 있는 제도들과 조응한다.

프랑스, 러시아, 구소련 국가들, 그리고 일부 아프리카 국가들은 대통령제와 의회제의 장점을 조합했다는 준대통령제를 채택하고 있다. 한국에서도 권력 분산을 위해 준대통령제의 도입을 주장하는 목소리가 있다. 그러나 준대통제는 국가의 상황에 따라 대통령제의 단점과 의회제의 단점이 모두 부각될 수도 있는 체제다. 준대통령제에서 대통령은 의회를 해산할 수 있고 의회는 행정부에 불신임안을 던질 수 있다. 준대통령제에서 대통령과 총리의 소속 정당이 다르면서 이 두 정당 가운데 어느 정당도 다수를 차지하지 못하는 분점 소수 정부가 형성되면, 정부 불안정이 발생할 가능성이 크다. 이와 같은 정부는 파편화된 다당 연합 정부에서 형성될 가능성이 많다. 한국과 같은 인물 중심의 정치 지형에서 준대통령제와 비례대표제를 조합하면, 잦은 정부 불신임과 의회 해산, 이에 따른 권력 공백이 일어나기 쉽다.

준대통령제의 불안정성을 해소하기 위해, 단순 다수제를 통해 양당 체제를 창출한다고 해도 준대통령제의 문제가 사라지는 것이 아니다. 준대통령제에서 대통령이 소속된 정당이 의회 다수를 형성하고 대통령이 다수당을 지배할 경우, 막강한 권한이 대통령에게 집중된다. 반면에 여당이 의회 다수를 확보하지 못할 경우, '동거 정부'cohabitation에서 대통령과 다수당의 총리가 서로 대치할 수 있다. 한국에서는 준대통령제가 분권형 대통령제의 의미로 사용되면서 대통령과 총리가 각각 외치와 내치를 담당하는 형태의 정부로 주장된다(신명순·진영재 2017). 그러나 강신구(2014)는 이런 주장을 뒷받침하는 경험적 사례가 존재하는지조차 불분명하다고 지적했다.

미국식 순수한 대통령제는 한국에 적합한가? 대통령의 권력 분산이 개헌의 목표라면, 민주적인 정당이 발달하지 않은 한국과 같은 국가에서는 의회제보다 순수한 대통령제가 더 나은 대안이 될 수 있다. 그러나 순수한 대통령제는 몇 가지 문제가 있다. 대통령제에서 대리인 문제를 해결하기 위한 사후적 방식은 사전적인 선발 방식에 비해 한계가 있다. 대리인이 주인보다 더 많은 정보를 가지고 있을 때, 대리인을 감독하기 어렵고 대리인을 교체하는 것도 제도적 제약에 부딪힐 수 있다. 그뿐만 아니라 권력분립을 근간으로 하는 대통령제에 미국식의 초다수제 입법 제도가 조합되면, 국정에 대한 책임성 소재는 더 불분명해진다. 또한 초다수제 입법 제도하에서 입법적 교착을 해소하기 위해 의원 자율성을 지나치게 증진할 경우, 의원들은 정책 대결 대신 개인 표를 추구하게 되어 정당정치의 근간이 흔들릴 수 있다.

의회 제도, 준대통령 제도, 순수한 대통령제도 가각 단점이 있다면, 어떤 정치체제가 바람직한가? 정부 형태의 설계에서 강조되어야 할 점은 정부 형태 개혁은 다른 정치제도들과 독립적으로 이루어져서는 안 된다는 것이다. 그뿐만 아니라 정치제도 설계는 국가 구성원들의 선호 분포를 고려해야 한다. 예컨대 양당 체제 국가에서 의회제를 채택할 경우, 소수의 견제 없이 다수당이 지배하게 된다. 국가 구성원들의 선호가 매우 이질적인 경우, 다수당 정책은 소수의 권익을 침해할 가능성이 높다. 반면에 양당 체제 국가에서 순수한 대통령제와 초다수결 입법 규칙을 채택할 경우, 다수당이 초다수 의석을 얻지 못하면 입법적인 교착이 심화된다. 따라서 정치체제를 설계할 때는 정부 형태, 선거제도 및 입법 규칙의 서로 다른 조합이 어떤 입법 결과를 산출할 것인가, 그리고 입법 결과는 국민들의 선호와 부합하는가라는 문제를 종합적으로 고려해야 한다.

한국 사회가 문화적으로 다면화되고, 경제적 양극화가 심화되고, 세대 간 선호의 차이가 분명해지면서, 한국 국민들의 이질성이 증가하고 있다. 따라서 다수 지배 원리보다 소수 보호의 원리를 더 반영할 수 있는 방향으로 정치제도가 설계될 필요가 있다. 한국에서 정당과 시민사회 집단들 간의 연계가 확고하게 구축되어 정당들이 시민사회 집단들의 이해를 정책적으로 대변한다면, 한국에서도 효율적인 의회제의 도입을 생각해 볼 수 있다. 물론 의회제의 도입은 양당 의회제에서 발생할 수 있는 권력 집중을 억제하기 위해 비례대표제를 도입해 다당 체제를 산출하는 것을 전제로 한다. 그러나 정당들이 실체 없는 유인 가치 중심의 정치 공세에 치중하는 상황에서 다당 체제 의회제를 도입한다면, 정치 엘리트들의 이합집산에 따른 정부 불안정이 초래될 가능성이 높다. 사전적인 대리인 선발이 효과적으로 이루어지지 않는 한국과 같은 국가에서는 대리인들을 서로 견제하고 감시하는 삼권분립 체제가 더 적합하다. 따라서 정당과 시민사회 간의 연계가 확고하게 구축되지 않은 한국의 현실에서 의회제를 도입하는 것은 시기상조다.

5. 누가 누구를 대표해야 하는가

정치제도의 설계라는 이 책의 문제의식은, 민주주의에서 누가 누구를 대표해야 하는가라는 근본적인 질문으로부터 출발한다. 민주주의는 다수 지배와 소수 보호라는 서로 상충하는 원리에 기반해 작동한다. 다수가 소수를 지배하면 소수의 권리가 침해될 수 있는 반면, 소수가 다수와 동등한 결정권을 가지면 다수의 효율적인 지배가 어려워진다. 그렇다면 다수와 소수 중 누구를 얼마나 더 대변해야 하는가? 이 책은 이 질문에 답하기 위해 다음과 같은 규범적 기준을 제시한다. 첫째, 다수와 소수의 입장 가운데 다수의 입장이 더 반영되는 것이 규범적으로 타당하다. 달리 말하면, 소수에 비해 다수의 입장이 더 반영되는 결과가 소수가 다수와 동등한 영향력을 행사하거나 소수가 다수보다 더 대변되는 결과보다 바람직하다. 둘째, 다수의 규모가 커질수록 다수의 입장을 더 반영할 (달리 말하면, 소수의 규모가 커질수록 소수를 더 보호할) 필요가 있다. 이 책은 이런 두 기준을 충족할 정치제도 설계를 목표로 한다.

이 책은 또한 대의 민주주의에서는 누가 대표해야 하는가라는 질문을 던진다. 대의 민주주의에서는 정치인인 대리인이 주인인 국민을 대표한다. 그렇다면 누가 대리인 역할을 충실하게 수행할 수 있는가? 6장에서 서술한 바와 같이, 의회를 구성하는 의원들이 시민사회 집단들의 입장을 왜곡 없이 반영할수록 대의 민주주의는 성공적으로 작동한다. 이 책은 의회가 시민사회의 축소판처럼 구성될 수 있는 정치제도를 설계하는 것을 목표로 한다.

이런 목표를 달성하기 위한 개념적 준거 틀로 당 간 차원 대표성과 당내 차원 대표성이라는 개념을 제시하고자 한다. 당 간 차원 대표성은 누구를 대변하는가의 문제와 관련이 있다. 다수의 크기에 따라 다수와 소수의 이익 균형이 효율적으로 변하는 체제를 당 간 차원 대표성이 높은 체제로 정의한다. 당내 차원 대표성은 누가 대표하는가의 문제와 관련이 있다. 다양한 시민사회 집단들을 대표하는 의원들로 구성된 의회가 정책 대변 기능을 충실하게 수행하는 체제를 당내 차원 대표성이 높은 체제로 정의한다. 당 간 차원 대표성과 당내 차원 대표성을 증진하기 위한 선거제도 설계 방안을 살펴보자.

1) 어떤 정치제도가 당 간 차원 대표성을 극대화하는가

7장에서는 서로 다른 정부 형태, 선거제도와 입법 규칙이 산출하는 6개의 정치체제가 서로 다른 입법 결과를 초래한다는 사실을 보여 주었다. 여기에서는 7장의 〈표 7-2〉의 분석 결과를 기초로 이 정치체제들이 다수와 소수의 이익 균형에 어떤 결과를 초래하는지를 살펴보고자 한다. 그리고 이런 설명을 근거로 어떤 정치체제가 당 간 차원 효율성을 극대화할 수 있는지를 알아보자.

체제 Ⓐ는 단순 다수제와 다수결 입법 규칙을 사용하는 의회제이다. 체제 Ⓐ에서는 다수당이 형성한 정부가 제출한 안이 소수의 견제 없이 채택된다. 따라서 체제 Ⓐ에서는 의회 다수당을 지지한 다수가 소수를 효율적으로 지배한다. 체제 Ⓓ는 비례대표제와 다수결 입법 규칙을 사용하는 의회제이다. 만약 정당들이 안정적으로 정책 경쟁을 하고 정책적 친화성을 중심으로 연합 정부를 형성한다면, 좌파 정당들과 우파 정당들은 두 진영으로 나뉘고 다수를 얻은 진영 정당들이 연합 정부를 형성할 것이다. 이럴 경우 연정 참여 정당들 가운데 중간 입장을 취하는 정당의 입장이 채택되고 이 정당을 지지한 유권자의 입장이 반영된다. 정당들이 정책 경쟁을 하지 않을 경우, 정당들의 이합집산으로 다양한 연합 정부가 형성될 수 있다. 이럴 경우 체제 ⑪가 누구를 대변할지를 예측하기는 어렵다. 체제 ⑪에서 소수 정부가 형성될 경우, 소수 정부가 의제 설정자이므로 소수 정부와 의회 다수 입장 사이에 있는 법안들 가운데 소수 정부 입장에 더 가까운 결과가 초래된다. 즉, 다수보다 소수의 입장을 더 반영하는 결과가 초래된다.

체제 ⑧에서 단점 정부(여대야소)와 분점 정부(여소야대)는 서로 다른 유권자를 대변한다. 단점 정부에서 대통령이 여당을 장악하지 못하면 여당안이 통과되고 다수 여당을 지지한 총선에서의 다수를 대변한다. 대통령이 여당을 장악하면 대통령 입장이 채택되고 대통령을 지지한 대선에서의 다수를 대변한다. 분점 정부에서 대통령이 여당을 장악하지 못하고 야당이 의석의 3분의 2 이상을 얻지 못하면, 여당이 수용할 수 있는 법안들 가운데 다수 야당 입장과 가장 가까운 법안이 통과된다. 따라서 소수 여당 지지자 입장과 다수 야당 지지자 입장 사이에서 후자의 입장이 상대적으로 더 반영된다. 반면에 대통령이 여당을 장악하면 대통령이 수용할 수 있는 법안들 가운데 다수 야당과 가장 가까운 법안이 통과된다. 따라서 대통령을 지지한 대선에서의 다수 입장과, 다수 야당을 지지한 총선에서 다수 입장 사이에서 총선 다수 입장이 상대적으로 더 반영된다.

체제 ⓒ는 단순 다수제와 초다수결 입법 규칙이 조합된 대통령제이다. 체제 ⓒ의 단점 정부에서 여당이 5분의 3 이상의 의석을 얻는 경우, 여당이 가장 선호하는 입장이 통과된다. 즉, 여당이 5

분의 3 이상의 의석을 얻을 만큼 강한 지지를 얻으면, 다수 여당 지지자의 입장을 반영한다. 반면에 다수 여당이 5분의 3 이상의 의석을 얻지 못한 경우, 여당은 야당이 수용할 수 있는 법안들 가운데 자신이 가장 선호하는 법안을 제안하고 이는 통과된다. 체제 ⓒ의 단점 정부는 체제 ⓑ의 단점 정부와 달리 여당이 다수의 지지를 얻어도 여당 지지자의 입장을 대변할 수 없다. 여당과 야당 지지자의 중간 입장으로부터 여당 지지자의 입장을 상대적으로 더 반영한다. 체제 ⓒ의 분점 정부는 여당과 야당 지지자의 중간 입장으로부터 야당 지지자의 입장을 상대적으로 더 반영한다. 따라서 체제 ⓒ의 단점 정부와 분점 정부에서의 입법 결과는 평균적으로 여당 지지자와 야당 지지자의 입장을 동등하게 대변한다. 반면에 체제 ⓑ의 단점 정부와 분점 정부에서의 입법 결과를 평균적으로 보면 여당 지지자 입장을 야당 지지자 입장보다 더 대변한다.

체제 ⓔ는 비례대표제와 다수결 입법 규칙이 조합된 대통령제이다. 체제 ⓔ에서 여당이 중위 정당의 지위를 얻을 정도로 다수가 여당 진영 정당들을 지지하면, 여당 지지자의 입장을 대변한다. 반면에 체제 ⓔ에서 기존의 제1야당이 중위 정당의 지위를 유지하는 경우, 여당과 제1야당 지지자 중간 입장으로부터 제1야당 지지자 쪽으로 치우친 입장을 대변한다.

다당 체제 ⓔ에서 기존의 두 주요 정당 사이에 출현한 중도 정당이 중위 정당의 지위를 얻게 되는 경우(편의상 ⓔ로 표기), 거부 중추 정당이 수용할 수 있는 정책들 가운데 중도 정당 입장과 가장 가까운 법안이 통과된다. 이런 입법 결과는 여당과 중도 정당 사이에 놓여 있다. 따라서 체제 ⓔ는 여당 진영 정당 지지자의 입장을 야당 진영 정당 지지자의 입장보다 더 반영한다. 체제 ⓔ에서 여당 진영 정당이 지배적인 다수의 지지를 얻은 경우와 그렇지 않은 경우 ⓔ의 결과를 비교하면, 체제 ⓔ는 체제 ⓔ에 비해 야당 진영 정당을 지지한 유권자의 입장을 상대적으로 더 반영한다.

체제 ⓕ는 비례대표제와 초다수결 입법 규칙이 조합된 대통령제이다. 여당과 여당보다 더 급진적인 정당의 의석의 합이 3분의 2를 넘기면, 여당 지지자 입장을 반영한다. 여당이 중위 정당 지위를 차지하고 여당 반대 진영의 야당이 무제한 토론 중추 정당의 지위를 차지한 경우, 야당이 수용할 수 있는 법안들 가운데 여당 입장과 가장 가까운 안이 통과된다. 따라서 여당 지지자와 야당 지지자의 입장 가운데 전자에 더 가까운 입장을 대변한다. 야당이 중위 정당의 지위를 차지했으나 거부 중추 정당의 지위를 차지하지 못한 경우, 거부 중주 정낭이 수용할 수 있는 법안들 중 야당의 입장과 가장 가까운 법안이 채택된다. 거부 중추 정당이 여당인 경우, 여당 지지자와 야당 지지자 중 후자의 입장을 상대적으로 더 대변한다.

체제 ⓒ와 체제 ⓕ는 모두 초다수결 입법 규칙을 사용하지만 두 체제는 각각 단순 다수제와 비례대표제를 사용한다. 중위 정당과 두 중추 정당이 두 체제에서 동일하다면, 두 체제는 동일한 입법 결과를 산출하고 동일한 유권자들을 대변한다. 반면에 체제 ⓕ에서 중도 정당이 중위 정당의 지위를 얻는 경우(편의상 ⓕ로 표기), 거부 중추 정당과 무제한 토론 중추 정당이 모두 수용할 수 있는 법안들 가운데 중도 정당이 가장 선호하는 법안이 통과된다. 체제 ⓕ에서는 여야가 바뀌어도 거부 중추 정당과 무제한 토론 중추 정

의회제

체제 ＼ 정부 유형	다수 정부	소수 정부
Ⓐ 양당 다수결	다수 대변(다수 지배 체제)	발생 불가
Ⓓ 다당 다수결	연정 내 중위 정당 지지자 대변	다수 입장 일부 반영, 소수 대변

양당 대통령제

체제 ＼ 정부 유형	단점 정부	분점 정부
Ⓑ 양당 다수결	여당(대통령) 지지 다수 대변	여당 지지 소수 입장 일부 반영, 야당 지지 다수 대변
Ⓒ 양당 초다수결	야당 지지 소수 입장 일부 반영, 여당(대통령) 지지 다수 대변	여당 지지 소수 입장 일부 반영, 야당 지지 다수 대변

다당 대통령제

체제 ＼ 중위 정당	여당	야당
Ⓔ 다당 다수결	여당(대통령) 지지 다수 대변	여당 지지 소수 입장 일부 반영, 야당 지지 다수 입장 대변
Ⓕ 다당 초다수결	야당 지지자 입장 일부 반영, 여당(대통령) 지지자 대변	여당 지지자 입장 일부 반영, 야당 지지자 대변

체제 ＼ 중위 정당	여당과 제1야당 사이 중도 정당
ⓔ 다당 다수결	여당(대통령)을 지지하는 다수와 중도 정당 지지자 사이 입장 대변
ⓕ 다당 초다수결	중도 정당 지지자 대변

당이 모두 수용할 수 있는 법안들 가운데 중위 정당이 가장 선호하는 법안이 통과되므로, 어떤 정당이 행정부를 차지하는지와 상관없이 중위 정당 지지자의 입장을 대변할 가능성이 높다.

〈표 8-1〉은 이상의 내용을 요약한 것이다. 〈표 8-1〉의 결과로부터 어떤 체제가 당 간 차원 효율성이 가장 높은 체제인지를 파악할 수 있다. 체제 Ⓐ는 다수당 지지 정도와 상관없이 항상 다수

당 지지자의 입장을 대변하는 반면, 소수당 지지자를 보호하지 않는다. 따라서 당 간 차원 효율성이 낮다. 체제 ⓓ는 정당들이 안정적인 정책 경쟁을 할 경우 연정 참여 정당들 가운데 중위 정당 지지자의 입장을 대변할 가능성이 높다. 그러나 정당들이 정책적 친화성을 근거로 연합 정부를 형성하지 않는다면, 어떤 정당들이 연정에 참여할지 예측하기 어렵다. 체제 ⓓ의 소수 정부에서는 소수 정부 입장에 더 가까운 결과가 초래된다. 이 체제는 다수보다 소수의 입장을 더 대변하므로, 당 간 차원 효율성이 낮다.

체제 ⓑ와 체제 ⓔ는 여당이 중위 정당의 지위를 얻을 정도의 지지를 확보하면 여당(대통령) 지지자의 입장을 대변한다.[4] 반면에 여당이 중위 정당의 지위를 잃었을 때, 중위 정당 지위를 누가 차지하는지에 따라 체제 ⓑ와 ⓔ는 서로 다른 유권자들을 대변한다. 체제 ⓑ는 양당 체제이므로 여당이 중위 정당 지위를 잃으면 야당이 항상 중위 정당 지위를 얻는다. 체제 ⓑ의 야당이 체제 ⓔ에서도 여전히 중위 정당 지위를 유지하면 체제 ⓑ와 마찬가지의 결과가 초래된다. 그러나 여당과 야당 사이의 중도 정당이 중위 정당 지위를 확보한 체제 ⓔ의 경우, 체제 ⓑ의 분점 정부보다 여당에 더 가까운 유권자의 입장을 대변한다. 즉, 다당제와 다수결 입법 규칙이 조합된 대통령제에서는 유권자 입장 분포에 따라 체제 ⓔ 또는 ⓔ가 형성될 수 있고, 이에 따라 입법 결과도 달라진다. 여당

---

4 7장에서 살펴본 바와 같이, 대통령이 여당을 장악하면 대통령 입장이 채택되고, 그렇지 않을 경우 여당 입장이 채택된다.

이 중위 정당의 지위를 얻을 정도로 여당에 유리한 다수가 형성되면(체제 ⑥) 여당 지지자의 입장이 반영되는 반면, 중도 정당에 중위 정당 지위를 넘겨줄 정도로 여당이 다수의 지지를 확보하지 못하면(체제 ⓒ), 여당과 중도 정당 사이의 유권자들을 대변한다. 따라서 다당 대통령제가 다수결 입법 규칙과 조합한 제도는 여당에 대한 지지 정도에 따라 다수와 소수 이익 균형을 조절하는 당 간 차원 효율성이 높은 체제다.

체제 ⓒ와 ⑤에서는 여당이 중위 정당 지위를 확보한 경우(한 정당이 행정부를 장악하고 입법부 의제 설정 권한도 가진 경우)에도 여당 지지자 입장을 대변할 수 없고 야당 지지자 입장을 어느 정도 반영해야 한다. 야당이 중위 정당 지위를 확보한 경우, 체제 ⓒ와 ⑤는 야당 지지자의 입장을 대변할 수 없고 여당 지지자 입장을 어느 정도 반영해야 한다. 체제 ⓒ와 ⑤에서는 대선과 총선에서 국민들이 서로 다른 정당을 지지하는 경우뿐만 아니라 국민들이 같은 정당에 지지를 몰아주는 경우에도 중위 정당이 반대 진영 유권자 입장을 반영해야 한다. 체제 ⓒ와 ⑤는 이처럼 유권자 입장 분포의 변화를 반영하지 않으므로 당 간 차원 대표성이 낮다. 여당과 야당 사이에 온건한 군소 정당이 출현해 중위 정당의 지위를 얻는 체제 ⑤에서는 국민들이 행정부 권력을 어떤 정당에 부여하는지와 상관없이 항상 중도 정당 지지자의 입장을 대변하게 된다. 따라서 당 간 차원 대표성이 낮다.

2) 어떻게 당내 차원 대표성을 증진할 수 있는가

당내 차원 대표성이 높은 체제는 대리인 문제를 효과적으로 억제할 수 있다. 정치를 직업으로 하는 정치 엘리트들의 이해와 이들이 대변하는 집단들의 이해는 서로 일치하지 않는다. 정치 엘리트들의 지상 목표는 시민사회 집단들을 정책적으로 대변하기보다 선거에서 승리하는 것이다. 정치 엘리트들은 지지 집단을 대변하는 것이 득표에 도움이 되지 않을 경우, 대리인의 기능을 소홀히 하거나 권력 유지에 유리한 부정한 선택을 용인하기도 한다.[5] 선거 승리가 목적인 대리인들은 정책 대변 활동에 들어갈 시간과 노력을 상대의 약점을 공략하기 위한 정보를 수집하는 데 사용하고, 정책 대결 대신 프레임 대결에 집중하는 경향이 있다. 이럴 경우 흑색선전이 난무하는 선거 경쟁이 초래되고, 유권자들은 실체 없는 프레임 대결에 현혹되어 자신에게 정책적인 해를 끼칠 정당을 지지할 수 있다.

그렇다면 대리인이 자신을 위해 권력을 사용하는 것을 어떻게 억제할 수 있는가? 대리인 문제는 주인과 이해를 같이하는 대리인을 선발할 때 가장 효과적으로 해결된다. 이 책에서는 직능 집단, 이익집단, 이념 집단, 지역 집단, 세대 집단과 시민단체를 포

---

5 민주당이 약속했던 중대재해처벌법의 원안으로부터 후퇴한 수정안을 처리한 경우가 전자에 해당하고, 21대 총선에서 자신들이 만든 준연동형 선거제도의 취지에 반하는 위성정당을 만든 사례는 후자에 해당한다.

괄하는 다양한 시민사회 집단들이 직접 자신을 대변할 후보를 집단 내부에서 선발하고 정당에 추천하는 선거제도 개혁 방안을 제시한다. 즉, 시민사회 집단들의 구성과 조응하는 의회가 구성되면, 정당들이 자신들이 대변하는 집단을 위해 선명한 정책 대결을 할 가능성이 증가한다. 그럼에도 불구하고 대리인이 권력을 위임받으면 자신의 이익을 위해 일할 동기가 발생한다. 이럴 가능성에 대비해, 대리인이 자신을 선발한 집단의 이익을 대변하는 것이 재선에 가장 유리한 제도를 설계하면 대리인 문제를 억제할 수 있다. 이런 제도는 당내 후보 선발 방식을 통해 설계할 수 있다. 시민사회 집단들이 직접 자신의 후보를 선발하고 감독하면, 직능 집단 대리인이 자신의 이익을 추구하는 것을 억제할 수 있다.

정당들이 자신들이 대변하는 집단들을 위해 선명한 정책 대결을 하면, 유권자들의 투표 결정에서 후보가 광고하는 유인 가치 또는 후보와의 학연·혈연·지연보다 정당 간 정책적 입장 차이가 더 중요하게 작동한다. 유권자들이 정책 투표를 할 경우, 자신에게 정책적인 해를 끼칠 후보를 지지할 가능성은 줄어들고 유권자들이 효과적인 선거 심판을 할 수 있는 능력이 증가한다. 성공적인 선거 심판 능력은 정치인들로 하여금 대리인으로서의 역할을 충실하게 수행할 동기를 부여한다. 유권자들이 정책 투표를 하게 되면 유인 가치 광고에 자원을 제공하는 경제적 유력 세력의 영향력은 줄어든다. 따라서 당내 차원 대표성이 높은 체제는 정치의 시장 거래화를 억제한다.

6. 무엇을 어떻게 바꾸어야 하는가

1) 당 간 차원 대표성 증진 방안

2019년에 준연동형 선거제도가 도입되자, 선거 전문가들도 이해할 수 없을 정도로 이 제도가 복잡하다는 비판을 받았다. 준연동형 제도가 이처럼 복잡한 이유는 동시에 충족할 수 없는 여러 목표를 충족하기 위해 만들어졌기 때문이다. 준연동형 제도를 설계한 4+1 협의체는 ① 지역구 의석수를 줄이지 않으며, ② 전체 의석수를 늘리지 않고, ③ 초과 의석을 발생시키지 않으면서, ④ 군소 정당의 의회 진입을 촉진하면서, ⑤ 지역구 경쟁력이 강한 정당도 비례대표 의석을 차지할 수 있는 제도를 원했다. 4+1 협의체에 참여한 정당 모두 앞의 세 조건에 동의했다. 그러나 5개 조건을 동시에 충족하는 것은 불가능하다.

준연동형 선거제도는 병립형 선거제도에 비해 군소 정당 의석수를 두 배 정도 증가시켜 조건 ④를 어느 정도 충족한다. 그러나 지역구 경쟁력이 강한 정당들이 비례대표 의석을 얻는 것을 어렵게 하므로, 조건 ⑤가 충족되지 않는다. 준연동형 제도의 30석 캡 제도는 연동형·의석을 30석만 배분한 뒤, 정당 득표율에 따라 17석의 병립형 의석을 모든 정당에 배분하도록 했다. 그러나 지역구 경쟁력이 강한 정당이 50%만큼의 정당 득표율을 얻더라도 이 정당이 확보할 수 있는 비례대표 의석은 8~9석에 불과하다.

지역구 경쟁력이 강한 정당들이 위성 정당을 만들 경우, 병립형 제도와 마찬가지의 결과가 초래된다. 따라서 조건 ⑤는 충족되나 조건 ④가 충족되지 않는다. 위성 정당 창당 없이 조건 ③, ④, ⑤를 모두 충족하려면 지역구 의석수를 대폭 줄이고 비례대표 의석수를 대폭 늘리거나(조건 ① 미충족), 비례대표 의석수를 지역구 의석수만큼 늘려 전체 의석수를 증가시켜야 한다(조건 ② 미충족). 그러나 지역구 의석수를 줄이는 방안은 의원들의 반대로 실현되기 어렵고, 전체 의석을 늘리는 방안은 유권자의 반대에 부딪쳐 실현되기 어렵다. 4+1 협의체는 조건 ①, ②, ③을 충족하는 준연동형 선거제도를 채택했으나, 조건 ④와 ⑤를 동시에 충족할 수는 없었다. 위성 정당 출현으로 조건 ⑤는 실현되었으나 조건 ④는 실현될 수 없었다.

그렇다면 위성 정당의 설립을 금지하면, 조건 ④는 어느 정도나 실현될 수 있는가? 4+1 협의체가 기대했던 것처럼 준연동형 선거제도가 다당 체제를 촉진해 협치의 풍토를 형성할 것인가? 위성 정당 없이 선거가 치러지면 군소 정당들은 병립형 제도에 비해 두 배 정도의 의석을 얻을 수 있다. 그러나 비례대표 의석수가 47석에 불과하기 때문에, 군소 정당들은 연동형 제도에서 얻을 수 있는 의석의 절반도 얻기 힘들다. 예컨대 군소 정당들이 얻은 득표율의 합이 30%일 경우, 연동형 제도에서는 군소 정당들이 90석을 얻을 수 있는 반면, 준연동형 제도에서는 40석도 얻기 어렵다. 한국에서 군소 정당들이 30%도 득표하기 어렵다는 점을 감안하면, 두 주요 정당이 지배하는 정당 체제가 유지될 가능성이 높고 이들 가운데 한 정당이 중위 정당의 지위를 차지할 가능성이 높다. 당 간 차원 대표성을 극대화하려면 두 주요 정당 사이의 중도 정당이 중위 정당의 지위를 차지하는 다당 체제가 형성되어야 한다. 이런 다당 체제가 형성되려면 준연동형 선거제도보다 비례성이 높은 선거제도를 채택할 필요가 있다.

2) 당내 차원의 대표성 증진 방안

한국의 준연동형 선거제도는 기존 병립형 선거제도보다도 당내 차원 대표성을 약화하는 제도다. 특히 주요 정당의 당내 차원 대표성을 약화한다. 한국의 준연동형 선거제도에서는 비례대표 의석이 47석에 불과하기 때문에 대부분의 비례대표 의석이 군소 정당에 돌아간다. 따라서 지역구 경쟁력이 강한 주요 정당은 거의 대부분 지역구 의원들로 채워진다. 예컨대 21대 총선에서 위성 정당이 만들어지지 않고 민주당과 미래통합당이 각각 자신의 위성 정당이 얻은 정당 득표율을 얻었다면, 지역구에서 대승한 민주당은 6석의 비례대표 의석만을 얻게 된다.

민주당의 위성 정당인 더불어시민당의 비례대표 후보 순위가 민주당의 비례대표 후보 순위로 승계된다고 가정하면, 민주당의 비례대표 의원 6인은 더불어시민당의 비례대표 의원 6인(교수 2명, 정치인 3명, 의사 1명)으로 채워지게 된다. 6인 모두를 직능 대표로 선발한다고 해도 민주당이 대표할 수 있는 시민사회 집단들은 매우 제한적이다. 그렇다면 현행 선거제도를 어떻게 바꾸어야 당내 차원 대표성을 증진할 수 있는가?

당내 차원 대표성을 증진하기 위해서는 주인과 동일한 가치와 이해를 가진 대리인을 선발하는 것이 가장 효과적이다. 주인과 뜻을 같이하는 대리인을 선발하면, 대리인이 자신을 위해 일하는 경우에도 주인의 뜻을 대변한다. 따라서 사회의 다양한 기능 단체들이 단체 내부에서 자신들의 대리인을 선발하거나, 이들이 직접 선택한 대리인들로 의회를 구성할 때, 대리인 문제가 발생할 가능성은 줄어든다. 그럼에도 불구하고 집단의 대리인들이 관직을 얻게 되면, 관직이 가져다주는 이익 때문에 출신 집단의 이익을 대변하지 않을 수 있다. 따라서 이 책의 개혁 방안은 시민사회 집단들이 자신의 대표를 직접 선발하는 방식을 사후적 감시 방법을 통해 보완할 필요가 있다.

① 정당 명부 구성 및 후보 순위 결정

이 책이 제안하는 방식은 다음과 같다. 국회의원 후보는 시민사회 집단 후보와 당원 추천 후보로 구분된다. 이미 결성되어 있는 시민사회 집단들 또는 자신들의 후보를 정당에 추천하기를 원하는 집단은 자신을 대변할 후보를 투표로 결정하고 후보들이 얻은 득표수에 따라 후보 명단을 작성하고, 자신들이 지지하는 정당에 명단을 제출한다.[6] 그러나 특정인의 당선을 위한 단체들이 급

---

6 이런 집단에는 민주노총, 한국노총, 농업협동조합, 소상공인연합회, 전교조, 한교총, 중소기업중앙회, 전경련과 같이 이미 조직된 단체와, 자신의 후보를 정당에 추천하기를 원하는 학생 집단, 여성 집단, 미용업, 요식업, 출판업 종사자 등등 다양한 단체를 포함한다. 각 집단 대표들을 정상 조직에서 선발할 것인가 아니면 하위 조직에서 선발할 것인가, 몇 명의 후보를 추천할 것인가, 그리고 어떤 선거구에 후보를 출마시킬 것인가와 같은 전략적 문제는 집단들이 자율적으로 선택한다.

조될 수 있고, 구성원들의 의견을 민주적으로 수렴하지 않는 단체들도 후보를 낼 가능성을 배제할 수 없다. 따라서 이런 단체들의 의회 진입을 어렵게 하는 방안들을 고려할 필요가 있다. 예컨대 공천관리위원회의 심사를 통해 투명하고 민주적인 의사 결정 제도를 구비하고 일정 기간 지속적으로 운영해 온 사회집단들에만 당내 후보 자격을 부여하거나 가산점을 부여할 수 있다. 이와 동시에, 비교적 높은 수준의 봉쇄 조항을 설치할 경우, 급조된 군소 집단 후보의 진입을 억제하는 효과를 얻을 수 있다.

시민사회 집단 대표들은 소속 집단의 이익만 대변할 가능성이 높으므로, 이들의 이해를 조율하고 당의 공공 정책과 더 나아가 국가의 공공 정책을 입안할 경제·외교·교육·사법 영역의 전문가 집단이 필요하다. 이런 후보들은 이념 단체 및 시민단체 대표를 포함한다.[7] 이 후보들은 시민사회 집단의 조직 표를 확보하기 어려우므로 당원들의 추천을 통해 선발하고 공천관리위원회의 후보자 검증을 거쳐 후보 목록에 포함된다.[8] 당원 추천에 참가하고 싶은 유권자는 자신이 후보를 추천하는 정당에 가입해야 한다. 당원 추천 대표들은 당이 추구하는 가치와 이념적 정체성을 정립한다.

시민사회 집단의 후보들과 당원 추천 후보들은 하나의 명단에 포함되어 정당 명부에서의 순위 결정투표에서 서로 경쟁한다. 시

---

7 활동 영역별로 구분해 한국 주요 시민단체들을 망라한 연구로 김영래(2020)를 참고.

8 열린민주당은 일반 유권자도 추천에 참가하는 국민 추천 방식을 사용하나, 이 책은 당의 정체성과 부합하는 후보를 선발하고 정당의 역할을 강화하기 위해 추천 후보의 정당에 가입한 유권자만 추천 자격을 얻는 방안을 제안한다.

민사회 집단 대표를 선발한 집단 구성원들이 정당 명부 순위 투표에 참여하려면 자신이 소속된 집단을 대표하는 정당에 가입해야 한다. 시민사회 집단 출신 당원과 당원 추천 참가 당원, 그리고 일반 당원은 투표로 후보들의 순위를 결정한다. 이 방식은 당원 수를 증가시키고 당원들의 권한을 강화한다. 당 전체 후보들의 순위가 결정되면 후보들은 8인 정도를 선출하는 중대 선거구 3곳에 출마를 신청한다. 각 선거구 명부에서의 후보 순위는 전체 명부의 후보 순위에 따라 결정된다. 출마 신청이 끝나고 각 선거구에서 순위가 발표되면, 후보들은 당선 가능성이 가장 높은 선거구를 선택한다.

전술한 후보 선발 제도는 의원들이 집단 대표 기능을 제대로 수행하는지를 감시하고 임무 성과를 보고받는 사후적 감시 제도로 보완된다. 국회에 진입한 단체 대표들은 주기적으로 열리는 소속 단체의 회합에서 자신의 의정 활동 내용을 공개하고, 단체 구성원들은 단체의 이익을 도모할 입법 의제를 집단 대표에게 전달한다. 만약 집단 대표가 자신들을 대변하는 입법 활동을 불성실하게 수행할 경우, 집단 구성원들은 다음 선거에서 대리인을 교체한다. 이런 사후적 처벌 방식은 대리인으로 하여금 자신을 선발한 단체의 이익을 대변할 동기를 증가시킨다.

② 명부 유형, 선거구 크기와 봉쇄 조항

본선에서의 후보 선발은 부분 개방 명부를 사용한다. 유권자는 명부에서 정당과 후보 가운데 하나를 선택한다. 유권자가 둘 모두를 선택한 경우 후보 투표로 간주되어, 선택된 후보는 한 표를 얻게 된다. 명부에는 정당 이름과 후보 이름뿐만 아니라 후보가 대표하는 시민사회 집단의 이름 및 당원 추천 후보의 정책 전문 분야를 명기한다. 따라서 이 명부를 사용할 경우, 후보를 잘 모르는 유권자들도 정당 투표 또는 단체 투표를 통해 자신의 가치나 직업적 이해를 대변하는 후보를 선택할 수 있다. 유권자들이 정당 또는 후보에게 행사한 표는 일단 정당 표로 합산되고, 봉쇄 조항을 충족한 정당들의 득표 비율에 따라 의석을 배분한다. 정당 간 의석 배분은 세 가지 방식을 활용할 수 있다. 각각 장단점이 있다.

첫 번째 방식에서는 전국 득표율을 선거구에 일률적으로 적용해 선거구 의석을 배분한다. 이 방식은 지역 집중적인 의석 배분을 효과적으로 방지할 수 있다는 장점이 있다(김종갑 2011). 그러나 폐쇄 명부에서는 이들 고려할 만하지만, 개방형 명부에서는 표의 등가성을 훼손하는 결과를 낳을 수 있다. 예컨대 영남 지역에서 호남 정당 후보가 영남 정당 후보보다 훨씬 더 적은 표를 얻어도 호남 후보는 당선되고 영남 후보는 탈락할 수도 있다. 그뿐만 아니라 전국 수준에서는 봉쇄 조항을 통과하지 못한 정당이 선거구 수준에서는 봉쇄 조항을 통과할 수도 있다.

두 번째 방식에서는 전국 득표율을 기준으로 정당들에 의석을 먼저 배정한 뒤, 각 정당이 얻은 의석을 선거구 득표율에 따라 선거구별로 배분한다. 이런 복층형two-tier 의석 배분 방식에서는 작은 선거구를 활용해 유권자들의 짧은 명부에서 후보를 선택할 수 있도록 도와준다.[9] 대신에 큰 선거구에서의 투표 결과를 기준으로 정당 간 의석을 배분해 비례성이 높은 의석 배분을 할 수 있다. 그러나 정당들이 얻은 의석을 선거구별로 배분하는 방식이 복잡하고 이 과정에서 초과 의석이 발생할 수도 있다.

세 번째 방식에서는 각 정당이 선거구에서 얻은 득표율에 따라 선거구 의석을 배분한다. 이는 간단명료하므로 유권자들이 이해하기 쉽다. 이 방식은 지역 집중적인 투표를 약화하는 효과가 첫 번째 방식만큼 크지 않다. 그럼에도 불구하고 비례적으로 의석을 배분하므로 지역 정당들은 상대 지역에서 병립형 선거제도에 비해 더 많은 의석을 얻을 수 있다.[10] 이 책은 이 방식을 제안한다. 첫 번째와 두 번째 방식은 이들이 가지고 있는 단점에 비해 장점이 크지 않기 때문이다. 선거제도는 간단명료할수록, 유권자의 선호가 왜곡되지 않고 선거 결과로 나타난다.

선거구의 크기(한 선거구에서 선발하는 후보의 수)와 봉쇄 조항은 어떤 정당이 의회에 진입하는지에 영향을 미친다. 한국에서는 유력한 대선 후보를 추종하는 세력 또는 공천 불복 세력들이 총선 직전에 정당을 급조해 5% 이상을 득표한 사례가 적지 않다. 14대 총선 당시의 통일국민당, 15대 총선 당시 자민련과 통합민주당, 17대 총선 당시 새천년민주당, 18대 총선 당시 자유선진당과 친박연

---

9 혼합형 비례대표제는 작은 선거구에서 한 명을 선발하는 복층형 방식의 일종이다. 작은 선거구에서도 여러 명을 선발하는 복층형 제도는 의석 조정adjustment-seats 방식과 잉여표 이양remainder-transfer 방식이 있다(Lijphart 1994).

10 선거제도의 비례성은 지역 구도에는 영향을 미칠 수 있어도 지역주의에는 영향을 미치지 않는다(김영태 2001; 김욱 2002; 정준표 2014; 문우진 2019b). 지역주의에 영향을 미치는 것은 당내 후보 선발 방식이다. 즉, 지역 대표와 기능 대표 중 누구를 선발하는지가 지역주의에 영향을 미친다.

대, 20대 총선 당시 국민의당 등은 유력한 대선 후보가 자신의 지역 기반을 통해 창당했거나, 당내 계파 갈등 또는 공천 불복으로 창당된 정당들이다. 이 정당들은 단순 다수제 중심의 현행 선거제도에서도 5% 이상을 득표할 수 있었다. 비례대표제가 도입되면, 공천 불복이나 당내 갈등으로 탈당한 의원들 또는 대중적 인기가 많은 사업가형 후보가 인물 중심 정당을 형성시키고 군소 정당들의 이합집산을 촉진해 정당 체제가 불안정해질 가능성이 높다. 따라서 지나치게 큰 선거구나 지나치게 낮은 봉쇄 조항을 설정하는 것은 바람직하지 않다.

선거구의 크기는 한 정당이 의석을 얻기 위해 확보해야 하는 득표율, 즉 '실질적 봉쇄 조항'effective threshold에 영향을 미친다. 레이파트는 실질적 봉쇄 조항을 계산하기 위해 아래의 공식을 제안했다(Lijhpart 1994). 이 공식에 따르면 신거구의 크기가 10일 경우, 최소 7% 정도를 득표한 정당이 1석을 얻을 수 있다. 21대 총선에서 7%에 근접하거나 그 이상의 정당 득표율을 얻은 군소 정당이 정의당과 국민의당이라는 점을 감안하면, 선거구 크기가 10일 경우 군소 정당이 난립할 가능성이 적다.

$$\text{실질적 봉쇄 조항(\%)} = \frac{50\%}{(\text{선거구 크기} + 1)} + \frac{50\%}{2 \times \text{선거구 크기}}$$

그럼에도 불구하고 특정 권역에서 집중된 지역적 지지를 얻는 정당은 이 권역에서 7% 이상의 지지를 쉽게 얻을 수 있다. 따라서 전국적인 지지를 확보하지 못한 소지역주의 정당들의 난립을 막기 위해, 법적 봉쇄 조항은 전국 수준에서 설치할 필요가 있다.

표 8-2   **부분 개방형 명부 개혁안 권역 획정의 예**

지역/권역	현행 지역구 수	비례대표 (Hare Q.)	개혁 방안 의석수	선거구 크기(선거구 수)
서울	49	9.10	58	10인 선발 선거구(4), 9인 선발 선거구(2)
서울	49	9.10	58	선거구 평균 크기 : 9.7, 실질 봉쇄 조항 : 7.3
인천	13	2.42	15	8인 선발 선거구(1), 7인 선발 선거구(1)
경기	60	11.15	71	9인 선발 선거구(7), 8인 선발 선거구(1)
경인권	73	13.57	86	선거구 평균 크기 : 8.6, 실질 봉쇄 조항 : 8.1
강원	8	1.49	10	10인 선발 선거구(1), 실질 봉쇄 조항 : 7.0
대전	7	1.30	8	8인 선발 선거구(1)
충북	8	1.49	10	10인 선발 선거구(1)
충남·세종	12	2.23	14	7인 선발 선거구(2)
충청권	27	5.02	32	선거구 평균 크기 : 8.0, 실질 봉쇄 조항 : 8.7
광주	8	1.49	10	10인 선발 선거구(1)
전북	10	1.86	12	6인 선발 선거구(2)
전남	10	1.86	12	6인 선발 선거구(2)
호남권	28	5.21	34	선거구 평균 크기 : 6.8, 실질 봉쇄 조항 : 10.1
대구	12	2.23	14	7인 선발 선거구(2)
경북	13	2.42	15	8인 선발 선거구(1), 7인 선발 선거구(1)
경북권	25	4.65	29	선거구 평균 크기 : 7.3, 실질 봉쇄 조항 : 11.7
부산	18	3.34	21	7인 선발 선거구(3)
울산	6	1.11	7	7인 선발 선거구(1)
경남	16	2.97	19	10인 선발 선거구(1), 9인 선발 선거구(1)
경남권	40	7.42	47	선거구 평균 크기 : 7.8, 실질 봉쇄 조항 : 7.8
제주	3	0.56	4	4인 선발 선거구(1), 실질 봉쇄 조항 : 16.3
합/평균	253	47	300	선거구 평균 크기 : 8.1, 실질 봉쇄 조항 : 8.6

독일 수준과 같이 최소 5% 정도 또는 그 이상의 법적 봉쇄 조항
이 설치될 때, 군소 지역 정당의 난립을 방지할 수 있을 것이다.

〈표 8-2〉는 현행 행정구역을 유지하면서 선거구 크기가 최대
10을 넘지 않도록 설계한 예다.[11] 세 번째 열에 있는 값(Hare Q.)
은 비례대표 전체 의석 47석에 각 행정구역의 지역구 수가 전체
지역구 수에서 차지하는 비율을 곱한 값이다. 네 번째 열은 비례

대표 의석을 헤어Hare 의석 배분 방식으로 지역들에 배분한 값에 지역구 수를 더한 값이다. 즉, 네 번째 열의 숫자는 각 지역에서 선발되는 의원 수를 의미한다. 마지막 열은 각 지역의 선거구들이 어떻게 구성되어 있는지를 보여 준다. 예컨대 서울은 4개의 10인 선발 선거구와 2개의 9인 선발 선거구로 구성되었다. 이처럼 선거구를 획정했을 경우, 선거구 크기의 (비중) 평균은 9.7이고 이에 따른 실질 봉쇄 조항은 7.3으로 계산되었다.

〈표 8-2〉가 보여 준 예는 기존 행정구역을 유지한 채 선거구를 획정했기 때문에, 행정구역 크기에 따른 선거구 크기의 편차가 발생한다. 강원을 제외하면 서울 선거구들이 평균적으로 가장 크게 획정되었고, 제주를 제외하면 경북권 선거구들이 평균적으로 가장 작게 획정되었다. 그러나 지역별 편차는 크지 않은 것으로 나타났다. 경북권과 호남권을 제외하면 선거구 크기는 8에 근접한다. 지역주의가 강한 영호남의 선거구 크기를 비교해 보면 경북권의 선거구 크기는 호남권보다 작은 반면 경남권은 더 크게 획정되었다. 따라서 영호남에서 선거구의 크기 차이는 상대 지역 정당 후보가 의석을 얻는 것을 더 어렵게 할 정도는 아닌 것으로 나타났다. 영남과 호남의 실질 봉쇄 조항은 각각 9.2%와 10.1%로, 두 지역의 실질 봉쇄 조항 차이는 0.9%p에 불과하다.

갤럽이 2021년 이후 수행한 25개 설문 조사 결과를 보면 민주

---

11 벨기에·노르웨이·스웨덴·스위스·스페인·포르투갈과 같은 민주주의국가들이 한 선거구에서 6~10명 정도를 선발한다.

당은 가장 열세 지역인 대구/경북에서 11%에서 25%의 지지를 얻어 평균 지지율이 20%였던 반면, 국민의힘은 가장 열세 지역인 광주/전라에서 3%에서 14%의 지지를 얻어 평균 지지율이 7% 정도였던 것으로 나타났다(한국갤럽 2021). 이 책이 제안한 선거제도 하에서 민주당과 국민의힘이 자신의 열세 지역에서 각각 23.4% 와 10.1%를 얻는다고 가정하면, 민주당은 대구/경북의 네 선거 구에서 2석씩 총 8석을 확보할 수 있고, 국민의힘은 광주/전라의 다섯 선거구에서 1석씩 총 5석을 얻을 수 있다. 따라서 민주당과 국민의힘은 기존 선거제도에서 1석도 얻을 수 없는 지역에서 의 석을 확보할 수 있게 된다. 그뿐만 아니라 이 책이 제안한 선거제 도에서는 기능 대표 집단을 선발하므로, 두 정당의 반대 지역에서 의 지지율 격차는 상당히 줄어들 것이다. 따라서 지역 집중적인 의석 배분뿐만 아니라 지역주의적 투표 성향도 상당히 약화될 것 으로 기대된다.

7. 개혁안은 어떻게 적용될 수 있는가

이 책에서 제안한 선거제도는 부분 개방형 명부 비례대표제라 는 기본적인 구조를 유지한 채, 부수적인 규칙 조정을 통해 다양 하게 적용될 수 있다. 이 책은 8인 정도를 선발하는 선거구를 제 안했다. 그러나 이 선거구 크기를 적용해 본 뒤, 지나치게 급진적 인 집단들의 의회 진입이 예상 외로 용이하다면 선거구 크기를 축 소하면서 한국 정치 실정에 바람직한 선거구 크기를 찾아갈 수 있다. 반대로 군소 정당의 난립 가능성이 낮다는 것이 확인되고 정책 대결 중심의 정당 체제가 형성된다면, 사회 소수 세력의 의회 진입 가능성을 향상하기 위해 선거구 크기를 확대할 수도 있다.

또는 상대적으로 작은 전남·전북 선거구 크기 때문에 영남 정당 후보가 호남에서 의석을 확보하기 어렵다면, 선거구 크기를 조정해 호남 정당이 호남을 독점하는 것을 방지할 수 있다. 예컨대 6인을 선발하는 전남·전북의 네 선거구를 통합해, 12인을 선발하는 두 선거구를 만들 경우, 영남 정당은 5.9% 정도의 실질적 봉쇄 조항만 충족해도 두 선거구에서 1석씩 얻을 수 있다. 또는 6인을 선발하는 네 선거구를 8인을 선발하는 세 선거구로 획정하는 경우, 영남 정당은 8.7%의 실질적 봉쇄 조항을 충족하면 세 선거구에서 1석씩 얻을 수 있다.

이 책의 개혁 방안은 당내 후보 순위 결정 방식의 변화를 통해, 국회에 진입하는 의원들의 구성을 변화시킬 수 있다. 이 책이 제안한 부분 개방형 방식에서 후보의 당락에 영향을 미치는 중요한 변수는 자력 당선 조건이다. 자력 당선 조건을 까다롭게 할수록, 높은 순위를 받은 후보들이 정당 표를 먼저 이양받아 당선될 가능성이 높다. 예컨대 8인을 뽑는 선거구에서 후보 표의 50%를 득표해야 자력 당선이 가능하다면, 이 조건을 충족할 후보는 거의 없을 것이다. 이럴 경우 후보의 순위가 당락을 결정할 가능성이 높고 폐쇄형 명부와 비슷해진다. 반대로 자력 당선 조건을 낮춘다면, 명부에서는 낮은 순위에 있더라도 일반 유권자에게 인기가 있는 후보가 당선될 가능성이 높아진다. 지역 당선 조건이 매우 낮아진다면 명부에서의 순위가 후보의 당락에 영향을 미칠 가능성이 크게 낮아지며, 이럴 경우 개방형 명부와 비슷해진다.

자력 당선 기준은 국가가 법으로 정할 수도 있고 정당이 자율적으로 정하도록 할 수도 있다. 정당에 자율적으로 맡겨 둘 경우, 정당 지도부가 지배하는 정당은 매우 높은 자력 당선 조건을 마련할 것이다. 반면에 일반 유권자들의 표를 확보할 필요가 있는 정당은 매우 낮은 자력 당선 조건을 설정할 것이다. 후보의 당락이 당원보다 일반 유권자의 표심에 의해 결정될수록, 정당은 약화되고 후보를 배출한 집단들의 영향력은 약해진다. 이럴 경우 국회의 직능 대표 기능은 약화되고, 결국 인지도가 높은 정치 엘리트들이 의회에 진입할 가능성이 높아진다. 따라서 정당에 자력 당선 기준을 맡기기보다 법으로 정하는 것이 시민사회 집단 대표의 의회 진입을 촉진할 개혁 방안의 취지를 살릴 수 있을 것이다. 자력 당선 기준은 드룹 쿼터Droop quota를 생각해 볼 수 있다. 드룹 쿼터는 다음과 같이 계산된다.

$$\text{드룹 당선 기준} = \frac{\text{정당 } i\text{의 후보들이 얻은 후보 표의 총합}}{\text{정당 } i\text{가 확보한 의석} + 1} + 1$$

예컨대 10명을 선발하는 선거구에서 정당 A가 얻은 정당 표와 후보 표의 합이 10%라면, 이 정당은 1명의 의원을 확보한다. 이럴 경우 이 정당에서는 후보 표의 과반수를 얻은 후보가 자력으로 당선된다. 4석을 확보한 정당 B의 경우, 후보 표의 20%를 초과한 후보가 당선된다. 자력 당선된 후보들이 당선 기준을 초과해 얻은 잉여 표는 정당 표와 합산되어 명부의 후보 순위에 따라 배분된다. 자력 당선이 불가능한 후보도 명부에서 높은 순위를 받을 경우 이양 표를 통해 당선될 수 있다. 따라서 후보들은 당 명부에서 높은 순위를 받기 위해, 자신의 소속 집단과 당원들에게 충성할 동기가 생긴다.

대부분의 국가에서는 여성과 청년이 과소 대표된다. 이런 문제를 해소하기 위해, 국가가 목표로 하는 비율에 따라 여성과 청년의 순위를 조정할 수 있다. 예컨대 여성을 홀수 또는 짝수에 배정할 경우, 남성과 여성의 자력 당선 가능성이 동일하다면 여성과 남성 비율이 같은 의회가 구성된다. 청년 대표성을 증진하는 것이 목표라면, 당내 후보 순위 결정에서 낮은 순위를 받은 청년 후보라도 높은 순위에 청년 후보들을 배치할 수 있다. 여성과 청년의 과소 대표를 해소할 규칙은 국가에서 법으로 정할 수도 있고 정당에 자율적으로 맡겨 둘 수도 있다. 정당에 자율적으로 맡겨 둘 경우, 여성과 청년에 높은 순위를 배정하는 정당은 여성 표와 청년 표를 얻을 가능성이 높다. 따라서 정당에 자율적으로 맡겨도 이들의 표를 얻기 위해 정당들은 여성과 청년을 높은 순위에 배치할 동기가 있을 것이다. 그러나 정당들이 여성과 청년에게 더 유리한 조건을 제시하며 서로 경쟁할 경우, 성 대결 및 세대 간 경쟁이 심화되거나 여성과 청년을 대표하는 정당이 출현할 수도 있다.

이 제도를 도입한 뒤 첫 번째 치러지는 선거에서는 현직 의원이나 인지도가 높은 고위 관료 출신의 정치 엘리트들이 다수의 당원 추천 표를 확보해 높은 순위를 받을 수 있다. 그뿐만 아니라 이들은 시민사회 집단 후보보다 본선 경쟁력이 높을 수 있다. 이럴 경우 선거제도 개혁의 효과가 나타나지 않고 원내 정당이 정치 엘리트들로만 구성될 수 있다. 또는 반대로 조직 표를 확보할 수 있는 시민사회 집단 후보들이 높은 순위를 배정받고 본선 경쟁력도 높을 수 있다. 이럴 경우 원내 정당이 기능 대표들로만 구성될 수 있다.

이처럼 특정한 유형의 의원들이 정당을 장악할 경우, 후보 순위 결정 방식을 조절해 시민사회 집단 후보와 당원 추천 후보의 비율을 적절하게 조절할 수 있다. 예컨대 시민사회 집단 후보는 홀수에 배정하고 당원 추천 후보는 짝수에 배정하거나, 반대로 두 집단 후보를 각각 짝수와 홀수에 배정할 수 있다. 또는 두 종류의 후보 비율을 미리 정할 수 있다. 예컨대 8인이 입후보하는 선거구에서 두 종류 후보의 비율을 3 대 1로 맞추고 싶을 경우, 시민사회 집단 후보는 시민사회 집단 후보끼리의 순위에 따라 2위, 3위, 4위, 6위, 7위, 8위에 배정하고, 당원 추천 후보는 당원 추천 후보끼리의 순위에 따라 1위와 5위에 배정할 수 있다. 시민사회 집단 후보와 당원 추천 후보의 순위 결정 방식 역시 국가가 법으로 결정하거나 당에 맡겨 둘 수 있다. 일단 정당들이 자율적인 규칙에 따라 시행해 보고, 의원들의 구성이 특정한 유형의 의원들로 집중된다면, 이런 문제를 해소할 다양한 법적 보완책을 마련할 수 있을 것이다.

8. 개혁안이 한국 정치에 미칠 수 있는 효과는 무엇인가

1) 대통령의 권한 약화

개혁 방안이 기대하는 효과는 다음과 같다. 무엇보다 대통령 권한을 약화할 것으로 기대된다. 이 책의 방안은 대선, 총선, 지방선거가 서로 다른 방식과 서로 다른 차원에서 전개되도록 도와줄 것이다. 대선에서 유권자들은 후보들의 공공 정책 방향, 이념적 가치 및 국정 운영 능력을 보고 투표한다. 대선은 승자 독식으로 치러지므로 주요 두 정당 간 양자 대결이 될 가능성이 높다. 총선에서 유권자들은 집단 대리인과 정책 전문가를 선발한다. 총선은 비례대표제로 치러지므로 입법부 권력은 군소 정당들에도 분산된다. 지방선거에서 유권자들은 충실한 지역 일꾼을 선택한다. 세 종류의 선거가 이처럼 서로 다른 방식과 서로 다른 차원에서 치러질 경우, 한 정당이 행정부, 입법부, 지방 권력을 독점하기 어렵다. 그뿐만 아니라 이 책이 제안한 당내 후보 선발 방식에서는 시민사회 집단이 자신의 후보를 직접 선발하기 때문에 대통령이 공천권 행사를 통해 여당 의원들을 장악하기 어렵다.

정당들이 안정적인 정책 대결을 하지 않는 한국과 같은 국가에서 다당 체제와 의회제가 조합되면, 정당의 이합집산으로 어떤 정부가 형성될지 예측하기 어렵다. 대통령제에서는 국민들이 행정부 수반을 직접 선발하나, 다당 의회제에서는 행정부가 정당들의 교섭에 따라 구성되므로 여론을 반영하지 않는 연합 정부가 형성될 수 있다. 정책적 유사성이 없는 정당들이 연합 정부를 형성하면, 정부 내에서 입법적 교착이 발생할 가능성이 크고 안정된 정부를 유지하기 어렵다. 이 책의 개혁 방안은 의회제로의 개헌 없이도 대통령 권한을 상당히 약화할 수 있다는 사실을 보여 준다. 개혁 방안으로 인해 여당이 중위 정당 지위를 차지할 수 없게 되고 상향식 후보 선발 방식으로 인해 대통령의 여당 장악력이 약화되면, 대통령은 의제 설정자의 지위를 잃게 된다.

2) 지역주의 약화

개혁 방안은 또한 지역주의 투표를 약화하는 효과를 기대한다. 4장에서 상술했듯이, 지역주의 투표를 약화하기 위해서는 정당들이 선명한 정책 대결을 해야 한다. 정당들이 정책 대결을 할 경우, 유권자들의 투표 결정에서 지역주의보다 정당들의 정책적 입장 차이가 더 중요하게 작동한다. 이 책이 제안한 후보 선발 방식은 지역대표가 아닌 시민사회 집단 대표를 선발한다. 후보들이 자신이 대변하는 시민사회 집단의 이익을 정책적으로 대변하면, 유권자 투표 결정에서 지역적 이익보다 자신이 속한 집단의 직능적·기능적 이익이 더 중요해진다. 따라서 이 책이 제안한 후보 선발 방식은 지역주의 투표를 약화할 것이다.

3) 정치 양극화 해소와 협치 증진

한국에서는 정치 양극화 현상이 심화되고 있다. 문화체육관광부가 실시한 2019년 한국인의 의식·가치관 조사 결과에서 진보와 보수의 갈등이 크다고 응답한 사람의 비율은 2006년에 70.2%에서 2013년 83.4%로 증가했고 2019년에 91.8%로 더 증가했다(문화체육관광부 2019). 한국행정연구원의 2020년 사회 통합 실태 조사에서도 응답자들은 사회 갈등의 여러 유형 가운데 보수와 진보 간 이념 갈등이 가장 심하다고 인식했다(한국행정연구원 2020).

한국 유권자의 이념 양극화는 정당들의 비타협적인 '적대 정치'에 기인한 바가 크다. 두 주요 정당의 독점 체제는 한국에서 정치 양극화를 심화하는 데 기여했다. 국회선진화법이 통과되기 전에는 여대야소 상황에서 동물 국회가 초래되거나 여소야대 상황에서 식물 국회가 초래되었다. 국회선진화법이 통과된 뒤에는 19대 국회와 20대 국회에서와 같이 여당이 5분의 3 의석을 얻지 못한 경우, 소수 야당도 여당을 무력화할 수 있었다. 반면에 21대 국회 때처럼 여당이 180석을 얻게 된 경우, 견제력을 상실한 야당은 정치 공세에 집중할 수밖에 없게 되었다. 두 경우 모두 여야 간 불신과 증오가 증가하면서 양당 간 적대 정치 상황이 심화되었다. 이런 극단적인 대치 정국에 봉착해, 정치권에서는 대화와 타협을 통한 정당 간의 협치를 강조했다.

학자들은 정치제도를 통해 정당 간 협력을 도출할 수 있다고 주장했다. 레이파트(Lijphart 1968, 1977, 1999)는 사회 갈등을 합의적으로 조정할 수 있는 정치제도로 '협의제 민주주의'consociational democracy 모형을 제시했다. 국내 학자들 역시 권력 분산 제도나 소수를 보호하기 위한 입법 제도가 합의제 민주주의를 촉진한다는 시각에서 비례대표제의 도입을 주장하거나(김욱 2006; 박명호·이동은 2019), 국회선진화법과 같은 초다수결제가 협치에 긍정적인 영향을 미친다는 주장이 제시되기도 했다(이한수 2014: 전진영 2015). 20대 국회는 다당 체제와 초다수결 의회가 조합된 정치 환경에서 출발했다. 그러나 권력 분산적 정치 환경이 협치를 촉진할 것이라는 기대와는 정반대로 20대 국회는 극단적인 대립과 입법적 교착을 초래했다.

대화와 타협이 항상 협치를 증진하는 것은 아니다. 현행 상태가 입법적 교착 영역 안에 있는 경우, 현행 상태를 바꾸려는 어떤 시도도 거부권 행사자 일부에게 손해를 끼치므로 협치가 발생할 수 없다. 협치는 거부권 행사자들이 서로 이익을 볼 수 있는 대안이 있는 경우에만 발생한다. 현행 상태가 입법적 교착 영역 밖에 있는 경우, 현행 상태를 바꾸면 거부권 행사자 모두가 이익을 본다. 입법적 교착 영역이 작을수록, 거부권 행사자들이 모두 이익을 볼 수 있는 대안이 증가하고 협치의 가능성도 증가한다.

7장의 분석 결과는 어떤 입법 규칙과 정당 체제의 조합이 대통령제에서 여야 간 협치의 가능성을 극대화하는지를 보여 주었다. 양당 체제의 분점 정부에서 다수결 입법 규칙을 사용할 경우, 여야가 서로 동의하지 않으면 협치는 이루어지지 않는다. 양당 체제의 초다수결 의회에서도 협치가 이루어지려면 여야의 동의를 필요로 한다. 따라서 이런 체제에서는 협치가 발생할 가능성이 낮다. 다당 체제의 다수결 의회에서는 어떤 정당이 중위 정당의 지위를 차지하는지에 따라 협치의 가능성이 달라진다. 양당 체제의 분점 정부에서와 마찬가지로 야당이 여전히 중위 정당의 지위를 유지하면, 양당 체제와 다당 체제에서의 협치의 가능성은 다르지 않다. 즉, 통념과 달리, 정당이 늘어난다고 해서 협치가 항상 증가하는 것은 아니다.

다당 대통령제에서 협치 가능성은 정당의 수와 상관없이 입법적 교착 영역을 결정하는 정당 간 입장 차이에 따라 결정된다. 다당 체제에서 출현한 군소 중도 정당들이 중위 정당이나 중추 정당의 지위를 얻는 경우, 양당 체제에서의 여야 간 입법적 교착 영역의 크기를 줄일 수 있다. 의회가 다수결 입법 규칙을 사용하는 경우, 여야 사이에 있는 군소 정당이 중위 정당의 지위를 얻는 경우, 여당과 중도 정당의 입장 차이가 입법적 교착 영역이 된다. 의회가 초다수결 입법 규칙을 사용하는 경우, 여야 사이에 있는 또 다른 군소 정당이 야당의 무제한 토론 중추 지위를 차지하는 경우, 여당과 이 정당의 입장 차이가 입법적 교착 영역이 된다. 전술한 두 경우 모두 양당 체제에서 다당 체제로의 전환은 입법적 교착 영역을 감소시키고 협치의 가능성을 증가시킨다.

여야 사이에 여러 군소 정당이 있는 경우, 여당과 가까운 정당이 다수결 의회에서 중위 정당의 지위를 얻을 가능성이 높고, 야당과 가까운 정당이 초다수결 의회에서 무제한 토론 중추 지위를 차지할 가능성이 높다. 다수결 의회에서 여당과 중위 정당 간 거리가 초다수결 의회에서 여당과 무제한 토론 중추 정당 간 거리보다 가까우므로, 초다수결 의회보다 다수결 의회에서 협치의 가능성이 더 크다. 정리하면, 대통령제에서 협치의 가능성을 가장 증진하는 체제는 다당 체제와 다수결 의회에서 중도 정당이 중위 정당의 지위를 차지한 경우이다.

만약 이 책이 제안한 비례대표제로 인해 온건한 정당이 중위 정당의 지위를 확보한다면, 협치의 가능성은 증가한다. 특히 국회선진화법을 폐기하고 다수결 입법 규칙을 사용하면, 입법적 교착의 가능성은 줄어들고 여당과 중위 정당의 협치 가능성은 더 증가할 것이다. 기존 양당 체제에서 다수결 입법 규칙을 사용하는 경우, 어떤 정당이 집권하는지에 따라 진보와 보수의 입장이 번갈아 채택된다. 양당 체제에서 초다수결 입법 규칙을 사용하는 경우, 한 정당이 과반수를 차지하지 못하면 입법적 교착이 초래된다. 반면에 다당 체제와 다수결 입법 규칙이 조합되면 중위 정당과 여당의 사이에 있는 온건한 입법 결과가 초래된다. 따라서 이 책의 비례대표 선거제도 개혁 방안과 함께 다수결 입법 규칙을 채택하면, 입법적 교착을 감소시키고 협력적 입법 가능성을 증가시킨다.

9장

맺는말

이 책이 제시한 개혁 방안은 여러 곳에서 발표되고 논의된 바 있다. 토론에 참여한 학자들과 시민들은 개혁 방안에 의해 선발된 시민사회 집단 대표들이 입법 활동에 적합한 전문가로서 역량을 갖는가라는 질문을 던졌다. 한국인은 학벌이나 지식을 기준으로 역량을 평가하는 경향이 있다. 한국인들은 또한 텔레비전에 나오거나 '높은 자리'에 있던 사람들이 능력을 지녔다고 평가하는 경향이 있다.[1] 7대부터 17대 국회의원 선거에서 후보의 신상이 득표율에 미치는 영향을 분석한 연구에 따르면, 명문 대학(원) 및 유학파 출신 후보가 득표에 유리한 것으로 나타났다(유승익·문우진 2007). 6장의 분석 역시 현직자와 석사 학위 취득자의 선거 경쟁력이 점점 증가하고 있다는 사실을 보여 주었다. 그러나 서구 6개국에서는 1990년대 말에도 일차산업 종사자, 노동자, 전문 경영인 및 사업가, 소상공인 등 다양한 직업 출신들이 의회의 50% 이상을 구성하고 있었다.

의원들의 역량이 학력과 상관이 있다는 경험적인 근거는 찾기 어렵다. 6장에서 살펴본 바와 같이, 서구 선진 민주주의 6개국 의원들의 학력 수준을 보면, 학사 취득 의원들의 비율은 1950년대 중반에 51.7%였고 1990년 후반에도 63.3%에 불과했다. 특히 노르웨이의 경우, 학사 취득 의원들의 비율은 1950년대 중반 25%였으나 1990년대 후반에는 오히려 20%로 감소했다. 그러나 노르

---

1 유승익·문우진(2007)의 연구는 언론인, 법조계, 중앙정부 관료 경력은 당선 가능성을 각각 18.4%, 12.8%, 12.3% 높인다는 사실을 보여 준다.

웨이는 1996년 이후 민주주의 지수가 발표된 이후 학사 비취득 의원 수 순위에서 거의 매해 1위를 차지하고 있다. 노르웨이 사례는 대학교도 못 나온 의원들이 어떻게 대표 기능을 수행할 수 있는가라는 생각이 편견에 불과하다는 것을 보여 준다.

학벌, 법조 경력, 관료 경력, 또는 대중매체에서의 인지도보다 대리인에게 더 필요한 역량은 자신을 선발한 주인에게 봉사하고 충성하려는 자세다. 이는 학벌이나 지식에서 오는 것이 아니라, 주인과 이해관계가 같은 대리인을 선발하고 감독하는 제도적 장치에서 온다. 16대 및 17대 국회의원들의 개인 배경이 입법 활동에 미치는 영향을 분석한 문우진(2010)의 연구에 따르면, 의원들의 학력, 당선 횟수, 중앙 관료 경력, 지방 관료 경력, 지방의회 경력은 이들의 법안 발의 건수와 발의 법안의 가결 성공률, 평균 처리 기간과 원안 가결 능력에 아무런 영향을 미치지 않는 것으로 나타났다.[2]

그렇다면 학력과 경력이 훌륭한 의원들이 더 현명한 결정을 내리는가? 플라톤(Plato 1991)은 지식과 성품을 갖춘 철인 왕philosopher king

---

2 의원의 개인 배경 중 법조 경력만 법안 발의 건수에 긍정적인 영향을 미쳤으나, 발의 건수는 입법 활동에 유의미한 척도가 되기 어렵다. 문우진(2013a)에 따르면, 시민사회 단체가 의정 활동 평가에 법안 발의 건수를 반영하면서 다양한 편법들이 사용되므로, 발의 건수보다 통과 건수가 의정 활동의 척도가 되어야 한다. 의원들은 다음과 같은 편법을 사용해 발의 건수를 늘린다. 첫째, 임기 만료 폐기된 법안을 문구 몇 자만 고치거나 '짜깁기'로 재활용하는 방법을 사용한다. 둘째, 특정 규정을 완화하려는 의원이 이 규정과 관련된 법안들에 있는 특정 규정 조항만 고쳐 한 번에 수십 건의 발의 성과를 올리는 '새끼치기' 방법이 사용된다. 셋째, 정부안을 의원이 대신 발의하는 '청부 입법' 방법을 사용한다.

통치가 가장 바람직하다고 한 반면, 아리스토텔레스(Aristotle 1981)는 현자의 결정보다 다양한 다수의 결정이 더 나을 수 있다는 시각을 제시했다. 마르키 드 콩도르세는 일정한 가정하에서 한 명의 판사보다 배심원 집단이 더 정확한 결정을 내릴 수 있다는 사실을 수리 모형을 통해 증명했다. 콩도르세가 '배심원 이론'Jury Theorem을 제시한 이후, 많은 연구들이 소수 엘리트보다 다양성을 가진 보통 사람들이 형성하는 집단 지성이 더 나은 결정을 할 수 있다는 사실을 보여 주었다(Landemore and Elster 2012; Surowiecki 2004). 따라서 비슷한 배경의 고학력 전문가 집단이 다양한 집단 출신들보다 더 합리적인 결정을 내린다는 믿음에는 이론적 근거가 없다. 의원들이 비리를 저지른다면 오히려 고학력의 법조인 출신들이 자신의 법적 지식과 인맥을 이용해 법망을 빠져나갈 가능성이 높다. 일반적으로 법을 피할 가능성이 높다고 생각하는 사람일수록 범죄를 저지를 가능성은 증가한다. 권력형 범죄는 이런 심리가 반영된 결과이다.

문제는 국회의원으로서 시민사회 집단 대표들의 역량 부족이 아니라 이들이 초래할지 모를 '집단행동의 문제'collective action problem이다. 집단행동의 문제는 집단 구성원들이 자신만의 이익을 추구해 공공의 이익을 얻을 수 없게 되는 현상을 의미한다. 시민사회 집단 대표 역시 당 전체의 이익보다 자신이 소속된 집단의 이익을 더 추구할 가능성이 있다. 그러나 집단행동의 문제는 직능 대표 의원에게서만 발생하는 것이 아니라 지역구 의원에게서도 발생한다. 집단 대표가 집단의 이익을 추구하듯이, 지역구 의원들은 재선을 위해 지역구 이익을 추구한다.

정당은 강한 규율을 통해 집단행동의 문제를 해결한다. 비민주적인 정당에서는 지도부가 종적 관계를 통해 의원들을 통제하는 반면, 민주적인 정당에서는 당원들이 민주적인 절차를 통해 선발한 지도부에 권한을 위임하고 민주적으로 결정한 사안에 권위를 부여한다. 그럼에도 불구하고 시민사회 집단 대표들이 공공 정책 수립에 소극적일 가능성을 배제할 수 없다. 이런 한계를 보완하기 위해, 개혁 방안은 당원 추천 후보 선발 방식을 통해 선발된 의원들이 집단들의 이익을 조율하고 공공 정책 수립에 필요한 전문성을 제공한다.

이 책에서 제안하고 있는 개혁 방안의 실현 가능성에 대해 회의적인 시각이 있을 수 있다. 개혁 방안은 초과 의석을 발생시키지 않고 의석수를 늘리지 않아도 된다는 점에서 연동형 선거제도보다 실현 가능성이 높을 수 있다. 물론 지역구 의석을 시민사회 집단 대표들에게 안배하자는 개혁 방안은 지역구 의원들의 지지를 얻기 어려울 것이다. 따라서 개혁안은 기성 정치인들이 당원 추천 방식을 통해 의회에 진입할 기회를 열어 놓았다. 현행 선거제도에서 지역구 의원과 비례대표 의원의 비율을 일정하게 정하듯이, 시민사회 집단 대표와 당원 추천 대표의 비율을 탄력적으로 조정하면서 개혁 방안을 적용할 수 있을 것이다.

모든 정치 개혁은 규범적으로 아무리 정당하다고 해도 그것만으로는 실행될 수 없다. 대중정당이 시민사회와의 연계 기능을 가장 효과적으로 수행했음에도 지속적으로 유지되기 어려웠던 이유는 포괄 정당을 상대로 선거 경쟁력의 우위를 점하지 못했기 때문이다. 따라서 대중정당이 다른 정당 모형에 비해 규범적으로 우위에 있다 하더라도 선거 경쟁력이 떨어진다면 이를 한국 정당이 나아갈 길로 제시하기 어렵다. 시장에서 상품에 대한 효용이 수요를 창출하듯이, 개혁 방안이 자신에게 유리하다고 생각하는 의원들이 다수일 때 개혁 방안은 채택될 수 있다. 따라서 이 책에서 개혁 방안의 실현 가능성은 그것이 정당들의 경쟁력에 도움이 되는지 여부에 달려 있다.

개혁 방안은 후기 산업사회, 더 나아가 4차 산업사회에서 경쟁력이 있을까? 허버트 키첼트와 앤서니 멕간(Kitschelt and McGann 1997)에 따르면, 전통적 산업사회에서 정치적 균열은 주로 노동자 대 자본가 또는 육체 노동자 대 비육체 노동자의 갈등을 중심으로 형성된 반면, 후기 산업사회에서 정치적 수요는 이보다 더 복잡하게 형성되었다. 후기 산업사회에서는 정치적 균열이 ① 전통적인 자원 배분 문제(국가 주도의 공평한 자원 분배 대 시장 중심의 효율적 자원 분배)뿐만 아니라, ② 시민권 문제(범세계적 평등주의 대 배타적 국수주의), ③ 집합적 의결 방식(개인주의적 자유주의 대 집단주의적 권위주의)을 포함하는 세 축으로 구성되었다(Kitschelt and McGann 1997).

후기 산업사회에서는 같은 계급 내부에서도 직업적 특성에 따라 서로 다른 정책적 선호와 문화적 태도가 형성되었다(Kitschelt and McGann 1997). 첫째, 세계화로 인해 서로 다른 산업부문 종사자들 사이에서 재분배 정책에 대한 선호가 갈렸다. 제조·금융 부문 종사자들은 국가 자원을 보편적 재분배 정책에 사용하기보다 시장 유연성을 향상할 투자에 사용하기를 더 선호했다. 반면에 외국과의 경쟁으로부터 안전한 산업 종사자들과 공공 부문 종사자들은 재분배 정책을 지속적으로 선호했다. 둘째, 교육, 사회복지, 건강관리, 문화 생산 업무처럼 사회적 관계가 중요한 작업장 종사자들은 상호적이고 평등한 정치 문화를 선호한 반면, 물건 또는 문서를 다루는 전략적·도구적 작업장 종사자들은 규칙과 질서를 중시하며, 권위주의적인 집합적 의사 결정을 더 선호했다. 이와 동시에 교육 수준 역시 자유주의적 또는 권위주의적 선호 형성에 영향을 미쳤다. 교육 수준이 높은 사람들은 정치 참여, 평등, 자치를 주장하는 반면, 낮은 사람들은 권위주의적인 의사 결정 양식을 선호했다.

4차 산업혁명 기술은 직업 내부의 균열 구조를 더욱더 다양화했다. 동시에 온라인 중심의 인간관계는 오프라인에서의 면대면 인간관계를 통해 형성되는 결속적인 친밀성을 약화하고, 온라인을 매개로 한 '매개된 친밀성'을 형성시켰다. 이런 환경에서 성장한 세대들은 각자도생의 개인주의 가치관과, 권위주의적 위계질서에 반대하는 자유주의적 태도를 가지게 되었다. 산업화 시대 유권자들의 정당 지지는 '연대 동기'solidarity incentive 또는 '목적 동기' purposive incentive에서 비롯되었던 반면, 4차 산업혁명 시대의 유권자들에게 이런 동기를 기대하기는 어렵다. 이들이 정당에 느끼는 정서적 유대감은 과거 유권자보다 강하지 않다. 이들에게는 집단 정체성이나 이념적 가치보다 정당이 제공하는 실질적인 혜택이 더 중요한 투표 결정의 근거가 될 수 있다. 이들은 기대 충족 여부에 따라 지지를 신속하게 철회하거나 변경하는 성향이 있다.

따라서 4차 산업혁명 시대의 정당은 이런 특징들을 가진 유권자들의 지지를 얻기 위해 변할 필요가 있다. 실체 없는 유인 가치나 추상적인 가치에 호소하는 구태의연한 전략은 새로운 시대 유권자의 지지를 얻기 어려울 수 있다. 특히 한국의 젊은 세대는 전통적인 계급 간의 경제적 평등 못지않게 세대 간, 성별 간 기회의 평등을 중시하는 가치관을 가지고 있다. 필자가 수업 시간에 설문 조사를 해본 결과, 학생들의 대부분은 사회경제적 약자가 그렇게 된 이유는 자신이 노력하지 않아서가 아니라 자본주의의 구조적 모순이나 기성세대의 지배 구조 때문이라고 생각했다.[3] 그럼에도 불구하고 많은 청년들이 경쟁에서 진 사람을 보호하기보다 이들이 더 적은 몫을 가져가는 것이 당연하다고 생각한다.[4] 천관율·정한울(2020)에 따르면, 이들은 '도움받을 자격'을 중시하는 엄격한 공정의 기준을 가지고 있으며, 이 기준을 통과하지 않으면 어떤 사회적 우대나 지원 정책도 불공정하다고 생각한다.

젊은 세대는 또한 위계적 의사 결정 방식과 비민주적 운영체제를 배격한다. 이들은 보수 정당과 진보 정당의 정치 엘리트 모두를 하나의 기득권 집단으로 인식하고 있으며, 기성 정치인들에 대한 불신과 반감이 점점 강해지고 있는 것으로 나타났다. 따라서 권위주의적 의사 결정 구조와 구태의연한 정치 공세에 의존하는 정당은 이 유권자들의 지지를 확보하기 어려울 것이다. 이런 변화된 환경에서 자신이 직접 선발한 후보가 자신의 정책적 이익을 대

---

[3] 사회경제적 약자가 그렇게 된 이유가 자본주의의 구조적인 문제라고 답한 학생의 비율은 83%였고 자신이 노력을 하지 않아서라고 답한 학생은 17%에 불과했다. 청년이 사회경제적인 약자가 된 이유를 자본주의의 구조적 문제라 답한 학생의 비율은 62%였던 반면, 기성세대의 지배 구조 때문이라고 답한 학생의 비율은 38%였다. 이런 질문들에 대한 응답에 성별 차이는 크지 않았다.

[4] 경쟁에서 진 사람이 더 적은 몫을 가져가는 것이 당연하다고 답한 학생의 비율은 65%인 반면, 경쟁이 공정하지 않으므로 경쟁에서 진 사람을 보호해야 한다고 답한 학생의 비율은 35%였다. 이 질문에 대한 응답에 성별 차이는 거의 없었다.

변하는 민주적인 정당이 만들어진다면, 추상적인 이념이나 정서적인 정체성에 의존하지 않고 위계질서를 거부하는 신세대 유권자들의 지지를 확보할 수 있을 것이다.

그럼에도 불구하고 앞에서도 말했듯이 기성정당의 지역구 의원들과 주요 정당은 개혁 방안에 찬성할 동기가 없을 것이다. 그러나 신생 군소 정당이나 지역구 의석을 확보하기 어려운 기성 군소 정당의 경우 개혁 방안에 포함된 후보 선발 방식을 참고할 수 있을 것이다. 또는 주요 정당이 회복하기 어려울 정도의 패배를 경험한 경우, 위기를 극복하기 위해 이를 채택할 수도 있다. 개혁 방안을 통해 선발된 시민사회 집단 대표의 의정 활동이 지역구 의원보다 더 높은 평가를 받게 된다면, 시민사회 집단 대표의 확대 또는 더 나아가 지역구 의원의 교체를 요구하는 여론이 형성될 수 있다.

당 간 차원 대표성과 당내 차원 대표성 증진을 목표로 하는 이 책의 개혁 방안은 국민 다수가 동의할 만한 규범적 정당성을 갖는다.[5] 그뿐만 아니라 현직 의원들이 당원 추천 후보나 이념 단체 후보로 당선될 가능성도 열려 있다. 조직력을 갖춘 현직 의원들이 지역단체 또는 직능단체의 대리인으로 출마할 경우 많은 조직 표를 확보할 수 있다. 따라서 개혁 방안이 현역 의원들의 재선과 당세

---

5 1928년 영국에서 동등한 투표권equal franchise이 도입되기 전에는 세금도 내지 않는 무산계급에게 투표권을 허락한다는 생각이 규범적인 정당성을 얻기 어려웠다. 그럼에도 불구하고 기성정당들은 당세 확장을 위해 이 제도를 채택했다.

확장에 유리할 수 있다는 믿음이 확산되고 개혁 방안 도입을 지지하는 여론이 형성된다면, 주요 정당도 선거제도 개혁 방안을 지지할 수 있다.

이 책의 문제의식은 정당과 시민사회의 연계 기능을 복원하는 것이다. 서구에서는 이미 100년 전부터 이런 역할을 수행한 대중정당이 세력을 확산해 1950년대에는 황금기를 경험했다. 6장에서 서구 6개국의 직능 대표 의원의 비율 분석이 보여 주었듯이, 서구 정당들은 시민사회의 다양한 집단들을 대표하는 기능을 지금도 수행하고 있다. 반면에 계급 균열이 정치적 균열로 전환되지 못한 한국에서는 미국에서처럼 정치 엘리트가 지배하는 선거 전문가 정당 모형의 길을 가고 있다. 그러나 미국이 선택한 정당 모형을 반드시 받아들여야 하는 것은 아니다. 미국의 선거 전문가 정당, 서구의 대중정당, 포괄 정당 및 카르텔 정당은 이들이 등장했던 시대의 사람들이 그 당시의 기술적·사회경제적 환경에 적응하면서 창안한 정치제도다.

비대면 관계가 확산되는 4차 산업 시대에서 기존의 이념적 가치나 정서적 결속력을 통해 지지를 호소하는 대중정당 모형은 이제 경쟁력을 유지하기 어렵다. 선거 전문가 정당, 포괄 정당과 카르텔 정당은 시민사회로부터 분리되어 정치 엘리트들을 위한 정쟁의 장으로 변모되었다. 이처럼 정당이 시민사회와의 연계 기능을 수행하지 못하자, 일부 시민들은 정치를 혐오하거나 정치에 무관심해지고, 다른 시민들은 개인이나 새로운 정당에서 대안을 찾고 있다. 정당의 위기에 봉착해, 이 책은 정당과 시민사회의 연계를 복원하기 위한 정치제도를 제안했다. 개혁 방안은 시민사회 집단들과 당원들에게 자신의 대표를 선발할 권리를 부여해 정당과 시민사회의 연계를 복원하려 했다.

　한국뿐만 아니라 인류의 역사는 지배 집단이 아닌 보통 사람이, 가지 않은 길을 개척할 때 진보할 수 있었다. 보통 사람이 주인이 되기 위한 이 책의 개혁 방안은 한국 민주주의가 가지 않은 길일 뿐, 가지 못하는 길을 의미하는 것은 아니다.

참고문헌

◆ 국내 문헌

강신구. 2012.「어떤 민주주의인가?: 제도와 가치 체계의 조응을 통해 바라본 한국 민주주의의 발전방향 모색」.『한국정당학회보』11(3): 39-67.

＿＿＿. 2014.「준대통령제의 개념과 실제」.『한국정치연구』23(3): 111-135.

강원택. 2003a.『한국의 선거정치: 이념, 지역, 세대와 미디어』. 서울: 푸른길.

＿＿＿. 2003b.「바람직한 선거제도의 개혁 방안」.『한국정당학회보』2(2): 5-21.

＿＿＿. 2009.「한국 정당 연구에 대한 비판적 검토」.『한국정당학회보』8(2): 119-141.

＿＿＿. 2013.「한국선거에서의 '계급 배반 투표'와 사회 계층」.『현대정치연구』2(1): 85-121.

경실련. 2019/07/30.「[설문조사] 경실련, 검찰개혁에 대한 시민인식조사 발표」.

곽진영. 2001.「한국 정당체계의 민주화: 정당-국가간 관계를 중심으로」.『의정연구』11: 201-221.

김영래. 2020.『제4의 물결과 한국정치의 과제』. 서울: 박영사.

김영태. 2001.「독일연방의회 선거체계의 제도적 효과: 한국 선거체계 개혁에 주는 시사점을 중심으로」.『국제정치논총』41(3): 279-296.

김용호. 2008.「한국 정당연구의 학문적 정체성 확립을 위한 성찰」.『한국정당학회보』7(2): 65-81.

김욱. 2002.「제17대 국회의원선거에 있어서 바람직한 정책 대결 유도방안: 선거제도 개혁 방안을 중심으로」.『선거관리』49: 12-24.

＿＿＿. 2006.「독일 연방의회 선거제도가 한국의 선거제도 개혁에 주는 시사점」.『세계지역연구』24(3): 53-70.

김종갑. 2011.「지역주의 완화를 위한 선거제도 개혁방안」.『선거연구』2: 51-74.

김찬동. 2012.「지방자치 20년의 평가와 향후 과제」.『SDI 정책리포트』119호.

김태룡. 1996.「한국에서의 중앙정부와 지방정부: 관계와 변천」.『도시행정학보』9: 47-71.

김형준. 2005.「한국 국회의원의 의정 활동에 대한 평가: 17대 국회 국정감사를 중심으로」.

『한국정치연구』 14(2): 127-163.

『매일신문』. 2015/05/15.「국회선진화법이 문제인가」.
　　http://news.imaeil.com/NewestAll/2015051505155904074.

문우진. 2007.「대의 민주주의의 최적화 문제와 헌법 설계: 정치 거래 이론과 적용」.
　　『한국정치학회보』 41(3): 5-31.

＿＿＿. 2009.「정치 정보, 정치 참여와 민주주의」.『한국정치학회보』 43(4): 327-350.

＿＿＿. 2010.「국회의원 개인배경과 입법: 입법 메커니즘과 16대와 17대 국회의 입법생산성」.
　　『의정연구』 16(1): 35-67.

＿＿＿. 2011a.「정치 정보, 정당, 선거제도와 소득 불평등」.『한국정치학회보』 45(2): 73-98.

＿＿＿. 2011b.「다당제에서의 당파표결과 정당 충성도: 17대 및 18대 전반국회 분석」.
　　『의정연구』 17(2): 5-40.

＿＿＿. 2011c.「정치의식과 불평등 투표: 17대 및 18대 국회의원 선거분석」.『국가전략』
　　17(3): 73-93.

＿＿＿. 2013a.「한국대통령 권한과 행정부 의제 설정 및 입법 결과: 거부권 행사자 이론」.
　　『한국정치학회보』 47(1): 175-201.

＿＿＿. 2013b.「정치소비, 정치투자, 정책 입장: 정치 거래 이론과 제도적 함의」.『국가전략』
　　19(1). 5-30.

＿＿＿. 2014a.「정치 양극화, 정치경쟁의 시장 거래화와 정치제도: 공간분석과 함의」.
　　『국가전략』 20(2): 139-171.

＿＿＿. 2014b.「대통령-의회관계, 입법제도 및 입법효율성: 거부권 행사자 이론 및 13대-18대
　　입법자료 경험분석」.『한국정치학회보』 48(5): 67-95.

＿＿＿. 2016a.「한국 정치제도와 설계방향: 이론적 접근」.『현대정치연구』 9(1): 41-73.

＿＿＿. 2016b.「한국 선거 경쟁에 있어서 이념갈등의 지속과 변화: 15대 대선 이후 통합자료
　　분석」.『한국정당학회보』 15(3): 37-59.

＿＿＿. 2017a.「지역주의 투표의 특성과 변화: 이론적 쟁점과 경험분석」.『의정연구』 23(1):
　　81-111.

＿＿＿. 2017b.「한국 유권자 투표 행태의 지속과 변화: 통합자료 분석」.『한국과 국제정치』
　　33(2): 35-64.

＿＿＿. 2018a.『한국 민주주의의 작동 원리: 한국에서 다수는 어떻게 형성되는가』. 서울:
　　고려대학교 출판문화원.

＿＿＿. 2018b「다당 대통령제에서 입법제도와 입법효율성: 거부권행사자 모형」.
　　『한국정당학회보』 17(1): 5-37.

_____. 2018c. 「6·13 지방선거에서 나타난 두 주요정당에 대한 태도와 더불어민주당 지지 분석」. 『의정논총』 13(2): 5-29.

_____. 2019a. 「선거제도의 구성요소와 소득불평등: 선거공식, 비례대표성, 명부유형의 기계적·행태적 효과」. 『한국정당학회보』 18(1): 65-102.

_____. 2019b. 「한국 선거제도 설계방향: 슈거트(Shugart) 모형의 비판적 검토와 개혁 방안」. 『한국정치학회보』 53(4): 101-128.

_____. 2020a. 「권력분산 제도는 한국 민주주의의 무엇을 바꿀 수 있는가?: 거부권행사자 모형 분석」. 『한국정당학회보』 19(1): 97-127.

_____. 2020b. 「다당 체제 대통령제에서의 입법적 협력과 정치제도: 거부권 행사자 이론 및 게임이론 분석」. 『한국정치연구』 29(3): 93-121.

_____. 2020c. 「한국인은 왜 소득기반 투표를 하지 않는가?: 영국, 미국, 한국에서의 소득기반 투표 비교분석」. 『한국정치학회보』 54(2): 5-30.

_____. 2021a. 「소득지위, 재분배 선호와 재분배 정책 대결: 이론적 모형과 60개 민주주의 국가에서의 소득기반 투표 경험분석」. 『한국정치학회보』 55(1): 5-30.

_____. 2021b. 「당간 차원 및 당내 차원 대표성 제고를 위한 선거제도 개혁방안: 누가 누구를 대변해야 하는가?」. 『선거연구』 14: 159-190.

문화체육관광부. 2019. 『2019년 한국인 의식·가치관 조사』. 서울: 문화체육관광부.

박명호·이동은. 2019. 「'협치와 문제해결의 정치'를 위한 '한국형 선거제도'의 모색」. 『사회과학연구』 26(4): 346-364.

박상훈. 2001. 「한국의 유권자는 지역주의에 의해 투표하나? 제16대 총선의 사례」. 『한국정치학회보』 35(2): 113-134.

박윤희. 2010. 「한국 정당의 특징 및 선거전문가정당에 관한 연구: 16대·17대 대통령 선거를 중심으로」. 『사회과학 담론과 정책』 3(1): 1-26.

박찬승. 2013. 『한국 근현대사를 읽는다』. 서울: 경인문화사.

박찬욱. 2004. 「대통령제의 정상적 작동을 위한 개헌론」. 진영재 편. 『한국 권력 구조의 이해』. 서울: 나남.

_____. 2013. 「사회통합의 방향: 한국 정치의 과제」. 『저스티스』 134(2): 61-93.

송상훈·이현우. 2011. 「지방의 희생을 강요하는 재정현실」. 『이슈와 진단』 10: 1-20.

손호철. 1996. 「'수평적 정권교체,' 한국 정치의 대안인가?」. 『정치비평』 창간호.

〈시빅뉴스〉. 2017/04/21. 「부산 표심 공략 나선 안철수 … '부산의 아들 누구닙까」. http://www.civicnews.com/news/articleView.html?idxno=6602.

『시사저널』. 2021/08/28. 「법사위는 어쩌다 '법死위'가 되었나」.

https://www.sisajournal.com/news/articleView.html?idxno=200865 (검색일 : 2021/09/03).

신명순·김재호·정상화. 2000.「시뮬레이션(Simulation)분석을 통한 한국의 선거제도 개선방안」.『한국정치학회보』3(4): 165-183.

신명순·진영재. 2017.『비교정치』. 서울: 박영사.

심익섭. 2010.「중앙과 지방정부 간의 합리적 권한 관계에 관한 비교연구」.『사회과학연구』 16(2): 5-32.

〈연합뉴스〉. 2017/04/30.「딸과 함께 나선 安부인 김미경 '호남 사위에게 힘 실어달라'」. https://www.yna.co.kr/view/AKR20170430019500054.

_____. 2020/05/13.「김태년이 재점화한 법사위 '월권논란' 실상은?」. https://www.yna.co.kr/view/AKR20200512133200502 (검색일 : 2021/09/03).

유승익·문우진. 2007.「한국 국회의원 충원방식과 대표성: 7대에서 17대 국회의원 선거 분석」. 『의정연구』13(1): 101-127.

이갑윤. 2002.「지역주의의 정치적 정향과 태도」.『한국과 국제정치』18(2): 155-178.

이동윤. 2010.「한국 정당연구의 비판적 검토」.『한국정당학회보』9(1): 183-201.

이상우. 1992.「지역감정에 좌우된 대통령 선거: 한국 대통령 선거의 결정 요인」.『[비록] 한국의 대통령』.『월간조선』1993년 신년호 별책부록, 서울: 조선일보사.

이한수. 2014.「제19대 국회 평가: '국회선진화법'과 입법 활동」.『의정연구』20(2): 6-38.

장훈. 2001.「한국 대통령제의 불안정성의 기원: 분점 정부의 제도적·사회적·정치적 기원」. 『한국정치학회보』35(4): 107-127.

_____. 2009.「민주화 20년의 정당정치: 회색지대 속의 현실과 이론의 전개」.『한국과 국제정치』25(1): 1-31.

전용주. 2019.「후보의 선거 자금 재원과 정당의 자금 지원에 관한 연구」.『정치정보연구』 22(3): 387-413.

전용주·김도경·서영조. 2008.「부산·광주지역 대학생들의 정치성향 비교연구」. 『한국정치학회보』42(4): 289-314.

전진영. 2010.「제18대 국회 원내정당의 정당응집성 분석」.『한국정당학회보』9(2): 119-138.

_____. 2011.「국회의장 직권 상정제도의 운영현황과 정치적 함의」.『한국정치연구』20(2): 53-78.

_____. 2015.「국회선진화법은 국회를 선진화시켰는가?」.『현대정치연구』8(1): 99-125.

정운찬. 1995.「한국은행의 독립성」.『저스티스』28(1): 177-196.

정준표. 2014. 「독일선거제도: 작동 원리와 한국선거에의 적용 가능성」. 『한국정치학회보』 48(2): 29-56.

정준표·김도경·서영조. 2008. 「부산·광주지역 대학생들의 정치성향 비교연구」. 『한국정치학회보』 42(4): 289-314.

정준표·정영재. 2005. 「선거제도의 정치적 효과: 제6대-제17대 국회의원 선거를 중심으로」. 『한국정당학회보』 4(2): 5-42.

정진민. 2004, 「한국 대통령제의 문제점과 극복 방안: 정부 형태와 정치제도의 조응성을 중심으로」. 『한국정당학회보』 3(1): 279-304.

『조선일보』. 2021/04/01. 「'우리 박형준, 꼭 뽑아달라고 왔다 아임미까' 안철수 사투리에 부산이 들썩했다」. https://biz.chosun.com/site/data/html_dir/2021/04/01/2021040102713.html.

『중앙일보』. 2019/11/06. 「'사람이 묻냐 기계가 묻냐' 따라 여론조사 18%p 차이」. https://www.joongang.co.kr/article/23625445.

지병근. 2015. 「민주화 이후 지역감정의 변화와 원인」. 『한국정당학회보』 14(1): 63-90.

천관율·정한울. 2020. 『20대 남자: '남성 마이너리티' 자의식의 탄생』. 서울: 시사인북.

최장집. 1989. 『한국현대정치의 구조와 변화』. 서울: 까치.

_____. 1991. 「지역감정의 지배 이데올로기적 기능」. 김종철·최장집 외 편. 『지역감정 연구』. 서울: 학민사.

최준영. 2008. 「지역감정은 존재하는가?: 지역감정에 대한 간접측정 기법을 중심으로」. 『현대정치연구』 1: 199-222.

최진욱. 1996. 「통일시대를 대비한 새로운 권력 구조의 모색」. 『한국정치학회보』 29(2): 273-293.

『한겨레』. 2013/08/06. 「'초원복집'에서 도대체 무슨 일이 … 당시 '녹취록 전문' 보니」. https://www.hani.co.kr/arti/politics/bluehouse/598524.html.

_____. 2015/06/03. 「국회법 개정 논란, 법 조항은 읽고 다투는가」. https://www.hani.co.kr/arti/politics/politics_general/694049.html.

_____. 2021/01/07. 「중대재해기업 처벌은 어쩌다 '재해기업 보호법'이 됐나」. https://www.hani.co.kr/arti/politics/assembly/977786.html#csidxd4f10571402d 5eda70abfc9b93544f3.

한국갤럽. 2017. 「데일리 오피니언」, 제244호(2017년 2월 1주).

_____. 2021. 「데일리 오피니언」, 제431~455호(2021년 1월 1주~7월 2주).

한국행정연구원. 2018. 『2018년 사회통합실태조사』. 서울: 한국행정연구원.

_____. 2020. 『2020년 사회통합실태조사』. 서울: 한국행정연구원.

황태연. 1996. 「한국의 지역패권적 사회구조와 지역혁명의 논리」. 『정치비평』 창간호.

_____. 2005. 「유럽 분권형 대통령제에 관한 고찰」. 『한국정치학회보』 39(2): 45-63.

현근·우영춘. 2005. 「중앙재정과 지방재정의 규모 및 국민경제효과 비교」.
　　　『한국정책과학학회보』 9(4): 475-501.

◆ 외국 문헌

Aristotle. 1981. *Politics*. New York: Penguin Classics. [『정치학』. 김재홍 옮김. 서울: 길.
　　　2017]

Abramowitz, Alan I. 2010. *The Disappearing Center*. New Haven: Yale University
　　　Press.

Abramowitz, Alan I. and Steven Webster. 2016. "The Rise of Negative Partisanship
　　　and the Nationalization of U.S. Elections in the 21st Century." *Electoral Studies*
　　　41: 12-22.

_____. 2018. "Negative Partisanship: Why Americans Dislike Parties But Behave Like
　　　Rabid Partisans." *Political Psychology* 39: 119-135.

Achen, Christopher H. and Larry M. Bartels. 2016. *Democracy for Realists: Why
　　　Elections Do Not Produce Responsive Government*. Princeton: Princeton
　　　University Press.

Ames, Barry. 2001. *The Deadlock of Democracy in Brazil*. Ann Arbor: University of
　　　Michigan Press.

Arrow, Kenneth J. 1950. "A Difficulty in the Concept of Social Welfare." *Journal of
　　　Political Economy* 58 (4): 328-346.

Bawn, Kathleen and Michael F. Thies. 2003. "A Comparative Theory of Electoral
　　　Incentives: Representing the Unorganized Under PR, Plurality, and
　　　Mixed-Member Electoral Systems." *Journal of Theoretical Politics* 15(1): 5-32.

Best, Heinrich and Cotta Maurizio. 2000. *Parliamentary Representatives in Europe
　　　1848-2000*. New York: Oxford University Press.

Black, Duncan. 1948. "On the Rationale of Group Decision-making." *Journal of
　　　Political Economy* 56(1): 23-34.

Broder, David. 2000. *Democracy Derailed: Initiative Campaigns and the Power of Money*. New York: Houghton Mifflin.

Buchanan, James M. and Gordon Tullock. 1962. *The Calculus of Consent: Logical Foundation of Constitutional Democracy*. Ann Arbor: The University of Michigan Press. [『국민 합의의 분석: 입헌 민주주의의 논리적 근거』. 황수연 옮김. 서울: 지식을만드는지식. 2012]

Campbell, Angus, Philip E. Converse, Warren E. Miller, and Donald E. Stokes. 1960. *The American Voter*. Chicago: The University of Chicago Press.

Carey, John M. and Matthew S. Shugart. 1995. "Incentives to Cultivate a Personal Vote: A Rank Ordering of Electoral Formulas." *Electoral Studies* 14(4): 417-439.

Choi, Jang Jip. 1993. "Political Cleavages in South Korea." Hagen Koo ed. *State and Society in Contemporary Korea*. Ithaca: Cornell University Press.

Converse, Philip E. 1966. "The Concept of a Normal Vote." Angus Campbell ed. *Elections and the Political Order*. New York: John Wiley and Sons, INC.

Cross, William P., Richard S. Katz, and Scott Pruysers. 2018. *The Personalization of Democratic Politics and the Challenge for Political Parties*. New York: ECPR Press.

Cumings, Bruce. 1981. *The Origins of the Korean War*. Princeton: Princeton University Press. [『한국전쟁의 기원』. 김자동 옮김. 서울: 일월서각. 1993]

Dalton, Russell J. and Martin P. Wattenberg eds. 2000. *Parties without Partisans*. London: Oxford University Press.

Downs, Anthony. 1957. *An Economic Theory of Democracy*. HarperCollins Publisher. [『경제 이론으로 본 민주주의: 민주주의에서 정당정치는 어떻게 이루어지는가』. 박상훈·이기훈· 김은덕 옮김. 서울: 후마니타스. 2013]

Duverger, Maurice. 1959. *Political Parties*. New York: Wiley.

Evans, Geoffrey and James Tilley. 2017. *The New Politics of Class: The Political Exclusion of the British Working Class*. Oxford: Oxford University Press.

Finer, Samuel E. 1975. *Adversary Politics and Electoral Reform*. London: Anthony Wigram.

Fiorina, Morris P., Samuel J. Abrams, and Jeremy C. Pope. 2010. *Culture War? The Myth of a Polarized America*. New York: Longman.

Gamble, Barbara. 1997. "Putting Civil Rights to a Popular Vote." *American Journal of Political Science* 41(1): 245-269.

Han, JeongHun. 2020. "How Does Party Organisation Develop Beyond Clientelism in New Democracies? Evidence from South Korea, 1992-2016." *Contemporary Politics* 27(2): 1-21.

Heath, Oliver. 2015. "Policy Representation, Social Representation and Class Voting in Britain." *British Journal of Political Science* 45(1): 173-193.

Hotelling, Harold. 1929. "Stability in Competition." *The Economic Journal* 39: 41-57.

Huber, Gregory A., and Neil Malhotra. 2017. "Political Homophily in Social Relationships: Evidence from Online Dating Behavior." *Journal of Politics* 79(1): 269-283.

Ignazi, Piero. 2014. "Power and the (Il)legitimacy of Political Parties: An Unavoidable Paradox of Contemporary Democracy?" *Party Politics* 20(2): 160-169.

Inglehart, Ronald. 1990. *Culture Shift in Advanced Industrial Society*. Princeton: Princeton University Press.

Iversen, Torben and David Soskice. 2006. "Electoral Systems and the Politics of Coalitions: Why Some Democracies Redistribute More than Others." *American Political Science Review* 100(2): 165-187.

Iyengar, Shanto, Gaurav Sood, and Yphtach Lelkes. 2012. "Affect, Not Ideology: A Social Identity Perspective on Polarization." *The Public Opinion Quarterly* 76(3): 405-431.

Iyengar, Shanto and Sean Westwood. 2015. "Fear and Loathing Across Party Lines: New Evidence on Group Polarization." *American Journal of Political Science* 59(3): 690-707.

Iyengar, Shanto, Yphtach Lelkes, Matthew Levendusky, Neil Malhotra, and Sean Westwood. 2019. "The Origins and Consequences of Affective Polarization in the United States." *Annual Review of Political Science* 22: 129-146.

Katz, Richard S. and Peter Mair. 1993. "The Evolution of Party Organizations in Europe: The Three Faces of Party Organization." *The American Review of Politics* 14(4): 593-617.

_____. 1995. "Changing Models of Party Organization and Party Democracy: The Emergence of the Cartel Party." *Party Politics* 1: 5-28.

Kim, Byung-Kook. 2000. "Party Politics in South Korea's Democracy: The Crisis of
Success." Larry Diamond and Byung-Kook Kim eds. *Consolidating Democracy in
South Korea*. Boulder, CO: Lynne Rienner Publishers.

Kitschelt, Herbert and Anthony J. McGann. 1997. *The Radical Right in Western
Europe: A Comparative Analysis*. Ann Arbor: University of Michigan Press.

Krehbiel, Keith. 1998. *Pivotal Politics*. Chicago: University of Chicago Press.

Krouwel, Andre. 2008. "Party Models." in Richard S. Katz and William Crotty eds.
Handbook of Party Politics. New York: SAGE Publications, 249-269.

Landemore, Hélène and Jon Elster eds. 2012. *Collective Wisdom: Principles and
Mechanisms*. New York: Cambridge University Press.

Lelkes, Yphtach. 2018. "Affective Polarization and Ideological Sorting: A Reciprocal,
Albeit Weak, Relationship." *The Forum* 16(1): 67-79.

Levitsky, Steven and Daniel Ziblatt. 2018. *How Democracies Die*. New York: Broadway
Books. [『어떻게 민주주의는 무너지는가: 우리가 놓치는 민주주의 위기 신호』. 박세연 옮김. 서울:
어크로스. 2018]

Lijphart, Arendt. 1968. *The Politics of Accommodation: Pluralism and Democracy in
the Netherlands*. Berkely, CA: The University of California Press.

_____. 1977. *Democracy in Plural Societies*. New Haven. CT: Yale University Press.

_____. 1984. *Democracies: Patterns of Majoritarian and Consensus Government in
Twenty-One Countries*. New Haven: Yale University Press.

_____. 1994. *Electoral Systems and Party Systems: A Study of Twenty-Seven
Democracies, 1945-1990*. Oxford: Oxford University Press.

_____. 1999. *Patterns of Democracy: Government Forms and Performance in Thirty Six
Countries*. New Haven: Yale University Press. [『민주주의의 유형: 다수결 민주주의와
합의 민주주의 간의 정부 형태와 성과 비교』. 김석동 옮김. 서울: 성균관대학교 출판부. 2016]

Lipset, Seymour M. and Stein Rokkan. 1967. *Party Systems and Voter Alignments:
Cross-National Perspectives*. New York: The Free Press.

Lobo, Costa Marina and John Curtice. 2015. *Personality Politics? The Role of Leader
Evaluations in Democratic Election*. Oxford: Oxford University Press.

Mainwaring, Scott P. 1993. "Presidentialism, Multipartism, and Democracy: The
Difficult Combination." *Comparative Political Studies* 26(2): 198-228.

Mair, Peter. 2013. *Ruling The Void: The Hollowing of Western Democracy*. New York:

Verso Books.

Moon, Woojin. 2004. "Party Activists, Campaign Resources and Candidate Position Taking: Theory, Tests and Applications." *British Journal of Political Science* 34(4): 611-633.

_____. 2005. "Decomposition of Regional Voting in South Korea: Ideological Conflicts and Regional Benefits." *Party Politics* 11(5): 579-599.

_____. 2020. "The Executive-legislative Relationship and Executive Dominance in Law Production in South Korea." *Korean Political Science Review* 54(6): 5-29.

_____. 2021a. "Elections and Electoral Systems." JeongHun Han and Ramon Pacheco Pardo eds. *The Oxford Handbook of South Korean Politics*. Oxford: Oxford University Press.

_____. 2021b. "Law Production in Multiparty Presidentialism." Manuscript. Ajou University.

Nichols, Stephen M. 1998. "State Referendum Voting, Ballot Roll-Off, and the Effect of New Electoral Technology." *State&Local Government Review* 30(2): 106-117.

Norris, Pippa. 1996. "Political Recruitment." Lawrence LeDuc, Richard G. Niemi, Pippa Norris, Richard G. Niemi, and Pippa Norris eds. *Comparing Democracies: Elections and Voting in Global Perspective*. New York: Sage Press.

_____. 2020/12/11. "Can Our Democracy Survive If Most Republicans Think the Government Is Illegitimate?" *Washington Post*.

Panebianco, Angelo. 1988. *Political Parties: Organization and Power*. Cambridge: Cambridge University Press.

Passarelli, Gianluca. 2015. *The Presidentialization of Political Parties: Organizations, Institutions and Leaders*. New York: Palgrave Macmillan.

Petty, Richard T. and John E. Cacioppo. 1986. *Communication and Persuasion*. New York: Springer-Verlag. [『커뮤니케이션과 설득: 정교화 가능성 모델(ELM)총설』. 리대량·이상빈·박희랑 옮김. 서울: 범우사. 1999]

Plato. 1991. *The Republic*. New York: Vintage Books. [『플라톤의 국가(政體)』. 박종현 옮김. 서울: 서광사. 1997]

Poguntke, Thomas and Paul Webb. 2007. *The Presidentialization of Politics: A Comparative Study of Modern Democracies*. Oxford: Oxford University Press.

Powell, G. B., Jr. 2000. *Elections as Instruments of Democracy*. New Haven: Yale University Press.

Power, Timothy J. and Mark J. Gasiorowski. 1997. "Institutional Design and Democratic Consolidation in the Third World." *Comparative Political Studies* 30(2): 123-155.

Przeworski, Adam, Susan C. Stokes, and Bernard Manin eds. 2000. *Democracy, Accountability, and Representation*. New York: Cambridge University Press.

Quinnipiac University/Poll. 2021/01/11. "74% Of Voters Say Democracy In The U.S. Is Under Threat, Quinnipiac University National Poll Finds; 52% Say President Trump Should Be Removed From Office." https://poll.qu.edu/poll-release?releaseid=3733.

Rahat, Gideon and Ofer Kenig. 2018. *From Party Politics to Personalized Politics?: Party Change and Political Personalization in Democracies*. Oxford: Oxford University Press.

Renwick, Alan and Jean-Benoit Pilet. 2016. *Faces on the Ballot: The Personalization of Electoral Systems in Europe*. Oxford: Oxford University Press.

Riker, William H. 1982. "The Two-Party System and Duverger's Law: An Essay on the History of Political Science." *American Political Science Review* 76(4): 753-766.

Schumpeter, Joseph A. 1976. *Capitalism, Socialism and Democracy*. New York: George Allen & Unwin Ltd. [『자본주의 사회주의 민주주의』. 이종인 옮김. 서귀포: 북길드. 2016]

Shugart, Matthew S. and John M. Carey. 1992. *Presidents and Assemblies*. New York: Cambridge University Press.

Siavelis, Peter M. and Scott Morgenstern. 2008. *Pathways to Power: Political Recruitment and Candidate Selection in Latin America*. University Park: The Pennsylvania State University Press.

Stephan, Alfred and Cindy Skach. 1993. "Constitutional Frameworks and Democratic Consolidation: Parliamentalism versus Presidentialism." *World Politics* 46(1): 1-22.

Stokes, Donald E. 1963. "Spatial Models of Party Competition." *American Political Science Review* 57(2): 368-377.

Stokes, Susan C., Thad Dunning, Marcelo Nazareno, and Valeria Brusco. 2013. *Brokers, Voters, and Clientelism: The Puzzle of Distributive Politics.* Cambridge: Cambridge University Press.

Strøm, Kaare. 2000. "Delegation and Accountability in Parliamentary Democracies." *European Journal of Political Research* 37(3): 261-289.

Surowiecki, James. 2004. *The Wisdom of Crowds: Why the Many Are Smarter Than the Few and How Collective Wisdom Shapes Business, Economies, Societies and Nations.* New York: Anchor Books.

Treisman, Daniel. 2000. "Decentralization and the Quality of Government." Unpublished manuscript, UCLA.

Tsebelis, George. 2002. *Veto Players: How Political Institutions Work.* New York and Princeton: Russell Sage Foundation and Princeton University Press. [『거부권 행사자: 정치제도는 어떻게 작동하는가』. 문우진 옮김. 서울: 후마니타스. 2009]

van Biezen, Ingrid and Petr Kopecký. 2007. "The State and the Parties: Public Funding, Public Regulation and Rent-Seeking in Contemporary Democracies." *Party Politics* 13(2): 235-254.

Vincent, Soan. 2017 "Dominant Party Adaptation to the Catch-All Model: A Comparison of Former Dominant Parties in Japan and South Korea." *East Asia* 34: 197-215.

Zaller, John. 1992. *The Nature and Origins of Mass Opinion.* Cambridge: Cambridge University Press.

찾아보기